WORKBOOK

TO ACCOMPANY

PUNTOS

DE PARTIDA

AN INVITATION TO SPANISH

5 EDITION

Alice A. Arana
Fullerton College

Oswaldo Arana
Formerly of California State University, Fullerton

Boston, Massachusetts   Burr Ridge, Illinois   Dubuque, Iowa
Madison, Wisconsin   New York, New York   San Francisco, California   St. Louis, Missouri

McGraw-Hill

A Division of The McGraw·Hill Companies

This is an  book.

Workbook to accompany
Puntos de partida: An Invitation to Spanish

4 5 6 7 8 9 0 BBC BBC 9 0 0 3 2 1 9 8

ISBN 0-07-038228-X

This book was set in Palatino by Fog Press.
The editors were Thalia Dorwick, Scott Tinetti, and Sharla Volkersz.
The production supervisor was Michelle Lyon.
Illustrations were by David Bohn, Rick Hackney, and Lori Heckelman.
This book was printed and bound by Braceland.

Grateful acknowledgement is made for use of the following:

Realia and cartoons: *Page 29 Cambio 16; 86* Ministerio del Interior, Spain; *156*
Sony España; *179* ALI Press Agency, Brussels; *183* Reprinted with the permission
of *La Opinión; 218* Banco Hispano Americano.

Contents

To the Instructor

This Workbook is designed to accompany *Puntos de partida: An Invitation to Spanish,* fifth edition, published by The McGraw-Hill Companies, Inc., 1997. As in the fourth edition, the Workbook offers a variety of written exercises to reinforce the vocabulary and structures presented in the main text. In most chapters, the exercises progress from mechanical, fill-in exercises and response based on word cues or pictures to free response and guided composition. For ease of identification, the exercises appear under the same headings as in *Puntos de partida.* Once a section from the textbook has been introduced the instructor can assign the same section in the Workbook with the assurance that no new vocabulary or structures from later sections of that chapter will be encountered.

This edition of the Workbook has two new features.

- Every chapter now concludes with a brief quiz, **Prueba corta.** Each quiz uses mostly fill-in items that allow students to check their mastery—in a very mechanical way—of the structures presented in that chapter.
- After every third chapter there is a one-page review of the new cultural feature from the main text, **El mundo hispánico de cerca.** This review includes true-false, matching, and short answer questions.

In addition to the new sections, the fifth edition has retained all of the features that have proven successful in the previous editions.

- Most exercises are not only contextualized but also personalized, thereby highlighting the importance of context, meaning, and personal experience in the process of language study.
- Almost all grammatical concepts and many vocabulary exercises are introduced with a recognition exercise in which students are asked to react to a series of statements, all of which model the new grammatical concept or vocabulary. For example, students may be asked to indicate whether the statements are true or false for them or to identify how often they perform an action. In this way, students are engaged in using the new material before having to generate it actively in written form.
- All recognition exercises and personalized exercises are marked with a symbol (❖) to indicate that no answers are provided. Instructors may wish to use the personalized exercises to evaluate how well students have understood new concepts being taught.
- Many chapters include the section **Los hispanos hablan**, in which students from Spain and Latin America answer questions about their life in their countries and their impressions of life in the United States. These brief yet insightful reading selections are followed by comprehension questions, such as true-false, short answer, or personal reaction, and could serve as the basis for class discussion. No answers are provided for this section.
- The section **Mi diario** appears at the end of each chapter. Its purpose is to encourage students to write freely about their own experiences, applying the material they have been studying in that chapter. For example, in **Capítulo 2**, on the family, the student is asked to write a description of a favorite relative; in **Capítulo 6**, on food, the student is asked to write about his or her most and least favorite foods; and so on. The purpose of this section is to encourage students to write as much as they can without worrying about errors. The instructor *should not grade or correct* this section but rather react to the *content* of what the student has written. It is recommended that students keep their **Diario** in bluebooks, which are easy to carry around. As students acquire

more language and vocabulary, it is expected that their entries will become more lengthy than at the beginning of the course.

- All art and realia are functional; that is, they serve as stimuli for answering questions or creating a narrative.
- Most chapters now contain brief reading selections. Some selections are adaptations of magazine or newspaper articles. Others are based on personal experiences or oral traditions. And, of course, many chapters have a **Los hispanos hablan** section. All of these selections are followed by comprehension questions and sometimes serve as the basis for short paragraphs or compositions.
- Translation exercises have been further reduced in number in response to instructors' concerns about their appropriateness. Nevertheless, the authors of the Workbook believe, from years of practical classroom experience, that there is a benefit to be derived from patterned translation exercises at the first-year level. These drills help students focus on a particularly troublesome structure of syntax. For these drills, a model in Spanish is frequently provided.
- Answers are provided at the back of the Workbook so that students may check their own work. Although some instructors believe that students simply copy answers when they are available, the authors of the Workbook believe that much is to be gained by asking students to correct their own work. If students are asked to make corrections in another color, instructors can easily tell which students are copying answers. In addition, since answers are not given for all exercises and activities, there is still ample opportunity to monitor students' work and progress.
- Instructors may wish to note, in particular, the constant review/re-entry sections in all chapters.

The **Un poco de todo** section recombines and re-enters the structures and vocabulary presented in the chapter.

¡Recuerde!, a brief review section that appears in many chapters, focuses on similarities between a previously learned grammatical item and the new structure being introduced. These exercises take the form of guided translations, fill-ins, transformation drills, and so on.

Finally, **¡Repasemos!** sections review structure and vocabulary from preceding chapters. These exercises are now usually guided compositions, although there are reading selections and some tense transformation or paragraph completion. The answers to the **¡Repasemos!** sections appear only in the Instructor's Manual. Thus, **¡Repasemos!** exercises may be used for evaluation purposes—written at home and subsequently graded by the instructor.

In addition to the in-chapter review, there are six comprehensive review lessons, called **Repaso**, which review the grammar and vocabulary of the previous three chapters. Many verb charts (**Repaso de verbos**) appear in these sections. These charts are summaries of the verb forms that students have studied up to that point in the text. As students fill in the charts, they review—in a very mechanical, concise fashion—the forms of the regular Spanish verbs and of the principal irregular verbs.

The authors would like to express their deep appreciation to Thalia Dorwick for her valuable suggestions, her helpful comments, and her continued assistance and good humor in the editing of this edition. We especially want to express our gratitude to Dr. William R. Glass, whose insightful comments on previous editions have helped to develop and strengthen this manual. We would also like to thank the staff of McGraw-Hill in the San Francisco office, especially Scott Tinetti, for their valuable help in the editing of this manual.

To the Student

Welcome to the Workbook that accompanies *Puntos de partida: An Invitation to Spanish*, fifth edition, the textbook you are using in your beginning Spanish class. Because the Workbook is coordinated with the textbook section by section, you will find it easy to use.

Here are some features of the Workbook that you will want to keep in mind as you work with it.

- In each section of the Workbook, the first exercise is generally mechanical in nature. As you do this exercise, you should focus primarily on providing the correct forms: the right form of a new verb tense, the correct adjective ending, the exact spelling of new vocabulary, and so on. The exercises that follow will require more thought and comprehension. They will frequently ask you to use material that you have learned previously, and will often give you the chance to express yourself in Spanish. As you write your answers to all exercises, read aloud what you are writing. Doing so will help you to remember the new vocabulary and structures.

- Note that an **Answer key** is provided at the back of the Workbook. It contains model answers for all exercises and activities except those marked with the symbol (❖); these are more open-ended or personalized. In addition, no answers are provided for the **Los hispanos hablan** or for the **¡Repasemos!** exercises that come at the end of each chapter. We recommend that you check your answers for each exercise before proceeding to the next one. Use a colored pencil or pen to write in your corrections so that they stand out. This will make studying for quizzes and exams more efficient, because you will be able to easily spot your previous mistakes. Resist the temptation to merely copy the correct answers, even if you are in a hurry or late doing your homework. If you copy consistently, you will fall farther and farther behind in the course because you will not really be learning the new material.

- One of the repeating features of the Workbook chapters is called **Mi diario** (*My Diary*). Its purpose is to encourage you to write freely in Spanish (as much as you can) about your own opinions and experiences, using the vocabulary and structures you are currently studying, without worrying about making errors. Your instructor will read your diary or journal entries and react to them, but he or she will not grade or correct them. It is a good idea to buy a separate notebook or bluebook in which to write **Mi diario** entries. By the end of the year, you will find that you are writing more and with greater ease in Spanish, and your notebook or bluebook will have a wonderful record of the progress you have made in your study of Spanish.

We sincerely hope that beginning Spanish will be a satisfying experience for you!

Alice A. Arana
Oswaldo Arana

About the Authors

Alice A. Arana is an instructor in Spanish at Fullerton College. She received her M.A.T. from Yale University and her Certificate of Spanish Studies from the University of Madrid. Professor Arana has taught Spanish at the elementary and high school levels, and has taught methodology at several NDEA summer institutes. She is coauthor of the first edition of *A-LM Spanish*, of *Reading for Meaning — Spanish*, and of several elementary school guides for the teaching of Spanish. In 1992, Professor Arana was named Staff Member of Distinction at Fullerton College and was subsequently chosen as the 1993 nominee from Fullerton College for Teacher of the Year. In 1994, she served as Academic Senate President.

Oswaldo Arana is Professor of Spanish, Emeritus, at California State University, Fullerton, where he has taught Spanish American culture and literature. He received his Ph.D. in Spanish from the University of Colorado. Professor Arana has taught at the University of Colorado, the University of Florida (Gainesville), and at several NDEA summer institutes. He served as a language consultant for the first edition of *A-LM Spanish*, and is coauthor of *Reading for Meaning — Spanish* and of several articles on Spanish American narrative prose.

The Aranas are coauthors of the Workbook to accompany *¿Qué tal? An Introductory Course*, fourth edition (McGraw-Hill, 1995).

Los números 0–30; hay

A. **¿Cómo se escribe?** Write out the numbers that have been omitted from this calendar page.

DICIEMBRE						
L	M	M	J	V	S	D
	1	2	3	4	5	*1
7	8	9	10	*2	12	13
14	*3	*4	17	18	19	20
21	*5	23	24	25	*6	27
28	29	*7	31			

1. __seis__
2. __once__
3. __quince__
4. __dieciséis__
5. __veintidós__
6. __veintiséis__
7. __treinta__

B. **Cantidades** (*Quantities*). Write out the numbers indicated in parentheses. Remember that the number **uno** changes to **un** before a masculine noun and to **una** before a feminine noun.

1. (1) __una__ clase (*f.*)
2. (4) __cuatro__ dólares
3. (7) __siete__ días
4. (13) __trece__ personas
5. (11) __once__ señoras
6. (1) __un__ estudiante (*m.*)
7. (20) __veinte__ señoras
8. (23) __veintitrés__ personas
9. (26) __veintiséis__ clases
10. (21) __veintiuno__ señores (*m.*) ~~o~~
11. (21) __veintiuna__ pesetas (*f.*)
12. (30) __treinta__ estudiantes

C. **Problemas de matemáticas.** Complete each equation, then write out the missing numbers in each statement.

1. $14 + \underline{8} = 22$ Catorce y __ocho__ son veintidós.
2. $15 - 4 = \underline{11}$ Quince menos cuatro son __once__.
3. $2 + 3 = \underline{5}$ Dos y tres son __cinco__.
4. $8 + \underline{6} = 14$ Ocho y __seis__ son catorce.
5. $13 + \underline{7} = 20$ Trece y __siete__ son veinte.
6. $15 + 7 = \underline{22}$ Quince y siete son __veintidós__.
7. $\underline{30} - 3 = 27$ __treinta__ menos tres son veintisiete.

❖**D.** **Preguntas** (*Questions*). Answer the following questions that a friend has asked about your university.

1. ¿Cuántas clases de Español I hay? _____

_____

2. ¿Cuántos estudiantes hay en tu (*your*) clase de español? _____

_____

3. ¿Y cuántos profesores hay en el Departamento de Español? _____

_____

4. ¿Hay clase de español mañana? _____

5. ¿Hay un teatro en la universidad? _____

Gustos y preferencias

A. Gustos y preferencias. Imagine that you are asking your instructor and several classmates whether they like the following things. Form your questions by combining phrases from the first column with items and activities in the other two. Then write the answers you think they *might* give.

le gusta	la música jazz	esquiar
te gusta	el chocolate	beber café
(no) me gusta	el programa «Friends»	estudiar
		jugar a la lotería / al tenis / al fútbol

1. —Profesor(a), ¿ _____?

—Sí (No), _____.

2. —Profesor(a), ¿ _____?

—Sí (No), _____.

3. —_____, ¿ _____?
       (classmate's name)

—Sí (No), _____.

4. —_____, ¿ _____?

—Sí (No), _____.

5. —_____, ¿ _____?

—Sí (No), _____.

6. —_____, ¿ _____?

—Sí (No), _____.

❖**B. Diálogo.** You meet another student who asks you the following questions. Write your answers in Spanish.

ESTUDIANTE: ¿Eres estudiante?

USTED: _____.

ESTUDIANTE: ¿Cómo te llamas?

USTED: _____.

ESTUDIANTE: ¿Cómo se llama tu (*your*) profesor(a) de español?

USTED: _____.

ESTUDIANTE: ¿Cómo es él/ella? ¿impaciente? ¿inteligente? ¿cómico/a? ¿serio/a? ¿ ?

USTED: _____.

ESTUDIANTE: ¿Te gusta la clase?

USTED: _____.

Lectura: El mundo hispánico (Parte 1)

A. Naciones hispánicas. Fill in the names of the Hispanic countries that are missing from the world map. Copy the names from the list on the right. Consult the map on page 18 of your text if you need help.

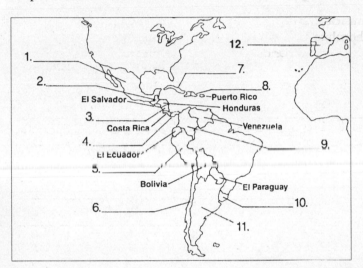

la Argentina, Chile, Colombia, Cuba, España, Guatemala, México, Nicaragua, Panamá, el Perú, la República Dominicana, el Uruguay

1. _____	7. _____
2. _____	8. _____
3. _____	9. _____
4. _____	10. _____
5. _____	11. _____
6. _____	12. _____

B. Preguntas. How much do you know about the Hispanic world? Answer the following questions with a word or phrase based on the reading selection, page 18 in your textbook.

1.   ¿Dónde está Nicaragua? _____

2.   ¿Cuál es la capital de Cuba? _____

3.   ¿Cuáles son dos naciones hispánicas que están en el Mar Caribe? _____

_____

4.   ¿En cuántas naciones de Sudamérica se habla español? _____

5.   ¿En qué país (*country*) de Sudamérica se habla portugués? _____

6. ¿Cuántos millones de habitantes hay en el Perú? _____

7. ¿Bogotá es la capital de qué nación? _____

8. ¿Cuáles son las dos naciones que forman la Península Ibérica? _____

_____

Tercera parte

▼▼▼▼▼▼▼▼▼▼▼▼▼▼▼▼▼▼▼▼▼▼▼▼▼▼▼▼▼▼▼▼

¿Qué hora es?

A. Son las... Match the following statements with the clock faces shown below.

1. _C_ Son las cinco y diez de la tarde.

2. _F_ Son las diez menos veinte de la noche.

3. _D_ Es la una y cuarto de la mañana.

4. _A_ Son las once y media de la mañana.

5. _e_ Son las cuatro menos cuarto de la tarde.

6. _B_ Son las nueve y veinte de la noche.

a.   b.  c.  d.   e. 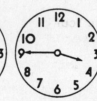 f.

B. ¿Qué hora es? Write out the times indicated. Use **de la mañana, de la tarde,** or **de la noche,** as required.

1. It's 12:20. _Son las doce y veinte, de la_

2. It's 1:05 P.M. _Es la una y cinco de la tarde._

3. It's 2:00 A.M. _Son las dos de la mañana_

4. It's 7:30 P.M. _Son las siete y media de la noche_

5. It's 10:50 A.M. _Son las once menos diez de la mañana_

6. It's 9:45 P.M. _Son las diez menos cuarto._

7. It's 1:30 A.M. _Es la una y media de la mañana_

¡OJO!

In Spain, as in most of Europe, times in transportation schedules are given on a 24-hour clock. A comma is often used instead of a colon.

Convert the following hours from the 24-hour system to the A.M./P.M. system.

a. 16,05 = _____   b. 20,15 = _____   3. 22,50 = _____

Palabras interrogativas

A. Palabras interrogativas. Complete the sentences with the most appropriate interrogative word or phrase from the following list. In some cases more than one answer is possible. Write your answers in the spaces on the right. To use this exercise for review, cover the answers with a piece of paper.

¿A qué hora?	¿Cuándo?	¿Dónde?
¿Cómo?	¿Cuánto?	¿Qué?
¿Cuál?	¿Cuántos?	¿Quién?

1. ¿_____ es el libro (*book*)? ¿Tres o cuatro dólares?   _____

2. ¿_____ es la clase de historia? ¿a la una o a las dos?   _____

3. Buenos días, Sr. Vargas. ¿_____ está usted hoy?   _____

4. ¿_____ es la capital de la Argentina? ¿Buenos Aires o Lima?   _____

5. ¿_____ estudias (*do you study*), en casa (*at home*) o en la biblioteca   _____
   (*library*)?

6. ¿_____ es usted? —Soy María Castro.   _____

7. ¿_____ es el examen, hoy o mañana?   _____

8. ¿_____ es esto? ¿una trompeta o un saxofón?   _____

B. El Cine Bolívar. Your friend asks you some questions about a movie (*una película*) at the Cine Bolívar. Use an appropriate interrogative phrase to complete each of his questions.

AMIGO: ¿_____¹ se llama la película?

USTED: *Casablanca.*

AMIGO: ¿_____² es el actor principal?

USTED: Humphrey Bogart.

AMIGO: ¿_____³ es la película?

USTED: Es romántica.

AMIGO: ¿_____⁴ es la entrada (*admission*)?

USTED: Cinco dólares.

AMIGO: ¿_____⁵ está el Cine Bolívar?

USTED: Está en la Avenida Bolívar.

AMIGO: ¿_____⁶ es la película?

USTED: A las siete de la tarde.

AMIGO: ¿_____⁷ hora es ahora?

USTED: Son las cinco y cuarto.

CINE BOLÍVAR

CASABLANCA
¡BOGART y BERGMAN!
7:00 TARDE
ADULTOS $5.00   NIÑOS $3.00
AVENIDA BOLÍVAR TELÉFONO 24680

1. _____

2. _____

3. _____

4. _____

5. _____

6. _____

7. _____

Lectura: El mundo hispánico (Parte 2)

Un poco de (*A little bit* of) **geografía.** Match these geographical names with the category to which they belong.

1. _____ los Andes
2. _____ Titicaca
3. _____ Cuba
4. _____ el Amazonas
5. _____ Yucatán

a. una cordillera
b. una isla
c. un lago
d. una península
e. un río

❖ Mi diario

▼▼▼▼▼▼▼▼▼▼▼▼▼▼▼▼▼▼▼▼▼▼▼▼▼▼▼▼▼▼▼▼▼▼▼▼

It is a good idea to have a separate notebook for your **diario** entries. Before you begin writing, reread the pages about **Mi diario** in To the Student (page vii). Include at least the following information in your first entry.

- First, write today's date in numerals. Note that in Spanish the day comes first, then the month, and finally the year. Thus, 8/9/97 is September 8, 1997.
- Now greet your diary as you would a friend and introduce yourself.
- Write down what time it is. (Write out the hour.)
- Describe your personality, using as many adjectives as you can from pages 6–7 of **Ante todo**.
- List two things you like (or like to do) and two things you do *not* like (or do not like to do).

Prueba corta

▼▼▼▼▼▼▼▼▼▼▼▼▼▼▼▼▼▼▼▼▼▼▼▼▼▼▼▼▼▼▼▼▼▼▼▼

Conteste en español.

1. Ask your instructor what his or her name is. _____

2. Ask the student next to you what his or her name is. _____

3. What do you say when someone gives you a gift? _____

4. How does that person respond? _____

5. Tell your best friend what he or she is like. Use at least three adjectives.

   _____

   _____

6. Ask your instructor if he or she likes **el jazz**. _____

7. Ask a classmate if he or she likes **el chocolate**. _____

8. Write out the numbers in the following series: tres, _____, nueve, _____,

   _____, dieciocho, _____, veinticuatro, veintisiete, _____.

9. Express 11:15 P.M. in Spanish: _____

CAPÍTULO 1

Vocabulario: Preparación

▼▼▼▼▼▼▼▼▼▼▼▼▼▼▼▼▼▼▼▼▼▼▼▼▼▼▼▼▼▼▼▼▼▼▼▼▼

En la clase; ¿Dónde? Lugares en la universidad;
¿Qué? Cosas; ¿Quién? Personas

A. Identificaciones. Identify the person, place, or objects shown in each drawing.

1. _el edificio_
2. _la librería_
3. _la oficina_   6. _bolígrafo_
4. _la mujer_   7. _el lápiz_
5. _el escritorio_   8. _el papel_

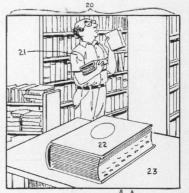

9. _el hombre_   15. _la profesora_   21. _el bibliotecario_
10. _el escritorio_   16. _la pizarra_   22. _el diccionario_
11. _el libro de texto_ 17. _la puerta_   23. _el escritorio_
12. _la mochila_   18. _el libro_
13. _la ventana_   19. _la silla_
14. _la clase_   20. _la biblioteca_

B.   ¡Busque el intruso! (*Look for the intruder!*) Write the item that does not belong in each series of words and explain why.

Categorías posibles: un lugar, una cosa, una persona

MODELO: el bolígrafo / el estudiante / el profesor / el hombre →
El bolígrafo, porque (*because*) es una cosa. No es una persona.

1.   la consejera / la profesora / la calculadora / la compañera de clase

_____

2.   la residencia / la librería / la biblioteca / la mochila

_____

3.   el papel / el lápiz / el hombre / el bolígrafo

_____

4.   el diccionario / el libro / el cuaderno / el edificio

_____

5.   la bibliotecaria / la cafetería / la biblioteca / la oficina

_____

C.   Objetos y lugares. What objects or places do the following phrases describe?

1.   to write with   _____

2.   a machine to do   _____
     calculations with

3.   to carry your   _____
     books in

4.   to write on   _____
     with chalk

5.   to write on   _____
     (furniture)

6.   to sit on   _____

7.   a book required   _____
     for a class

8.   a book used to look   _____
     up meanings of words

9.   to put in your   _____
     notebook

10. where students   _____
     attend classes

❖**D.   Asociaciones.** What persons or objects do you associate with the following places? (List as many items as you can for each place.)

1.   la librería: _____

_____

2.   la clase de español: _____

_____

3.   la biblioteca: _____

_____

Las materias

A. Materias. What classes would you take if you were majoring in the following areas? Choose your classes from the list on the right.

1. Matemáticas y administración de empresas

   a. _____

   b. _____

   c. _____

   d. _____

2. Lenguas y literatura

   a. _____

   b. _____

   c. _____

Astronomía
Biología 2
Gramática alemana
Cálculo 1
Contabilidad (*Accounting*)
La novela moderna
Química orgánica
Antropología
Francés 304
Sociología urbana
Trigonometría
Sicología del adolescente
Física
Computación

3. Ciencias sociales

   a. _____

   b. _____

   c. _____

4. Ciencias naturales

   a. _____

   b. _____

   c. _____

   d. _____

❖B. Qué estudias? (What are you studying?) Write about the courses you need or like or do not like to study by combining phrases from the two columns.

Necesito estudiar
(No) Me gusta estudiar

japonés, chino, inglés, ruso, español, italiano
cálculo, computación, contabilidad
historia, ciencias políticas
biología, química
sicología

MODELO: Necesito estudiar inglés.

1. _____

2. _____

3. _____

❖C. Anuncios. Look at these ads for tutoring services from a Spanish newspaper. Copy the names of six subjects that you recognize. Try to find at least three that are different from those given in your textbook.

1. _____

2. _____

3. _____

4. _____

5. _____

6. _____

PRACTICAS administrativas, mecanografía, taquigrafía, matemáticas, física y química (FP-2, contabilidad (graduado social), matemáticas financieras y comerciales, contabilidad analítica y financiera. Technical School. Real, 36-2 La Coruña (981) 221886.

MATEMATICAS, Física, Química, Biofísica, Bioquímica, Bioestadística, Orgánica, Físico-Química, Selectividad. COU, BUP. Telfs. (981) 253943 - 251297

C.E.T.: Ingeniería, Arquitectura, Económicas, Empresariales, Químicas, Farmacia, Infomática.

Pronunciación: Diphthongs and Linking

▼▼▼▼▼▼▼▼▼▼▼▼▼▼▼▼▼▼▼▼▼▼▼▼▼▼▼▼▼▼▼

A. Vocales. Complete the sentences.

1. Spanish has _____ (*number*) vowels.

2. The strong vowels are _____.

3. The weak vowels are _____.

4. A diphthong consists of one _____ vowel and one _____ vowel,

   or two successive _____ vowels pronounced in the same syllable.

B. Diptongos. Underline the diphthongs in the following words.

1. es-tu-dian-te	4. cua-der-no	7. es-cri-to-rio
2. dic-cio-na-rio	5. bi-lin-güe	8. sie-te
3. puer-ta	6. gra-cias	9. seis

Minidiálogos y gramática

▼▼▼▼▼▼▼▼▼▼▼▼▼▼▼▼▼▼▼▼▼▼▼▼▼▼▼▼▼▼▼

1. Identifying People, Places, and Things • Singular Nouns: Gender and Articles

A. ¿*El* o *la*? Escriba el artículo definido apropiado, **el** o **la**.

1. _la_ tarde	4. _el_ profesor	7. _la_ clase
2. _la_ libertad	5. _el_ día	8. _el_ hombre
3. _la_ nación	6. _la_ mujer	

B. ¿*Un* o *una*? Escriba el artículo indefinido apropiado, **un** o **una**.

1. _un_ diccionario	4. _una_ dependienta	7. _una_ mesa
2. _un_ universidad	5. _un_ día	8. _un_ papel
3. _un_ lápiz	6. _una_ mochila	

C. Una cuestión de gustos. Indicate how you feel about the following people, places, or things. Remember to use the article **el** or **la**.

MODELO: programa «Sixty Minutes» → (No) Me gusta el programa «Sixty Minutes».

1. clase de español _____

2. universidad _____

3. música de Bach _____

4. Mundo de Disney _____

5. profesor de (historia, ¿ ?) _____

6. comida (*food*) mexicana _____

7. física _____

8. programa «NYPD Blue» _____

2. Identifying People, Places, and Things • Nouns and Articles: Plural Forms

A. Singular → plural. Escriba la forma plural.

1. la amiga _los amigos_   5. el lápiz _los lápices_

2. el bolígrafo _los bolígrafos_ 6. una extranjera _unas_

3. la clase _las clases_   7. la universidad _las_

4. un profesor _unos profesores_ 8. un programa _unas_

B. Plural → singular. Escriba la forma singular.

1. los edificios _el_   5. los papeles _el_

2. las fiestas _la_   6. las universidades _la_

3. unas clientes _una_   7. unos problemas _un_

4. unos lápices _un_   8. unas mujeres _una_

C. Daniel, un estudiante típico. ¿Qué hay en el escritorio de Daniel? Use el artículo indefinido.

MODELO: Hay un radio en el escritorio.

1. _____

2. _____

3. _____

¿Qué necesita Daniel? (*What does Daniel need?*)

4. Necesita _____.

5. _____

6. _____

7. _____

❖¿Y qué necesita usted?

8. Necesito _____.

3. Expressing Actions • Subject Pronouns; Present Tense of -ar Verbs; Negation

A. Los pronombres personales. What subject pronouns would you use to speak *about* the following persons?

1. your female friends _____ bailan ellas
2. your brother _____ trabajar él
3. yourself _____ estudiar yo
4. your friends Eva and Jesús _____ enseñar ellos
5. your male relatives _____ tocar
6. you and your sister _____ hablar nosotros

B. Más sobre (*about*) los pronombres. What subject pronouns would you use to speak *to* the following persons?

1. your cousin Roberto _____
2. your friends (*m.*) _____ vosotros _____ nos
   (*in Spain*)   (*in Latin America*)
3. your instructors _____ ustedes
4. the store clerk _____ ella
5. your friend _____ tú _____ tú
   (*in Spain*)   (*in Latin America*)

C. En la universidad. Describe what the following people are doing, using the verbs given. Not all verbs will be used.

bailar
cantar
hablar
pagar
tocar
tomar
trabajar

1. *En el bar:* Yo _____ hablo _____ por teléfono. Madonna _____ canta _____ en la televisión y Jaime y Ana _____ bailan _____. Tomás y Carlos _____ toman _____ cerveza y Carlos _____ paga _____ las bebidas.ª El meseroᵇ _____ trabaja _____ mucho.

   ªdrinks ᵇwaiter

buscar
escuchar
necesitar
pagar

2. *En el laboratorio de lenguas*: María y yo ___enseñamos___ la lección de español. Luis ___Busca___ el casete #2. Él ___necosita___ preparar la lección de francés.

desear
enseñar
estudiar
practicar
regresar

3. *En la clase*: La profesora Cantellini ___enseña___ italiano, y los estudiantes

_____ y _____ mucho. A las nueve y media, ella

_____ a su[a] oficina.

[a]*her*

Now write three sentences that describe what you and your friends do on a typical weekend. Use only verbs that you have studied so far. (Use **nosotros** forms.)

❖4. En un fin de semana típico, _____

_____

_____

D. Preguntas. Answer the questions with real information. Use subject pronouns to replace nouns. Note that the subject follows the verb in questions.

MODELO: ¿Cantan o estudian Uds.? → Nosotros estudiamos.

1. ¿Baila o canta Mariah Carey?

_____

2. Wynton Marsalis, ¿toca la guitarra o la trompeta?

_____

3. En clase, ¿desean Uds. cantar o escuchar?

_____

4. Por la noche, ¿estudia Ud. en la biblioteca o en casa?

_____

5. ¿Toma Ud. Coca-Cola o cerveza?

_____

6. ¿Y sus (*your*) amigos?

_____

7. ¿Practican Uds. español o francés?

_____

E.   ¡No, no! Correct the following statements by making them all negative. Then write two sentences telling about things *you* do *not* do. Use only verbs that you have studied so far.

1. Shaquille O'Neal trabaja en una oficina.

   _____

2. Gloria Estefan canta en japonés.

   _____

3. Tomamos cerveza en la clase.

   _____

4. La profesora regresa a la universidad por la noche.

   _____

5. Los estudiantes bailan en la biblioteca.

   _____

6. Enseño español.

   _____

❖7. _____

❖8. _____

NOTA COMUNICATIVA: THE VERB **estar**

¿Dónde están todos ahora? Tell where you and your classmates are. Form complete sentences by using the words provided in the order given.

MODELO: Ud. / cafetería → Ud. está en la cafetería.

1. Raúl y Carmen / oficina _____

2. yo / biblioteca _____

3. tú / clase de biología _____

4. Uds. / laboratorio de lenguas _____

   _____

G.   ¿Dónde están y qué hacen (*what are they doing*)? Complete las oraciones con el verbo apropiado de la lista.

bailar
cantar
escuchar
estar
tocar
tomar

1. Mis (*My*) amigos y yo _____ en una fiesta.

2. José, Elena, Roberto y Carmen _____ .

3. Isabel y Julio _____ «La bamba».

4. Yo _____ la guitarra.

5. Pablo _____ cerveza y

   _____ la música.

4. Getting Information • Asking Yes/No Questions

A. Preguntas. Use the following phrases to form questions you could use to get information about your classmates.

MODELO: necesitar la calculadora ahora → ¿Necesitas la calculadora ahora?

1. trabajar por la noche

   _____

2. mirar telenovelas (*soap operas*) con frecuencia

   _____

3. tomar café por la mañana

   _____

4. desear tomar una Coca-Cola ahora

   _____

B. De compras (*Shopping*). Martín necesita comprar unos libros. Conteste las preguntas según el dibujo (*according to the drawing*).

1. ¿Dónde compra libros Martín? _____

2. ¿Hay libros en italiano en la librería? _____

3. ¿Qué otras cosas hay? _____

   _____

4. ¿Cuántos libros compra Martín? _____

5. ¿Hablan alemán la dependienta y Martín? _____

6. ¿Paga Martín doce dólares? _____

The following questions were answered by a group of exchange students. You will not understand every word, but you should be able to get the gist of their answers.

¿Qué materias te gusta estudiar? ¿Por qué?

Clara López Rubio, España, 16 años

«Me gusta estudiar literatura, música, lenguas e historia. Me encanta la literatura porque todo libro refleja[a] la sociedad de la época... Desde que tenía 9,[b] he estudiado inglés. El año pasado empecé[c] con alemán y este año estoy dando[d] latín.»

María Teresa Ramírez, Costa Rica, 17 años

«Química. Es interesante y es la base de nuestra industria. Es dinámica y práctica.»

María Gabriela Mellace, Argentina, 18 años

«Me gustan las ciencias —matemáticas, física y química— porque siempre presentan nuevos descubrimientos[e]... »

[a]*reflects*   [b]*Desde... Since I was 9*   [c]*I began*   [d]*estoy... estudio*   [e]*discoveries*

❖¿Cierto o falso?

	C	F
1. Para María Teresa la química es importante en la industria.	☐	☐
2. A María Gabriela no le gustan las ciencias.	☐	☐
3. Clara estudia muchas lenguas.	☐	☐

Un poco de todo

▼▼▼▼▼▼▼▼▼▼▼▼▼▼▼▼▼▼▼▼▼▼▼▼▼▼▼▼▼▼▼▼▼▼▼▼

A. Situaciones. You and your friend have just met Daniel, a new student at the university. It is about half an hour before class. He asks you the following questions. Answer them in complete sentences.

1. ¿Estudian Uds. español? _____ estudiamos

2. ¿Quién enseña la clase? _____ el profesor enseña

3. ¿Cuántos estudiantes hay en la clase? _____ hay ts en la clase.

4. ¿Te gusta el profesor / la profesora? _____ Sí me gusta el P.

5. ¿Él/Ella habla inglés en la clase? _____

6. ¿Uds. necesitan practicar en el laboratorio todos los días? _____ necesitamos

7. ¿A qué hora es la clase? _____ la clase es al las ocho

B. ¿Qué hay? Escriba una pregunta con las palabras indicadas.

MODELO: diccionario / escritorio → ¿Hay un diccionario en el escritorio?

1. programa interesante / televisión _____

2. problemas / pizarra _____

3. mochila / silla _____

4. residencia / universidad _____

5. cuadernos / ¿ ? _____

❖ ¡Repasemos! (*Let's review!*)

▼▼▼▼▼▼▼▼▼▼▼▼▼▼▼▼▼▼▼▼▼▼▼▼▼▼▼▼▼▼▼▼

A. ¿Cómo se dice en español? Siga (*Follow*) el modelo. Use un verbo conjugado + un infinitivo.

MODELO: I need to study. → Necesito estudiar.

1. I want to work. _____ deseo trabajar _____

2. We need to practice. _____ Necesitamos practicar _____

3. They want to buy a dictionary. _____ (

4. I want to pay for the books. _____ deseo pagar los libros.

5. He needs to look for some books. _____

B. En la cafetería. En español, por favor. Escriba en otro papel.

ANA: Hi, Daniel! How are you?
DANIEL: Fine, thanks. (At) What time are you going (returning) home today?
ANA: At two o'clock. I work at four.
DANIEL: How many (**¿Cuántas**) hours do you work today?
ANA: Six. And tonight (**esta noche**) I need to study. Tomorrow there is an exam in (**un examen de**) history.
DANIEL: Poor thing! (**¡Pobre!**) You work a lot.
ANA: Well, I need to pay for my (**mis**) books and the registration fee. See you tomorrow.
DANIEL: Good-bye. See you later.

❖ Mi diario

▼▼▼▼▼▼▼▼▼▼▼▼▼▼▼▼▼▼▼▼▼▼▼▼▼▼▼▼▼▼▼▼

Write the date first. (*Remember:* In Spanish the day comes first, then the month: 29/9/97.) Write about yourself. Be sure to write in complete sentences. Include the following information:

- Your name and where you are from
- How you would describe yourself as a student (**Como estudiante, soy...**). Review the cognates in **Ante todo** if you need to.
- The courses you are taking this term (**este semestre/trimestre**) and at what time they are given
- The school materials and equipment that you have (**tengo...**) and those you need
- What you like to do (**me gusta...**) at different times of the day (**por la mañana, por la tarde, por la noche**).

Limit yourself to vocabulary you have learned so far. Do *not* use a dictionary!

Prueba corta

▼▼▼▼▼▼▼▼▼▼▼▼▼▼▼▼▼▼▼▼▼▼▼▼▼

A. Dé el artículo definido.

1. _____el_____ papel
2. _____la_____ mochila
3. _____la_____ universidad
4. _____el_____ libro de texto
5. _____la_____ nación
6. _____los_____ días
7. _____los_____ lápices

B. Dé el artículo indefinido.

1. _____una_____ librería
2. _____unas_____ señores
3. _____unos_____ hombres
4. _____un_____ problema
5. _____una_____ clase
6. _____unas_____ tardes
7. _____una_____ mujer

C. Complete las oraciones con la forma apropiada de un verbo de la lista.

enseñar, estudiar, hablar, necesitar, practicar, regresar, tocar

1. Los estudiantes _____estudian_____ en la biblioteca.
2. Yo _____practico_____ español en el laboratorio de lenguas.
3. En la clase de español (nosotros) no _____hablamos_____ inglés.
4. ¡Alberto es fantástico! _____Toco_____ el piano como (*like a*) profesional.
5. La profesora García _____enseña_____ ciencias naturales.
6. Perdón, señor. (Yo) _____necesito_____ comprar un diccionario.
7. ¿A qué hora _____regresa._____ el consejero a su (*his*) oficina?

CAPÍTULO **2**

Vocabulario: Preparación

▼▼▼▼▼▼▼▼▼▼▼▼▼▼▼▼▼▼▼▼▼▼▼▼▼▼▼▼▼▼

La familia y los parientes; Las mascotas

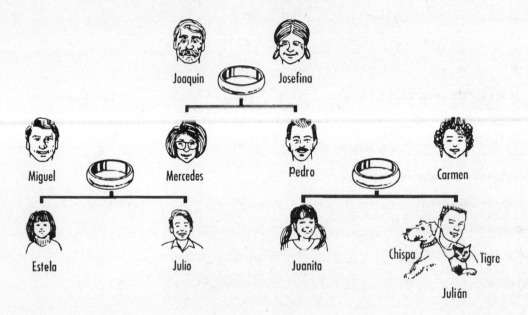

A. Identificaciones. Identifique a los parientes y mascotas de Julián.

MODELO: Pedro *es el padre de Julián.*

1. Joaquín _____.

2. Julio _____.

3. Miguel y Mercedes _____.

4. Estela y Julio _____.

5. Josefina _____.

6. Pedro y Carmen _____.

7. Chispa _____.

8. Tigre _____.

B. **¿Qué son?** Complete the sentences logically. Use each item only once. Some items will not be used.

1. El hijo de mi hermano es mi ___sobrino___ .
2. La madre de mi primo es mi ___tía___ .
3. Los padres de mi madre son mis ___abuelos___ .
4. La madre de mi madre es mi ___abuela___ .
5. Yo soy la ___nieta___ de mis abuelos.
6. Hay muchos ___parientes___ en mi familia. Tengo seis tíos y veintiún primos.
7. El perro o gato de una familia es su (*their*) ___mascota___ .

abuela
abuelos
hermana
hermano
mascota
nieta
padres
parientes
sobrino
tía

Adjetivos

❖**A.** **¿Qué opina Ud.?** Do you agree or disagree with the following statements? Check the appropriate box.

	ESTOY DE ACUERDO	NO ESTOY DE ACUERDO
1. David Letterman es cómico.	☐	☐
2. Danny DeVito es alto y delgado.	☐	☐
3. Michelle Pfeiffer es morena y gorda.	☐	☐
4. Macaulay Culkin es joven.	☐	☐
5. El Parque Yosemite es impresionante.	☐	☐

B. **Descripciones.** Describe the drawings using adjectives from the list below. Some items will not be used.

1. 2. 3. 4.

gordo, grande, guapo, joven, listo, moreno, nuevo, pequeño, perezoso, trabajador, viejo

1. El libro es ___nuevo___ y ___pequeño___ .
2. El libro es ___viejo___ y ___grande___ .
3. El hombre es ___perezoso___ , ___gordo___ y ___viejo / listo___ .
4. El hombre es ___trabajador___ , ___joven___ y ___guapo___ .

C. **¿Cómo son Ricardo y Felipe?** Ricardo is the opposite of Tomas, and Felipe is the opposite of Alberto. What are Ricardo and Felipe like?

1. Tomás es alto, guapo, tonto y perezoso, pero Ricardo es _____,

    _____, _____ y _____.

2. Alberto es casado, joven, antipático y rubio, pero Felipe es _____,

    _____, _____ y _____.

D. **¿Qué opina Ud.?**

Paso 1. ¿Cómo son estas personas famosas? Escriba todos los adjetivos apropiados.

1. Billy Crystal es _____.

2. Arnold Schwarzenegger es _____.

3. Madonna es (¡OJO! Remember to use the **-a** ending.) _____

    _____.

4. Gloria Estefan es (¡OJO!) _____.

❖**Paso 2.** Now write sentences that describe a male friend, a male member of your family, or your favorite male actor.

1. ¿Quién es? _____

2. ¿Cómo es? _____

    _____

Los números 31–100

A. **Situaciones.** You've been asked to make a list of some equipment and supplies in the university library. Write out the numbers. ¡RECUERDE! (*Remember!*) **Uno** becomes **un** before a masculine noun and **una** before a feminine noun.

1. 100 *Cien* _____ discos fonográficos

2. 31 *treinta y una* computadoras

3. 57 *cincuenta y siete* enciclopedias

4. 91 *noventa y un* diccionarios

5. 76 *setenta y seis* escritorios

❖**B.** **¿Cuántos años tienen?** (*How old are they?*) Complete las oraciones con información acerca de (*about*) su (*your*) familia o amigos: **padre, madre, abuelo/a, amigo/a, ¿ ?**

1. Mi _____ tiene _____ años.

2. Mi _____ tiene _____ años.

3. Mi _____ tiene _____ años.

4. Y yo tengo _____ años.

NOTA CULTURAL: HISPANIC LAST NAMES

1. Miguel Martín Soto married Carmen Arias Bravo. Thus, their daughter Emilia's legal name is
   a. Emilia Soto Bravo
   b. Emilia Martín Bravo
   c. Emilia Martín Arias
   d. Emilia Soto Arias
2. Ángela Rebolleda Castillo married César Aragón Saavedra. Their son Francisco's name, therefore, is
   a. Francisco Castillo Saavedra
   b. Francisco Aragón Rebolleda
   c. Francisco Saavedra Castillo
   d. Francisco Rebolleda Saavedra

C. **Anuncios personales.** Lea (*Read*) los anuncios y corrija (*correct*) los comentarios falsos.

Profesor, 48 años, rubio, guapo. Me gusta el ciclismo, la música clásica. Tel: 2-95-33-51, Luis	Ejecutivo, Banco Internacional, 32 años, graduado en MIT, soltero, delgado. Aficiones: basquetbol, viajar, bailar, ciencia ficción. Tel: 9-13-66-42, Carlos	Secretaria ejecutiva bilingüe, alta, morena, 28 años. Me gusta la playa, el *camping*, la comida francesa. Tel: 7-14-21-77, Diana

1. Diana es joven y rubia. _____

2. Luis tiene cincuenta y ocho años. _____

3. Carlos es casado y gordo. _____

4. A Luis le gusta escuchar la música rock. _____

5. El teléfono de Diana es el siete, cuarenta, veintiuno, setenta y siete. _____
   _____

Pronunciación: Stress and Written Accent Marks (Part 1)

▼▼▼▼▼▼▼▼▼▼▼▼▼▼▼▼▼▼▼▼▼▼▼▼▼▼▼▼▼▼▼▼▼▼▼▼

¡RECUERDE!

Circle the letter of the correct answer.

1. A word that ends in **-n, -s,** or a vowel is normally stressed on
   a. the next-to-last syllable   b. the last syllable
2. A word that ends in any other consonant is normally stressed on
   a. the next-to-last syllable   b. the last syllable

El acento. Underline the stressed vowel in each of the following words.

1. doctor
2. mujer
3. mochila
4. actor
5. permiso
6. posible
7. general
8. profesores
9. universidad
10. Carmen
11. Isabel
12. biblioteca
13. usted
14. libertad
15. Loren
16. animal

Minidiálogos y gramática

▼▼▼▼▼▼▼▼▼▼▼▼▼▼▼▼▼▼▼▼▼▼▼▼▼▼▼▼

5. Expressing *to be* • Present Tense of **ser;** Summary of Uses

A. Estudiantes españoles. Muchos estudiantes en la universidad son de España. Imagínese que Ud. es uno de ellos. Jorge es de Madrid. ¿De dónde son los otros estudiantes? Use la forma apropiada de **ser.**

Yo _____ *soy de Barcelona* _____ 1.
(Barcelona)

Miguel y David _____ *son de* _____ 2.
(Valencia)

Tú _____ *eres de* _____ 3.
(Granada)

Nosotros _____ *somos de* _____ 4.
(Sevilla)

Uds. _____ *son de* _____ 5.
(Toledo)

Vosotras _____ *sois de* _____ 6.
(Burgos)

❖**B. ¿De dónde son?** Indicate what state (or country, if appropriate) the following people are from. Use the correct form of ser.

1. Yo _____.

2. Mi mejor (*best*) amigo/a _____.

3. Mi profesor(a) de español _____.

4. Muchos estudiantes en mi clase _____.

C. Regalos. Imagine that you are giving presents to the following people. Justify each choice of presents by using one of these phrases. Add other details if you wish.

es gordo/a   necesitan comprar un televisor nuevo
le gusta la música clásica   tienen (*they have*) cuatro niños

MODELO: diccionario bilingüe / Alberto →
El diccionario bilingüe es para Alberto. Es estudiante de lenguas.

1. programa de «Weight Watchers» / Roseanne _____
_____ *es para* _____ *Ella es gorda* _____

2. casa grande / los señores Walker _____ *tienen cuatro niños* _____
_____ *es para* _____

3. dinero / mis padres _____
_____ *es para* _____ *necesitan com* _____

4. discos compactos de las sinfonías de Haydn / mi hermano Ramón _____
_____ *Son para* _____ *le gusta* _____

D. **¿De quién son estas cosas?** Ask Jorge to whom the following things belong. Then write Jorge's response.

MODELO: UD.:   ¿De quién es el cuaderno?

JORGE: Es del Sr. Ortega.

Sr. Ortega

1.

la profesora

UD.: _¿De quien son los libros?_

JORGE: _Son del la profesora_

2.

Cecilia

UD.: _¿De quién es la mochila?_

JORGE: _Es del Cecilia_

3.

Sr. Alonso

UD.: _De quién es los bolígrafos_

JORGE: _Son es del Sr Alonso_

4.

Sres. Olivera

UD.: _De quién es la casa?_

JORGE: _Es del Sres Olivera_
los

❖**E.** **¿Qué opina Ud.?** Answer the following questions from your own point of view.

1. ¿Es necesario practicar en el laboratorio todos los días? _NO._

_____

2. ¿Es importante estudiar lenguas extranjeras? _____

_____

3. ¿Es práctico estudiar matemáticas? _____

_____

4. ¿Es difícil (*difficult*) hablar español en clase? _____

_____

6. Describing • Adjectives: Gender, Number, and Position

A. María Gabriela. The following sentences describe some aspects of the life of María Gabriela, a student from Argentina. In each item, scan through the adjectives to see which ones, by *form* and *meaning*, can complete the sentences. Write the appropriate ones in the space provided.

1. La ciudad de Buenos Aires es _____.

   bonita, corta, grande, interesante, largo, pequeños

2. Los compañeros de María Gabriela son _____.

   amable, casado, delgados, jóvenes, simpáticos, solteras

3. Su amiga Julia es _____.

   delgada, gordo, importantes, nervioso, pequeña, trabajadora

4. Sus profesoras son _____.

   altas, impacientes, inteligentes, morena, perezosos, simpáticos

B. Opiniones. Scan the survey, **Lo que opinan unos de otros,** then fill in the blanks with adjectives that correspond to the percentage of Spaniards who felt Americans had those qualities. (Notice how different the New Yorkers' opinions are!) ¡OJO! Use the plural form of the adjectives. Remember that adjectives ending in -ista have only two forms, singular and plural.

Entre los españoles el...

1. 2% piensa que (*thinks that*) los norteamericanos tienen alto nivel moral y que son

   _____.

2. 9% piensa que son idealistas y

   _____.

3. 15% piensa que son

   _____.

4. 29% piensa que son

   _____ y

   _____.

5. 48,7% piensa que son

   _____.

6. 55% piensa que son

   _____.

[a]Lo... *What Some People Think about Others*

LO QUE OPINAN UNOS DE OTROS[a]

¿Cómo piensan los españoles que son los norteamericanos?

%

Materialista	55
Con complejo de superioridad	48,9
Racista	48,7
De mentalidad imperialista	44
Práctico y realista	29
Inteligente	19
Trabajador	15
Simplista	9
Idealista	9
Con sentido del humor	3
Alto nivel moral	2
Generoso	2

(*El % total es de 285/300 debido a que el 5 por 100 no respondió y cada encuestado debía haber dado tres respuestas.*)

Según el neoyorquino, el norteamericano es

Materialista	48,5
Trabajador	45,7
Con complejo de superioridad	41
Práctico y realista	37,6
Inteligente	26
Con sentido del humor	23
Alto nivel moral	14,3
Idealista	13,7
Racista	11,5
Generoso	10
Imperialista	7
Simplista	6

❖C. ¿Y qué opina Ud.? Conteste en español.

1. Los norteamericanos son _____.

2. Los estudiantes de esta clase son _____.

3. Mi profesor(a) de _____ es _____.

4. Mi mejor (best) amigo/a es _____.

5. Y yo soy _____.

D. Personas, cosas y lugares internacionales. Complete the following sentences with the appropriate adjective of nationality.

1. Berlín es una ciudad ____alemana____.

2. El Ferrari es un coche ____ataliano____.

3. Newt Gingrich es un político ____Americano____.

4. Londres (London) es la capital ____Inglesa____.

5. Guadalajara es una ciudad ____Mexicana____.

6. Shakespeare y Charles Dickens son dos escritores ____ingleses____.

7. París y Marsella son dos ciudades ____franceasas____.

E. En busca de... (In search of . . .) Describe what you or your friends are looking for by inserting the adjectives given in parentheses in their proper position in these sentences. Be sure that the adjectives agree with the nouns they modify.

1. Ana busca coche. (italiano, otro) ____Ana busca otro coche Italiano____

2. Buscamos motocicleta. (alemán, uno) ____Buscamos una motocicleta alemán____

3. Paco busca las novelas. (francés, otro) ____Paco busa otras novelas francés____

4. Busco el drama Romeo y Julieta. (grande, inglés) ____gran inglés grande Busco el drama Romeo y Julieta____

5. Jorge busca esposa. (ideal, uno) ____Jorge busca una esposa ideal____

Adj's agree w/ noun

30   Capítulo 2

7. Expressing Actions • Present Tense of -er and -ir Verbs; More About Subject Pronouns

A. En el centro estudiantil (*student union*). Use los verbos indicados para describir las acciones de los estudiantes.

beber Coca-Cola
comer mucho
escribir una carta
estudiar francés
leer un periódico
mirar un vídeo

1. _____

2. _____

3. _____

4. _____

5. _____

6. _____

❖**B. ¿Y Ud.?** Now imagine that you are at the student union. Write two more sentences telling what you and your friends usually do (or do not do) there. Remember to use the nosotros form.

1. _____

2. _____

C. Una carta de Ramón. Ramón y Pepe son dos hermanos mexicanos. Ahora viven en California. Complete el comienzo (*beginning*) de una carta que escribe Ramón a su familia en Morelia, México.

Querios[a] padres:

Pepe y yo ___Vivimos___[1] (vivir) bien aquí en California, en la casa de una señora muy sim-

pática. Yo ___asisto___[2] (asistir) a clases cinco días por[b] semana. Mis clases son difíciles,

pero los profesores son buenos. En la clase de inglés ___hablamos___[3], ___leemos___[4]

y ___escribimos___[5] (*nosotros:* hablar, leer, escribir). Todos los días ___aprendemos___[6]

(*nosotros:* aprender) algo nuevo. Sin embargo,[c] hay estudiantes que[d] nunca ___abren___[7]

(abrir) los libros para estudiar.[e]

Pepe y yo ___comemos___[8] (comer) en la cafetería estudiantil por la mañana. Por la

noche ___debemos___[9] (*nosotros:* deber) regresar a casa porque la señora nos[f]

___preparamos___[10] (preparar) la comida. ¡Es muy amable!

[a]*Dear* [b]*per* [c]*Sin... However* [d]*who* [e]*para... to study* [f]*for us*

❖**D. Ud. y sus amigos.** Tell about what you and your friends do or do not do. Form complete sentences by using one word or phrase from group A and one from group B. Be sure to limit yourself to writing only those things you have learned how to say in Spanish. Use the nosotros verb form.

> MODELO: comer → A veces comemos en la cafetería. Casi nunca comemos en casa.

> **A.** a veces, con frecuencia, todos los días, casi nunca, nunca
> **B.** asistir, beber, deber, estudiar, leer y escribir, practicar, trabajar

1. _____

2. _____

3. _____

4. _____

5. _____

LOS HISPANOS HABLAN

The following selection was written by an exchange student. Don't expect to understand every word, but you should understand enough to answer the questions that follow.

¿Quién eres? ¿De dónde eres? ¿Quiénes son los miembros de tu familia y qué hacen[a]?

> Mi nombre es María Gabriela Mellace. Soy argentina y hace cinco meses que vivo en los EE.UU.[b] Aquí cumplí[c] mis dieciocho años.
> Mi familia está compuesta por mis padres y por Rafael y Máximo, mis hermanos. Mis padres son arquitectos; diseñan edificios en planos y proyectos. Mi madre trabaja para el gobierno[d] de la provincia y mi padre, además de[e] su trabajo particular,[f] es profesor en la Universidad Nacional de Tucumán.
> Rafael, mi hermano mayor,[g] tiene 21 años y estudia Ingeniería Civil. Máximo tiene 14 años y cursa el segundo año en la escuela secundaria.
> Somos un grupo muy unido, compañeros el uno del otro. Sobre todo, Rafael y yo, que no tenemos mucha diferencia de edades[h] y disfrutamos de[i] las mismas cosas.

[a]qué... *what do they do* [b]hace... *I've been living in the U.S. for five months* [c]*I turned* [d]*government* [e]además... *besides* [f]trabajo... *private practice* [g]*older* [h]*ages* [i]disfrutamos... *we enjoy*

❖Conteste las siguientes preguntas.

1. ¿Cómo se llama esta joven? ¿De dónde es? _____

   _____

2. ¿Cuántos años tiene? _____

3. ¿Son médicos sus padres? _____

4. ¿Dónde trabaja su padre? _____

5. ¿Qué hace (*does*) su madre? _____

6. ¿Qué estudia su hermano Rafael? _____

7. ¿Estudia Máximo en la universidad también? _____

   _____

8. ¿Qué adjetivo usa María Gabriela para describir a su familia como grupo? _____

Un poco de todo

▼▼▼▼▼▼▼▼▼▼▼▼▼▼▼▼▼▼▼▼▼▼▼▼▼▼▼▼▼▼▼

❖**A. La escena** (*scene*) **universitaria.** Imagine that you have just returned home after your first few weeks at the university. Describe the people, places, and things you have seen. Form complete sentences by using one word or phrase from each column. Make five sentences with nouns from the second column and two with nouns that you supply. Watch out for agreement of adjectives! Do not use the same adjective more than once.

	laboratorio de lenguas		nuevo / viejo
mi	edificios		simpático / amable / antipático
mis	estudiantes		pequeño / grande / enorme
el	biblioteca	(no) es	tonto / inteligente
la	coche de mi amigo	(no) son	alto / bajo
los	clases		feo / bonito
las	profesores		joven / viejo
	¿ ?		interesante
			¿ ?

1. Mi biblioteca no es interesante
2. Mis laboratorio de lenguas no es nuevo
3. El coche de mi amigo no es pequeño
4. los profesores no es inteligente tonto
5. las clases no es interesante
6. _____
7. _____

B. ¿Qué hacen (*are doing*) **estas personas?**

1. Ana _____ Come
2. Gloria y Carlos _____ estudian or leen
3. Tomás _____ escriba
4. El Sr. García _____ lee

5. Mamá ___mira___ .

6. Isabel ___habla___ .

7. Miguel ___toca___ .

8. Yo ___abro___ .

❖ ¡Repasemos!

▼▼▼▼▼▼▼▼▼▼▼▼▼▼▼▼▼▼▼▼▼▼▼▼▼▼▼▼▼▼

A. La familia Rivera. Answer these questions about the Rivera family in complete sentences. You will need to invent information about several of the characters.

Palabras útiles: el ama de casa (*housewife*)

1. ¿Cuántas personas hay en la familia Rivera?

   _____

2. ¿De dónde son los padres?

   _____

3. ¿Dónde trabaja el padre ahora? ¿Y la madre?

   _____

4. ¿Qué estudia el hijo mayor (*oldest*)? ¿Cuántos años tiene él? ¿Cómo es él?

_____

_____

5. ¿Quién es la otra señora? ¿Cuántos años tiene? ¿Cómo es?

_____

6. ¿Cómo son el coche y la casa, y de quién(es) son?

_____

_____

B.   ¿Cómo son? Now, on a separate sheet of paper, write a descriptive paragraph about the Rivera family by combining your answers and using connecting words such as **y, pero, por eso, porque, también**, and **aunque** (*although*). Try to be as creative as possible in adding details.

❖ Mi diario

▼▼▼▼▼▼▼▼▼▼▼▼▼▼▼▼▼▼▼▼▼▼▼▼▼▼▼▼▼▼▼▼▼▼

Write a description of your favorite relative. Include the following information.

- name
- relationship to you
- age (**Tiene _____ años.**)
- where he/she is from
- what he/she does for a living
- appearance
- personality

Use all the adjectives you can! Refer to the vocabulary list in your textbook, page 61, for additional adjectives.

Prueba corta

▼▼▼▼▼▼▼▼▼▼▼▼▼▼▼▼▼▼▼▼▼▼▼▼▼▼▼▼▼▼▼▼▼▼

A.   Escriba la forma apropiada del verbo **ser**.

1.   La mochila no _____es_____ nueva.

2.   Yo _____soy_____ de los Estados Unidos.

3.   Burgos y Toledo _____son_____ ciudades viejas y fascinantes.

4.   ¿Tú _____eres_____ de México?

5.   El profesor y yo _____somos_____ de California.

B. Complete the following sentences with the adjective of nationality that corresponds to the country in parentheses.

MODELO: Marta es *mexicana*. (México)

1. Paolo es un estudiante ___italiano___. (Italia)

2. París es una ciudad ___Francés___. (Francia)

3. El Volkswagen es un coche ___Alemana___. (Alemania)

4. Diane y Margaret son dos mujeres ___inglesas___. (Inglaterra)

C. Complete las oraciones con la forma correcta del verbo apropiado de la lista.

asistir, beber, comprender, escuchar, estudiar, hablar, leer, recibir, vender

1. Nosotros no ___comprendere___ mucho cuando la profesora ___hablar___ rápidamente (*quickly*).

2. ¿(Tú) ___escuchas___ música mientras (*while*) (tú) ___estudias___?

3. Mi padre nunca ___lee___ la sección de deportes del periódico.

4. ¿Siempre ___venden___ Uds. los libros al final del semestre?

5. Mi hermana siempre ___vende___ muchos regalos y tarjetas (*cards*) el día de su santo.

6. Yo no ~~vendo~~ bebo café por la noche.

7. Nosotros ___asistimos___ a esta clase todos los días.

CAPÍTULO 3

Vocabulario: Preparación

De compras

A. La ropa. Identifique la ropa que llevan estas personas. Use el artículo indefinido.

1. a. _el traje_
   b. _una camisa_
   c. _la corbata_
   d. _los calcetines_
   e. _los zapatos_
   f. _la chaqueta (el impermeable)_
2. a. _la chaqueta_
   b. _(un) el vestido_
   c. _las medias_
   d. _un bolsa_
   e. _un sombrero_

B. De compras en México. Imagine that you are studying in Puebla, México. You ask your friend Rosa about where and how to shop. Complete her answer with the appropriate items from the list on the right.

En el ___Centro___ [1] comercial de la calle Bolívar, hay un ___almacén___ [2] grande donde ___venden de todo___ [3]. Allí[a] los precios son ___fijos___ [4] y muy caros. Ahora, en las ___tiendas___ [5] del centro, hay muchas ___rebajas___ [6]. O puedes ir[b] al ___mercado___ [7]. Allí los precios no son fijos y es posible ___regatear___ [8]. También puedes encontrar[c] muchas ___gangas___ [9].

almacén
centro
fijos
gangas
mercado
rebajas
regatear
tiendas
venden de todo

[a]There   [b]puedes... you can go   [c]find

C. ¿Qué opina Ud.? Complete la narración en español. Use estas palabras: **algodón, lana, seda.**

1. La ropa interior de _____ es más fresca que[a] la de nilón.

2. Las _____ de _____ son elegantes y bonitas.
   (ties)

3. Los _____ y las _____ de _____ son caros y abrigados.[b]
   (sweaters)   *(skirts)*

[a]más... *cooler than*   [b]*warm*

D. Preguntas. Imagine that you are talking with a friend, trying to confirm some information. Change the following statements into *questions* with tag phrases.

MODELO: Nunca usas botas. → Nunca usas botas, ¿verdad?

1. Necesitas comprar ropa nueva. _____

2. Buscas una camisa de seda. _____

3. No trabajas esta noche. _____

4. No necesito llevar corbata. _____

5. Esta chaqueta es perfecta. _____

¿De qué color es?

A. ¿De qué color es? Complete the sentences with the correct form of the words from the list on the right. Adjectives are given in the masculine singular form. Be sure to make the adjectives agree with the nouns they are describing. Some words can be used more than once.

1. Las plantas son _____verdes_____.

2. La bandera (*flag*) mexicana es _____verde_____, _____blanca_____ y
   (green)   *(white)*
   _____roja_____.
   (red)

3. La bandera de los Estados Unidos es _____roja_____,
   _____blanca_____ y _____azul_____.

4. La naranja (*orange*) es _____anaranjada_____ y el limón es _____amarilla_____.

5. La ropa de _____rayas_____ verticales es buena para las personas gordas.

6. El color _____gris_____ es una combinación de blanco y negro.

7. El color _____pardo_____ es una combinación de rojo y azul.

8. El color tradicional para las bebés (*baby girls*) es _____rosado_____.

9. Muchos hombres hispanos usan ropa de color oscuro (*dark*): azul, negro, gris y
   _____verde_____.

10. ¡No debes (*You shouldn't*) llevar una camisa de _____cuadros_____ con tus pantalones de rayas! ¡Es una combinación fatal!

amarillo
anaranjado
azul
blanco
cuadros
gris
morado
pardo
rayas
rojo
rosado
verde

❖**B. Mi estilo personal.** ¿Qué ropa usa Ud. en estos lugares? Mencione los colores, cuando sea (whenever it is) posible.

Palabra útil: la sudadera (*sweatshirt*)

1. En la universidad: _____

_____

2. En una cena (*dinner*) elegante: _____

_____

3. En la playa (*beach*): _____

Los números 100 y más

A. Los números. Write the following numbers in Arabic numerals.

1. ciento once _111_

2. cuatrocientos setenta y seis _476_

3. quince mil setecientos catorce _15 714_

4. setecientos mil quinientos _700,500_

5. mil novecientos sesenta y cinco _1,90006_

6. un millón trece _3 000,013_   _1,900.6_

B. ¿Cuánto cuesta? Ernesto has been asked to compare the prices of some items in Spain and Mexico for his economics class. Here is his list. Write out the amounts in Spanish. ¡RECUERDE! Make the necessary agreement with the nouns **nuevos pesos** or **pesetas** when writing out the numbers 200–900 and the final digit 1: **ochocientos veintiún nuevos pesos,** but **ochocientas veintiuna pesetas.**

1. En España por un televisor pequeño pagan 18.600 pesetas. _____

_____

En México pagan 1.050 nuevos pesos. _____

_____

2. En España por un refrigerador pagan 72.961 pesetas. _____

_____

En México pagan 4.221 nuevos pesos. _____

_____

3. En España por un carro elegante pagan 3.600.500 pesetas. _____

_____

En México pagan 210.700 nuevos pesos. _____

_____

Pronunciación: Stress and Written Accent Marks (Part 2)

▼▼▼▼▼▼▼▼▼▼▼▼▼▼▼▼▼▼▼▼▼▼▼▼▼▼▼▼▼▼

¡RECUERDE!

Circle the letter of the correct answer.

1. A word that ends in **-n, -s,** or a vowel is normally stressed on
   (a) the next-to-last syllable   b. the last syllable
2. A word that ends in any other consonant is normally stressed on
   a. the next-to-last syllable   (b) the last syllable
3. Any exception to these rules will require a written accent on the stressed
   a. consonant   (b) vowel

A. Las vocales acentuadas. Underline the stressed vowel in each of the following words.

1. doctor	6. permiso	11. universidad	16. López
2. mujer	7. posible	12. Bárbara	17. Ramírez
3. mochila	8. Tomás	13. lápices	18. biblioteca
4. inglés	9. general	14. Carmen	19. sicología
5. actor	10. profesores	15. Isabel	20. usted

B. ¿Acento escrito (written) o no? The following words are stressed on the underlined syllables. If a written accent is required, add it above the stressed vowel.

1. ex-<u>a</u>-men
2. lu-<u>gar</u>
3. ma-<u>tri</u>-cu-la
4. bo-<u>li</u>-gra-fo
5. <u>jo</u>-ven
6. sen-ti-men-<u>tal</u>
7. <u>Pe</u>-rez
8. e-di-<u>fi</u>-cios
9. a-le-<u>man</u>

Minidiálogos y gramática

▼▼▼▼▼▼▼▼▼▼▼▼▼▼▼▼▼▼▼▼▼▼▼▼▼▼▼▼▼▼▼▼

8. Expressing Possession • Possessive Adjectives (Unstressed)

¡RECUERDE!

Uso de la preposición **de** para expresar posesión

¿Cómo se dice en español?

MODELO: It's Raul's shirt. → Es la camiseta de Raúl.

1. It's Mario's watch. _Es el reloj de Mario._
2. They're Gregorio's boots. _Son las botas de Gregorio_
3. They're Jose's socks. _Son los calcetines de Jose._

A. ¿Cómo es su ropa? ¿Cómo es la ropa que Ud. lleva? Escoja la forma correcta del adjetivo posesivo y luego (*then*) complete la oración con adjetivos apropiados.

> **Vocabulario útil:** de última moda, viejo, nuevo, de lana (seda, algodón), informal, elegante, caro, barato

MODELO: Mi/ (Mis) camisas son baratas, informales y viejas.

1. Mi/Mis ropa es ___elegante___ .
2. Mi/Mis zapatos son ___baratos___ .
3. Mi/Mis cartera es ___barata___ .
4. Mi/Mis medias/calcetines son ___viejas___ .
5. Mi/Mis colores favoritos para la ropa son ___azul, verde, blanco___ .
6. Mi/Mis traje de baño es ___nuevo___ .

B. Descripciones. Form sentences using the appropriate possessive adjective and any descriptive adjective to describe the drawings.

MODELO:

(la ciudad de mi familia y yo) →
Nuestra ciudad es grande (interesante, vieja, etcétera)

1. (el vestido de Ana) _____

_____

2. (la casa de los señores Delgado) _____

_____

3. (el coche de ellos) _____

_____

4. (los zapatos de Lisa) _____

_____

5. (las botas de mi hermana Celi y yo) _____

_____

6. (las faldas de Celi y yo) _____

_____

❖C. **La ropa de mi amigo/a.** Write several sentences about the clothes that a good friend of yours wears. Include information about where he/she likes to shop, favorite colors, and what clothes this person wears to class or work.

MODELO: Mi mejor (*best*) amigo se llama Ricardo. Le gusta comprar en el centro comercial. Su ropa es informal y siempre compra cuando hay rebajas. Sus colores favoritos son el negro, el blanco y el azul. En la universidad, lleva...

_____

_____

_____

_____

9. Expressing Actions and States • Tener, venir, preferir, querer, and poder; Some Idioms with tener

A. Diálogo

Paso 1. Complete the following dialogue between you and a friend to make plans to go to a movie.

—¿ _____Quieres_____ [1] (*Tú: Querer*) ir al cine[a] esta noche?

—Hoy no _____puedo_____ [2] (*yo: poder*) porque _____tengo_____ [3] (*tener*) que estudiar para un examen de sicología. _____Prefiero_____ [4] (*Preferir*) ir mañana.

—Bien. Entonces[b] _____vengo_____ [5] (*yo: venir*) por ti[c] mañana a las siete y media. No _____quiero_____ [6] (*yo: querer*) llegar tarde.

[a]ir... *to go to the movies*   [b]*Then*   [c]por... *for you*

Paso 2. Now rewrite the same dialogue, replacing **yo** with the **nosotros** form and **tú** with the **Uds.** form. (Replace **por ti** with **por Uds.**)

_____

_____

_____

_____

B. Luis habla con su compañero Mario.
Complete el diálogo entre (*between*) Luis y Mario. *Note:* / / indica una oración nueva.

LUIS: ¿a qué hora / (tú) venir / universidad / mañana?

¿A que hora ~~Tú~~ vienes a la universidad mañana.

MARIO: (yo) venir / 8:30 / / ¿Por qué?

Yo ~~vengo~~ al ocho y medía? Por que

LUIS: ¿(yo) poder / venir / contigo[a]? / / no / (yo) tener / coche

Yo puedo venir contigo? no ~~yo~~ tengo el coche

[a]*with you*

MARIO: ¡cómo no![b] / / (yo) pasar / por ti[c] / 7:30 / / / ¿(tú) tener / ganas / practicar / vocabulario ahora?

¡Como no! Paso por ti *al las* siete y media ¿TU tienes ganas de practicar vocabulario ahora

LUIS: no / / ahora / (yo) preferir / comer / algo[d] / / ¿(tú) querer / venir? / / (nosotros) poder / estudiar / para / examen / después[e]

No ahora prefierio comer algo ¿quieres venir? Nos. podimos estudia para el examen después.

MARIO: bueno / idea / / (yo) creer / que / Raúl y Alicia / querer / estudiar / con nosotros

Buena idea creio que Raul y Alicia quieren estudiar con nosotraoz

[b]¡cómo... *of course!*   [c]*por... for you*   [d]*something*   [e]*later*

C. **Conclusiones personales.** Conteste con un modismo con **tener**.

1. Cuando Ud. trabaja toda la noche, ¿qué tiene en clase?

    _____

2. Si Ud. quiere aprender, ¿qué tiene que hacer (*do*)?

    _____

3. Si Ud. se encuentra con (*run into*) un hombre con revólver, instintivamente, ¿qué tiene Ud.?

    _____

    _____

4. Ud. necesita llegar a la oficina a las dos. Si son las dos menos uno, ¿qué tiene Ud.?

    _____

5. Si Ud. dice (*say*) que Buenos Aires es la capital de la Argentina, ¿qué tiene Ud.?

    _____

    _____

Buenos Aires
la Argentina

10. Expressing Destination and Future Actions • Ir; ir + a + Infinitive; The Contraction al

A. **Una fiesta familiar.** Complete las oraciones con la forma apropiada del verbo **ir**.

Muchas personas van a ir a una fiesta. Toda la familia de Ana ___van___[1]. Los tíos y los abuelos de Julio ___Van a___[2] con los padres de Ana. Tú ___vas a___[3] también, ¿verdad? Miguel y yo ___Vamos a___[4], pero yo ___voy a___[5] a llegar tarde.

B. El cumpleaños (*birthday*) **de Raúl.** Using **ir** + **a** + an infinitive, indicate what the following people are going to do for Raúl's birthday.

MODELO: La fiesta es este sábado. → La fiesta va a ser este sábado.

1. Eduardo y Graciela buscan un regalo. _Eduardo y Graciela vamos a buscar_ _un regalo_

2. David y yo compramos las bebidas (*drinks*). _David y yo vamos a comprar_ _las bebidas_

3. Todos van a la fiesta. _Todos van Ira a la fiesta._

4. Ignacio y Pepe vienen con nosotros. _Ignacio y Pepe van a vener_ _con nosotros_

5. Por eso necesitamos tu coche. _Por eso vamos a necesitar tu coche_

6. Desgraciadamente (*Unfortunately*) Julio no prepara la comida. _Desgraciadamente_ _Julio no va a prepar._

C. Situaciones. Imagine that a friend of yours has made the statements listed below. Form a response using **vamos a** + one of the phrases from the following list. In each case you will be suggesting that you and your friend do something together: "Let's _____."

MODELO: Este diccionario es malo. → Vamos a comprar otro.

mirar en el Almacén Juárez, descansar ahora, estudiar esta tarde, buscar algo más barato, comprar otro

1. Mañana vamos a tener examen. _____

2. En esta tienda no venden buena ropa. _____

3. Los precios aquí son muy caros. _____

4. No tengo ganas de trabajar más hoy. _____

Un poco de todo

▼▼▼▼▼▼▼▼▼▼▼▼▼▼▼▼▼▼▼▼▼▼▼▼▼▼▼▼▼▼▼▼

A. Un almacén español. Complete las oraciones según el anuncio en la siguiente página. Escriba todos los precios en palabras.

> **Palabras útiles:** el bañador chico = traje de baño para chico (*young male*), estampado (*printed*), liso (*plain*), la manga (*sleeve*), los pendientes (de) oro (*gold earrings*), la piel (*leather*)

¡OJO! The ad comes from Spain. When writing prices, remember to make the agreement in the hundreds digit with the noun **pesetas**.

SEÑORAS	HOMBRES	JUVENIL	NIÑOS	COMPLEMENTOS
Blusas estampadas y lisas 4.475 pts. **2.995** pts.	Camisa sport lisa y fantasía 3.475 pts. **2.595** pts.	Camiseta chico 1.895 pts. **995** pts.	Pantalón bermudas de 4 a 10 años 1.795 pts. **995** pts.	Zapato Sra. en piel y piso suela 5.975 pts. **3.995** pts.
Camisetas lisas y fantasía 2.475 pts. **1.495** pts.	Pantalón sport varios modelos 5.975 pts. **3.995** pts.	Bañador chico 2.995 pts. **1.995** pts.	Camiseta manga corta, varios colores, de 4 a 13 años 995 pts. **595** pts.	Bolso piel 6.995 pts. **4.995** pts.
Bañadores lisos y estampados 5.975 pts. **2.995** pts.	Pantalón baño liso y fantasía 2.975 pts. **1.995** pts.	Camiseta chica 1.995 pts. **1.395** pts.	Maillot baño lycra de 4 a 13 años 2.195 pts. **1.395** pts.	Reloj pulsera de prestigiosas marcas 9.990 pts. **5.995** pts.
Bikinis fantasía, varios modelos 4.675 pts. **2.995** pts.	Polo piqué manga corta 3.995 pts. **2.595** pts.	Bañador chica 2.995 pts. **1.995** pts.	Pantalón bermudas baño estampado de 4 a 13 años 1.395 pts. **895** pts.	Pendientes oro 18 k. 14.500 pts. **9.950** pts.

SI NO QUEDA SATISFECHO LE DEVOLVEMOS SU DINERO AL INSTANTE.

Las rebajas de GALERIAS

Corre... que vuelan.

1. El almacén se llama _____ y ahora hay grandes _____.

2. Las cinco categorías de artículos de ropa que mencionan son _____,

   _____, _____, _____ y _____. La

   palabra **complementos** probablemente significa: a. complements   b. accessories

3. El nuevo precio de las blusas para señoras es _____

   _____

4. El nuevo precio de las camisas sport para hombres (es) _____

   _____

5. Una camiseta para chica cuesta _____.

6. Una camiseta de manga corta para niños cuesta _____

   _____

7. En la categoría de Complementos, el precio de un par de pendientes de oro es _____

   _____

8. Note the clever play on words at the bottom of the ad: **Corre** is the familiar command form of the verb **correr** (*to run*); **que = porque**; **vuelan** means *to fly* or *to move fast*. **Corre... que vuelan** probably means: _____.

B. Mis amigos y profesores. Imagine that you are talking about your friends and professors. Form complete sentences, using the words provided in the order given. Make any necessary changes, and add other words when necessary. *Note:* / / indicates a new sentence.

MODELO: Irma / aprender / matemáticas / con / doctor Sánchez →
Irma aprende matemáticas con el doctor Sánchez.

1. Beatriz / no / querer / ir / clase / / preferir / ir / compras

_____

_____

2. Isabel Suárez / no / poder / asistir / clases / por / tarde / porque / tener / trabajar

_____

_____

3. ¡mi profesor / siempre / llevar / chaquetas / lana / y / calcetines / rojo!

_____

_____

4. Marcos / no / ser / bueno / estudiante / / con frecuencia / no / leer / lecciones / y / llegar / tarde / clase

_____

_____

5. (yo) creer / que / Sra. Fuentes / ser / uno / grande / profesora

_____

_____

C. María Montaño. Imagine that you are a new student in Dr. Prado's class. Talk about yourself and the way you feel. Complete the sentences using idioms with **tener.**

Me llamo María Montaño. _____[1] dieciocho años y tengo _____[2] de aprender español porque quiero hablar con mis abuelos y otros parientes que viven en México. Desgraciadamente,[a] en clase tengo _____[3] de hablar. El profesor cree que debo practicar más en el laboratorio. Él tiene _____,[4] pero no tengo mucho tiempo libre.[b] Trabajo muchas horas y cuando quiero estudiar, tengo mucho _____[5] y a veces me quedo dormida.[c]

[a]*Unfortunately*   [b]*free*   [c]*me... I fall asleep*

❖ ¡Repasemos!

▼▼▼▼▼▼▼▼▼▼▼▼▼▼▼▼▼▼▼▼▼▼▼▼▼▼▼▼▼▼▼▼▼▼

A. De compras

Paso 1. El Sr. Rivera necesita comprar dos artículos de ropa para sus vacaciones en México. Conteste las preguntas según los dibujos.

1.

2.

3.

4.

5.

6.

7.

1. ¿Qué quiere comprar el Sr. Rivera? ¿Qué tipo (*type*) de camisa busca? _____

   _____

2. ¿A qué hora llega a la tienda? _____

   _____

3. ¿Cómo son todas las camisas, caras o baratas? _____

   _____

4. ¿Qué camisa compra por fin (*finally*)? ¿una de veinte dólares? _____

   _____

5. Y, ¿cómo son las sandalias que venden? _____

   _____

6. ¿Adónde tiene que ir para comprar las sandalias? _____

   _____

7. ¿Regresa a casa contento o triste con sus compras? _____

_____

Paso 2. Now, on a separate sheet of paper, convert your answers into a paragraph about Mr. Rivera's shopping trip. Use the following words to make your paragraph more coherent and connected: **pero, y, por eso, por fin, ya** (*already*).

❖ Mi diario

▼▼▼▼▼▼▼▼▼▼▼▼▼▼▼▼▼▼▼▼▼▼▼▼▼▼▼▼▼▼▼▼▼▼▼▼

Paso 1. Look in your closet and bureau drawers and take an inventory of the articles of clothing you own and the approximate number of each item. What colors are they? Now write the information in your diary.

MODELO: Tengo diez camisetas: blancas, negras, rojas y una verde.

Paso 2. Now choose three of the following situations and write a description of the clothing you typically wear in each. Include the color and fabric, if possible.

Palabras útiles: los *bluejeans* rotos (*torn*), de cuero (*leather*), de manga larga (*long-sleeved*), la manga (*sleeve*), la sudadera (*sweatshirt*), los zapatos de tacón alto (*high heels*)

MODELO: Cuando estoy en la playa (*beach*), llevo...

1. en la universidad
2. en una entrevista (*job interview*)
3. en casa

4. en la playa
5. en una fiesta
6. en un *picnic* en el parque

Prueba corta

▼▼▼▼▼▼▼▼▼▼▼▼▼▼▼▼▼▼▼▼▼▼▼▼▼▼▼▼▼▼▼▼▼▼▼▼

A. List three articles of clothing (and fabric, if possible) you would wear in each of the following places.

1. Alaska, during the winter: _____

_____

2. Florida, during the summer: _____

_____

3. At a very fancy party: _____

_____

4. At home on a weekend: _____

_____

B. Complete las oraciones con la forma apropiada de uno de los verbos de la lista. (*Note*: Use each verb at least once.)

        poder, preferir, querer, tener, venir

1. Mis amigos y yo _____ a esta biblioteca todos los días para estudiar. Nuestras

    clases son difíciles y _____ que estudiar mucho.

2. —¿Qué (tú) _____ tomar, una Coca-Cola o un café? —Yo _____
    un café.

3. Si Ud. _____ prisa, debe salir (*leave*) ahora.

4. En una librería, los estudiantes _____ comprar libros, cuadernos y mochilas.

C. Rewrite each sentence, changing the simple present tense to a construction with **ir** + **a** + infinitive, to tell what the following people are going to do.

    MODELO: Estudio mucho. → Voy a estudiar mucho.

1. Roberto lleva traje y corbata. _____

_____

2. Busco sandalias baratas. _____

3. Tenemos una fiesta. _____

4. ¿Vienes a casa esta noche? _____

_____

El mundo hispánico de cerca 1

▼▼▼▼▼▼▼▼▼▼▼▼▼▼▼▼▼▼▼▼▼▼▼▼▼▼▼▼▼▼▼▼

Los hispanos en los Estados Unidos

A. Misceláneo. Match the items in the two columns.

1. _____ la música norteña
2. _____ la salsa
3. _____ el corrido
4. _____ la cocina «panlatina»
5. _____ Carmen Lomas Garza
6. _____ los años sesenta y setenta

   a. combinación de jazz y música del Caribe
   b. creación de cocineros latinos en los Estados Unidos
   c. pinta cuadros de la vida familiar en Texas
   d. principio (*beginning*) del movimiento chicano
   e. poema musical narrativo
   f. música con acordeón

B. ¿Cierto o falso? If the date given is false, correct it in the space to the right.

	C	F	
1. La Revolución mexicana: 1848	☐	☐	_____
2. Misiones en Arizona y California: 1500–1600	☐	☐	_____
3. Puerto Rico es declarado Estado Libre Asociado: 1898	☐	☐	_____
4. Tratado de Libre Comercio: 1994	☐	☐	_____
5. Inmigración masiva de cubanos: 1910–1925	☐	☐	_____

C. Preguntas. Answer the following questions briefly in Spanish. You need only supply a name or short phrase.

1. ¿Cuántos hispanos hay en los Estados Unidos, aproximadamente? _____

2. ¿Qué actor hispánico tiene un sentido del humor muy irreverente? _____

3. ¿Qué hace el actor al satirizar a los personajes latinos? _____

   _____

4. ¿Quién fue (*was*) muy importante para el movimiento de los trabajadores agrícolas en los Estados Unidos? _____

5. ¿Qué sindicato estableció (*established*) esta persona? _____

REPASO 1

A. Repaso de verbos. Escriba la forma indicada de los verbos.

	nosotros	yo	ella	Uds.
hablar				
aprender				
abrir				
ser				
estar				
querer				
venir				
poder				
preferir				
ir				

❖**B.** **¿Qué pasa y dónde?** Tell what you do in each of the following places. Use the verbs you have already learned plus some of those listed here, if appropriate.

Palabras útiles: fumar (*to smoke*), nadar (*to swim*)

1. en la biblioteca: _____

_____

2. en una fiesta: _____

_____

3. en casa, durante las vacaciones: _____

_____

4. en el laboratorio de lenguas: _____

_____

5. en un bar estudiantil: _____

_____

6. en el pasillo (*hallway*), antes de (*before*) clase: _____

_____

C. Planes para ir de compras. Write out the dialogue between Diana and Rosario. Form complete sentences using the words in the order provided. Make any necessary changes, and add other words when necessary. *Note:* / / indicates a new sentence.

DIANA: ¿(tú) querer / ir / conmigo[a] / la Casa Montaño? / / este / fin de semana / (ellos) tener / mucho / rebajas

_____

_____

ROSARIO: cómo no[b] / / pero, / ¿(nosotras) poder / ir / también / nuevo / almacén / Excelsior? / / allí / tener / bueno / precios

_____

_____

DIANA: bueno / idea / / el Excelsior / estar / cerca de[c] / centro comercial, / ¿verdad?

_____

_____

ROSARIO: sí / / ¿(nosotras) ir / ahora / o comer / primero?

_____

_____

DIANA: yo / preferir / salir[d] / ahora / / (nosotras) poder / comer / en / cafetería / del Excelsior / / allí / tener / comidas[e] / bueno / y / barato

_____

_____

_____

ROSARIO: de acuerdo / / ¡ah, ahora / llueve[f]! / / (yo) creer / que (nosotras) deber / llevar / el impermeable

_____

_____

[a]*with me* [b]*cómo... of course* [c]*cerca... near* [d]*to leave* [e]*meals* [f]*it's raining*

CAPÍTULO **4**

Vocabulario: Preparación

▼▼▼▼▼▼▼▼▼▼▼▼▼▼▼▼▼▼▼▼▼▼▼▼▼▼▼▼▼▼

¿Qué día es hoy?

A. El horario (*schedule*) **de David.** Escriba lo que (*what*) hace David en una semana típica.

L	M	M	J	V	S	D
banco hablar con consejero	dentista	estudiar física	laboratorio de física	examen cenar[a] con Diana	de compras concierto	playa[b]

[a]*to have dinner* [b]*beach* ~~to have to~~

MODELO: El lunes tiene que ir al banco. (El lunes va a ir al banco.)

1. El lunes también... *tiene que ir al banco y hablar con consejero.*
2. *El martes tiene que ir a la dentista.*
3. *El miércoles tiene que ir estudiar física.*
4. *El jueves tiene que ir al laboratorio de física.*
5. *El viernes tiene que ir a examen cenar con Diana.*
6. *El sábado tiene que ir a de compras (concierto.)*
7. *El domingo tiene que ir a la playa.*

B. ¿Qué día es hoy? Complete las oraciones con las palabras apropiadas.

1. Hay dos días en el _*fin de*_ de semana: _*sábado*_ y
   *domingo*.

2. _*Lunes*_ es el primer (*first*) día de la semana en el calendario hispánico.

3. Si hoy es martes, mañana es _*miércoles*_.

4. El Día de Gracias es siempre el cuarto (*fourth*) _*jueves*_ de noviembre.

5. Si hoy es miércoles, pasado mañana es _*martes*_.

6. Mi hermano no puede venir ___el___ sábado porque ___los___ sábados trabaja.

7. Esta semana tengo que estudiar mucho porque la ___próxima___ semana tengo tres exámenes.

❖C. **Preguntas personales.** Conteste estas preguntas sobre el horario de Ud.

1. ¿Cuál es el día de la semana más largo (*longest*) para Ud.? ¿O son todos iguales?

   Para mí, _____.

2. ¿Trabaja Ud.? ¿Dónde? ¿Qué días trabaja? _____

   _____

3. ¿Qué le gusta hacer (*to do*) los domingos? (¿dormir [*to sleep*], jugar al basquetbol, hacer ejercicio, leer el periódico, etcétera?) _____

   _____

Los cuartos, los muebles y las otras partes de una casa

A. **¿Qué hay en esta casa?** Identifique las siguientes partes de la casa.

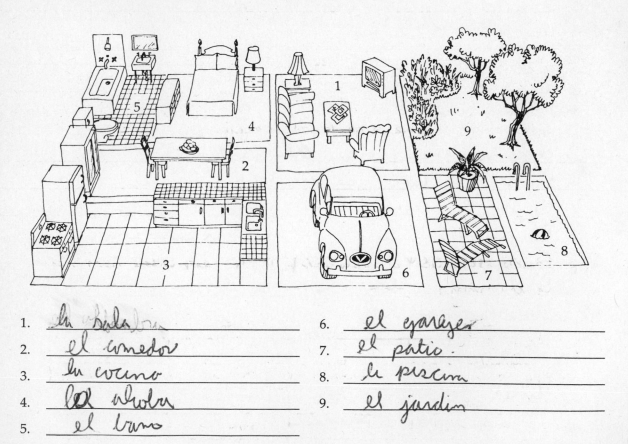

1. _la sala_
2. _el comedor_
3. _la cocina_
4. _la alcoba_
5. _el baño_
6. _el garaje_
7. _el patio_
8. _la piscina_
9. _el jardín_

B. Los muebles. Identifique los muebles en la alcoba y la sala.

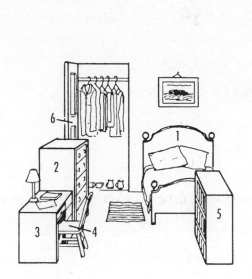
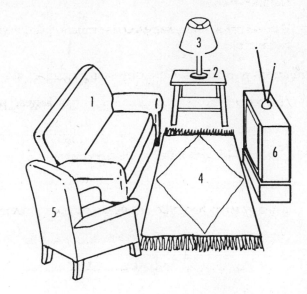

En la alcoba hay...

1. _la cama_   3. _el escritorio_   5. _el estante_
2. _la cómoda_   4. _la silla_   6. _el armario_

En la sala hay...

1. _el sofá_   3. _la lámpara_   5. _el sillón_
2. _la mesa_   4. _la alfombra_   6. _el televisor_

❖**C. Describa su alcoba.** Mencione los muebles que hay y el color de las paredes y de la alfombra (si la hay). Luego use tres adjetivos para describir la alcoba en general.

_____

_____

_____

Expressing Actions • **Hacer, oír, poner, salir, traer,** and **ver**

A. Los verbos. Complete the verb chart.

	nosotros	yo	Uds.	tú
hacer	hacemos	hago	hacen	haces
poner	ponemos	pongo	ponen	pones
salir	salimos	salgo	salen	sales
oír	oímos	oigo	oyen	oyes
traer	traemos	traigo	traen	traes
ver	vemos	veo	ven	ves

B. Un sábado típico. Complete the following paragraph with the correct form of **hacer, oír, poner, salir, traer,** or **ver** to tell about a typical Saturday. ¡OJO! Not all of the verbs will be used.

Por la mañana (yo) _____oigo_____ [1] la radio y _____hago_____ [2] la tarea[a] para el lunes.

Por la tarde, un amigo normalmente _____trae_____ [3] sándwiches y cerveza y comemos

juntos[b]. Por la noche, (nosotros) _____salimos_____ [4] con un grupo de amigos.

_____Vemos_____ [5] una película o _____salimos_____ [6] a bailar.

[a]*homework* [b]*together*

❖**C. Preguntas personales.** Conteste con oraciones completas.

1. ¿A qué hora sale Ud. de casa los lunes para ir a la universidad?

   Yo salgo de casa a las ocho los lunes en...

2. ¿Ve películas en casa o prefiere salir a ver películas en el cine?

   Yo prefiero ver (salir) películas en el cine.

3. En clase, ¿hace Ud. muchas preguntas o prefiere estar callado/a (*quiet*)?

   hago muchas preguntas

4. Si Ud. quiere escuchar música, ¿qué pone Ud., la radio o una cinta? ¿Tiene Ud. una estación
   de radio favorita? ¿Cuál es? _Yo pongo la radio. Sí, yo tengo_
   un estacion de radio favorita

5. ¿Qué cosas trae Ud. a clase en su mochila? _Yo traigo un lápiz y el cuaderno en mi mochila_

6. ¿A qué hora oye Ud. las noticias (*news*)? _Yo oigo las noticias at 6 —_

¿Cuándo? Preposiciones

¿Antes o después? ¿Cuándo hace Ud. estas cosas? Siga el modelo.

MODELO: estudiar las lecciones / tomar el examen →
Estudio las lecciones antes de tomar el examen.

1. poner el televisor / regresar a casa
   Yo pongo el televisor después de regresar a casa.

2. hacer la tarea (*homework*) / ir a clase
   Yo hago la tarea antes de ir a clase.

3. salir con los amigos / terminar mi trabajo
   Yo salgo con los amigos después de terminar mi trabajo

4. preparar la comida / comer
   Yo preparo la comida antes de comer

5. lavar (*to wash*) los platos / comer
   Yo lavo los platos después de comer

Pronunciación: b and v

▼▼▼▼▼▼▼▼▼▼▼▼▼▼▼▼▼▼▼▼▼▼▼▼▼▼▼▼▼▼▼▼▼▼▼

¡RECUERDE!
The pronunciation of the letters **b** and **v** depends on their position in a phrase or sentence, not on which letter is used.
• The stop [b] occurs at the beginning of a phrase or sentence, and after _____ or _____. • The fricative [b̷] occurs everywhere else. The fricative [b̷] does not occur in English.

Pronunciación. Read aloud the following words and sentences. Then underline the examples of [b].

1. el vestido
2. un vestido
3. cerveza
4. hombre

5. nueve
6. universidad
7. también
8. bien

9. Buenos días, Víctor.
10. Violeta baila bien, ¿verdad?
11. ¡Bienvenido, Benito!
12. ¡Muy bien, Roberto!

Minidiálogos y gramática

▼▼▼▼▼▼▼▼▼▼▼▼▼▼▼▼▼▼▼▼▼▼▼▼▼▼▼▼▼▼▼▼▼▼▼

¡RECUERDE!
Stem-Changing Verbs You Already Know
Complete the verb chart.

	yo	tú	Ud., él, ella	nosotros	Uds., ellos, ellas
querer	quiero	quieres	quiere	queremos	quieren
preferir	prefiero	prefieres	prefiere	preferimos	prefieren
poder	puedo	puedes	puede	podemos	pueden

11. Expressing Actions • Present Tense of Stem-Changing Verbs

❖**A. ¿Cierto o falso?**

	C	F
1. Pienso ir de compras esta noche.	☐	☐
2. Todos los días vuelvo a casa antes de las cinco.	☐	☐
3. Cuando salgo a comer, siempre pido una cerveza.	☐	☐
4. Mis amigos y yo nunca pedimos vino.	☐	☐

		C	F
5.	Almuerzo en casa todos los días.	☐	☐
6.	En mi casa servimos la cena (*dinner*) a las siete.	☐	☐
7.	Mi primera clase empieza a las ocho.	☐	☐
8.	No entendemos cuando el profesor / la profesora de español habla rápidamente.	☐	☐
9.	Con frecuencia pierdo mis libros.	☐	☐

B. Preferencias. ¿Qué prefieren hacer Ud. y sus amigos? Complete las oraciones con la forma apropiada los verbos entre paréntesis.

1. (pensar) Isabel y Fernando _____ almorzar en casa, pero Pilar y yo

   _____ salir. ¿Qué _____ hacer tú?

2. (volver) Nosotras _____ en tren con Sergio, pero Felipe _____

   en coche con Lola. ¿Cómo _____ Uds.?

3. (pedir) Por lo general Tomás _____ cerveza. Rita y Carmen

   _____ Coca-Cola. Pepe y yo _____ café.

C. Un día típico de Bernardo. Describe a typical schoolday for Bernardo. Form complete sentences, using the words provided in the order given. Make any necessary changes, and add other words when necessary.

   MODELO: comer / casa / 6:00 → Come en casa a las seis.

1. salir / casa / 7:15

   _____

2. su / primera clase / empezar / 8:00

   _____

3. si no / entender / lección, / hacer / mucho / preguntas

   _____

4. con frecuencia / almorzar / en / cafetería

   _____

5. a veces / pedir / hamburguesa / y / refresco

   _____

6. lunes y miércoles / jugar / tenis / con / un / amigo

   _____

7. su madre / servir / cena (*dinner*) / 6:00

   _____

8. hacer / la tarea (*homework*) / por / noche / y / dormir / 11:30

   _____

D. ¿Qué se hace (*does one do*) **en estas circunstancias?** Use **volver a** + infinitivo.

MODELO: Si tenemos mucho calor en la playa, volvemos a nadar (*swim*).

1. Si no aprendemos bien el vocabulario hoy, _____

_____.

2. Si no juego bien al tenis hoy, _____

_____.

3. Si no me gusta la comida (*food*) de un restaurante, _____

_____.

4. Si me despierto (*I wake up*) por la mañana y todavía es temprano, _____

_____.

12. Expressing -*self*/-*selves* • Reflexive Pronouns

❖**A. ¿Cierto o falso?**

Nos levantamos
Te levantas

	C	F
1. Me levanto tarde los fines de semana.	☐	☐

Te diviertes

2. Me divierto con los amigos todas las noches. ☐ ☐

TU duermen

3. A veces mi padre se duerme cuando mira la televisión. ☐ ☐

Te duchas

4. Siempre me ducho por la noche. ☐ ☐

Pones

5. Me pongo zapatos de tenis para ir a clase. ☐ ☐

Sientas

6. En la clase de español nos sentamos en un círculo. ☐ ☐

Te cepillas

7. Me cepillo los dientes antes de vestirme. ☐ ☐

B. Oraciones incompletas. Complete las oraciones con la forma apropiada del pronombre reflexivo.

1. Yo __Me__ llamo Juan y mi hermana __se__ llama Inés.

2. Nuestros padres __Se__ llaman Carlos y Luisa.

3. ¿Por qué __Te__ pones esa blusa? Está sucia (*dirty*).

4. ¿__Se__ despiertan Uds. tarde los sábados?

5. Después de levantarnos, __Nos__ bañamos y __Nos__ vestimos.

6. ¿Dónde __te__ diviertes más, en el teatro o en el cine?

C. El horario de Daniel y Carlos.

1.

Daniel   Carlos

2.

3.

4.

Paso 1. Para cada dibujo (*each drawing*), escriba los infinitivos apropiados para describir las acciones de Daniel y Carlos. Use los verbos de la lista.

afeitarse, despertarse (ie), divertirse (ie), dormir(se) (ue), ducharse, levantarse, ponerse, quitarse, sentarse (ie), vestirse (i)

1. _despertarse_
2. _levantarse_
   afeitarse

3. (2 verbos para Daniel)
   ducharse
   ponerse
   vestirse

4. _divertirse_
   sentarse
5. _dormirse_
   quitarse

Paso 2. Ahora escriba oraciones completas para cada dibujo. Indique también dónde ocurren las acciones. (*Note:* The first one is done for you.)

Palabras útiles: en un café, las noticias (*news*), tener sueño, en el sofá

1. Carlos y Daniel se despiertan en la alcoba a las seis y cuarto.

2. _____

3. _____

4. _____

5. _____

D. Ud. y otra persona. Cambie (*Change*) el sujeto **yo** por (*to*) **nosotros**. Haga todos los cambios necesarios.

1. Me despierto temprano. _Nos despertamos_

2. Me visto después de ducharme. _Nos vestimos_

3. Nunca me siento para tomar el desayuno. _Nunca Nos sentamos para tomar el desayuno_

4. En la universidad asisto a clases y me divierto. _En la universidad asistimos a clases y Nos divertemos._

5. Después de volver a casa hago la tarea. _Después de volver a casa hacemos la tarea_

6, A las doce tengo sueño, me cepillo los dientes y me acuesto. _A las doce, tenemos sueño, Nos cepillamos los dientes y Nos acostamos_

7. Me duermo a las doce y media. _Nos dormimos_

❖E. **Preguntas personales.**

1. ¿A qué hora se despierta Ud. los sábados? ¿Por qué? _Me despierto a las diez_

2. Los lunes, ¿se levanta Ud. inmediatamente después de despertarse? _____
   me levanto despertarme infin.

3. ¿Se afeita Ud.? ¿ Cuántas veces por semana? _____
   Me afeito

4. ¿Prefiere Ud. bañarse o ducharse? ¿Se baña (Se ducha) por la mañana o por la noche?
   Prefiero ud ducharme
   V₁   V₂

5. ¿Dónde prefiere sentarse para mirar la tele? ¿en un sillón? ¿en un sofá? ¿en la alfombra? ¿Y
   para estudiar? _Prefiero sentarme en un sofa_

6. ¿Dónde se divierte Ud. más? (en el cine, en una discoteca, en la playa, practicando [*playing*] un
   deporte) _Me divierto en el cine_

¡RECUERDE!

Formas de **este**

Escriba la forma apropiada: **este, esta, estos, estas.**

1. ___este___ (*This*) color está de moda este año.

2. ___estos___ (*These*) colores son feos.

3. Me gusta ___esta___ (*this*) camisa blanca.

4. No me gustan ___estas___ (*these*) camisas de cuadros.

13. Pointing Out People and Things • Demonstrative Adjectives

A. ¿Este, ese o aquel? Complete las oraciones con la forma correcta de **este, ese** o **aquel**. Complete la última oración con su preferencia.

Ud. necesita comprar un coche. ¿Cuál le gusta más?

___Este___ ¹ coche es muy viejo; ___ese___ ² coche es muy grande; ___aquel___ ³

coche es fantástico, pero también es muy caro. Pienso comprar ___aquel___ ⁴ coche porque

___es nuevo.___ .

B. Un día de mudanzas (*moving*). You are looking at three groups of furniture and furnishings that you want the movers to put into various rooms of your new apartment. Tell them which item goes into which room. Use the appropriate demonstrative adjective, keeping in mind that the items are at different distances from you.

MODELO: *Este* televisor *va en la sala.*

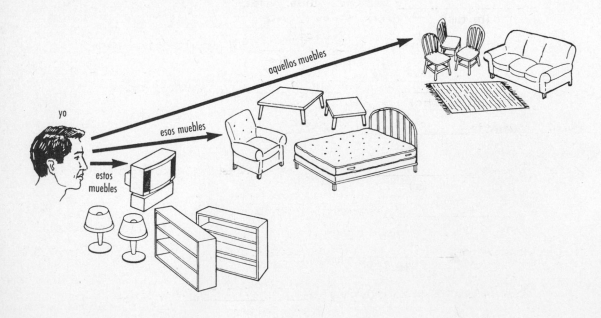

1. _Estos_ lámparas _van en la sala_.
2. _aquellas_ sillas _van en la comedor_.
3. _aquel_ sofá _van en la comedor_.
4. _aquela_ alfombra _van en la comedor_.
5. _estos_ estantes _van en la sala_.
6. _esas_ mesitas _van en la alcoba_.
7. _ese_ cama _van en la alcoba_.
8. _ese_ sillón _van en la alcoba_.

C. ¿Esto, eso o aquello? Complete las oraciones con **esto, eso** o **aquello**.

1. —¿Qué es _eso_ (that)? —¿_esto_ (This)? Es un refresco.
2. ¿Qué es _aquello_ (that) en la piscina?

Un poco de todo

▼▼▼▼▼▼▼▼▼▼▼▼▼▼▼▼▼▼▼▼▼▼▼▼▼▼▼▼▼▼▼▼

A. Entre amigos. Fill in the blanks with the correct form of the infinitive or with the correct word in parentheses to complete the dialogue between Susana and Paquita.

SUSANA: Hola, Paquita. ¿Qué tal?

PAQUITA: Bien. Y tú, ¿cómo _estás_[1]?
      (estás, eres)

SUSANA: Muy bien. Aquí tengo algo para ti. Creo que _estos_[2] textos son
      (esos, estos)

    tus[3] libros de historia, ¿verdad?
    (tu, tus)

PAQUITA: ¡Ay, qué bueno! Necesito _aquellos_[4] libros para estudiar para
      (esos, aquellos)

    nuestro[5] examen _el_[6] viernes. Gracias.
    (nuestra, nuestro)   (el, en)

SUSANA: ¿Adónde _vas_[7] ahora?
      (ir)

PAQUITA: Primero _va_[8] a la biblioteca a buscar un libro y luego María y yo
      (ir)

    vamos[9] a estudiar. ¿Por qué no estudias con _nosotras_[10]?
    (ir)   (nosotros, nosotras)

SUSANA: Gracias por _tu_[11] invitación, pero _esta_[12] tarde dan[a]
      (tú, tu)   (esta, este)

    una película francesa y Enrique y yo _queremos_[13] ir. Tengo
    (querer)

[a]*they're showing*

_____prisa_____[14] porque él está esperándome[b] ahora mismo.[c]
      (razón, prisa)

PAQUITA: Muy bien. _____adiós_____[15]
               (Adiós, Vamos)

[b]*waiting for me* [c]*ahora... right now*

❖**B.** **Un día típico.** Write about your typical day this semester, what you do when.

Paso 1. Before you begin to write, read the verbs given below and cross out those that do not apply to you. Organize the verbs you plan to use by writing **m** (**mañana**), **t** (**tarde**), **n** (**noche**) next to the appropriate infinitives. Then put each group into a logical chronological sequence.

acostarse	hacer	quitarse
afeitarse	ir	salir
almorzar	leer	sentarse a (comer)
asistir	levantarse	tomar el desayuno
bañarse / ducharse	llamar por teléfono (a)	trabajar
despertarse	mirar	vestirse
dormirse	ponerse	volver
empezar		

Paso 2. Now begin to write. Use any of the phrases listed here, or any others, to tell *when* you do these activities and to help you organize your sentences. Connect them into three coherent paragraphs: **por la mañana, por la tarde, por la noche.**

primero, luego	siempre, todos los días	hasta	antes de
nunca	con frecuencia, a veces	durante	después de

❖ ¡Repasemos!

▼▼▼▼▼▼▼▼▼▼▼▼▼▼▼▼▼▼▼▼▼▼▼▼▼▼▼▼▼▼▼▼▼▼▼▼

The following is a letter from Mariana to her pen pal in Bogotá, Colombia. Complete it with the correct forms of the words in parentheses, as suggested by the context. When two possibilities are given in parentheses, select the correct word.

Querida Amalia:

¿Me preguntas[a] cómo pasamos[b] _____nuestros_____[1] fines de semana? Pues,

_____los_____[2] viernes, _____antes de_____[3] clases _____vuelvo_____[4] a casa o
  (el/los)   (antes de / después de)   (volver)

_____voy_____[5] a la _____biblioteca_____[6] porque es un lugar tranquilo para estudiar.
  (ir)   (biblioteca/librería)

Por _____[7] noche, yo voy _____[8] cine con _____[9]
    (el/la)   (a la / al)   (mi/mis)

amigos o _____[10] todos a una discoteca. Los sábados trabajo en un almacén
    (*nosotros*: ir)

grande. No es un trabajo difícil,[c] pero _____[11] las seis _____[12]
                 (a/son)   (de/en)

[a]*Me... You ask me* [b]*we spend* [c]*difficult*

la tarde, estoy _____ [13]. Los domingos _____ [14] padres,
               (cansada/cansado)   (mi/mis)

_____ [15] hermana y yo _____ [16] a la iglesia, _____ [17]
      (mi/mis)   (ir)   (leer)

el periódico y _____ [18] la televisión. _____ [19] la tarde, muchas veces
               (mirar)   (Por/De)

vamos a la casa de _____ [20] tíos. Como _____ [21],
                      (mi/mis)   (*tú*: ver)

_____ [22] fines de semana todos nosotros _____ [23].
      (el/los)   (divertirse)

                                      Recuerdos cariñosos,[d]
                                      Mariana

[d]Recuerdos... *Affectionate regards*

❖ Mi diario

▼▼▼▼▼▼▼▼▼▼▼▼▼▼▼▼▼▼▼▼▼▼▼▼▼▼▼▼▼▼▼▼▼▼▼▼

In your diary, write a description of your house (apartment, dorm, room, etc.). Be sure to include the following information:

- size
- name(s) and size of room(s)
- furniture in each room
- color of the walls, rug (if any), and furniture
- if there's a garage and/or yard, and what it or they are like
- your favorite place in the house (apartment, etc.) and why

Prueba corta

▼▼▼▼▼▼▼▼▼▼▼▼▼▼▼▼▼▼▼▼▼▼▼▼▼▼▼▼▼▼▼▼▼▼▼▼

A. Complete las oraciones con la forma apropiada de los verbos de la lista. (*Note:* Use each verb once.)

       divertirse, dormirse, hacer, levantarse, ponerse, salir, sentarse

1. Algunos (*Some*) estudiantes _____ en clase cuando están muy cansados.

2. Prefiero _____ cerca del escritorio del profesor.

3. Yo _____ mucho cuando salgo con mis amigos.

4. Si quieres llegar a tiempo, debes _____ temprano.

5. Para ir a un concierto al aire libre ella _____ un suéter y *bluejeans*.

6. (Tú) Siempre _____ muchas preguntas en clase, ¿verdad?

7. Los viernes por la noche mis amigos y yo _____ a comer y vamos al cine.

B. Complete las oraciones con la forma apropiada de **este, ese** o **aquel**.

1. —¿Qué es _____? Es un objeto de arte, ¡claro!

2. ¡_____ (*This*) desayuno está delicioso!

3. _____ (*These*) sillones son muy cómodos. Y también me gusta

   _____ (*this*) alfombra. ¿Es nueva también?

4. ¿Ves _____ (*that*) pájaro allí? ¿Qué es?

CAPÍTULO 5

Vocabulario: Preparación

▼▼▼▼▼▼▼▼▼▼▼▼▼▼▼▼▼▼▼▼▼▼▼▼▼▼▼▼▼

¿Qué tiempo hace hoy?

A. **¿Qué tiempo hace?** Describe the weather conditions in each drawing.

1.

2.

3.

4.

5.

6.

7.

8.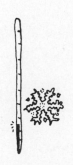

9.

1. _____

2. _____

3. _____

4. _____

5. _____

6. _____

7. _____

8. _____

9. _____

B. ¿Qué tiempo hace?

1. Marta lleva impermeable y botas. _____

2. Joselito tiene frío y lleva abrigo, dos suéteres y botas. _____

3. Carmen tiene calor y lleva traje de baño. _____

4. Samuel lleva una chaqueta de lana, pero no lleva abrigo. _____

5. Todos llevan camisetas y pantalones y están en el parque. _____

6. Nadie (*No one*) hace ejercicio hoy. _____

C. ¿Qué hacen todos? Complete las oraciones con la forma apropiada de las expresiones de la lista.

1. Cuando llueve, yo _____

   _____ .

2. Cuando hay mucha contaminación, nadie _tener_

   ganas de quedarse .

3. Cuando hace calor, mis amigos y yo _almorzar_

   en el parque .

4. Cuando tengo frío, me _ponerse otro suéter_ .

5. Cuando hace mucho viento, los hombres _tener que agarrar el sombrero_

6. Cuando nieva, los niños _jugan en la nieve_ .

7. Cuando hace buen tiempo, yo _hago ejercicio_

almorzar en el parque
hacer ejercicio
ir a la playa
jugar en la nieve
ponerse otro suéter
tener ganas de quedarse
   en casa
tener que agarrar (*hold onto*)
   el sombrero

Los meses y las estaciones del año

A. Meses y estaciones. Complete las oraciones con las palabras apropiadas de esta sección.

1. El Día de los Inocentes (April Fools' Day) es _el primero de abril_
   en los Estados Unidos.

2. Los tres meses de verano son _junio_ , _julio_ y
   agosto .

3. Diciembre es el primer mes de _el invierno_ .

4. En primavera hace buen tiempo pero también _llueve_ mucho.

5. Septiembre, octubre y noviembre son los tres meses de _el otoño_ .

6. El _cuatro de julio_ se celebra el Día de la Independencia de los
   Estados Unidos.

7. Por lo general _____Nieva_____ mucho en las montañas durante los meses de invierno.

8. Después de diciembre viene el mes de _____enero_____, y después de abril viene
   _____mayo_____.

❖9. Mi cumpleaños es en (la estación de) ~~en el invierno diciembre~~ *es en el invierno*

B. Fechas. Exprese estas fechas en español. Comience (*Begin*) siempre con **el** y use **de** antes del año.

1. March 16, (**de**) 1933: _____Mil novecientos treinta y tres e_____
   _____el dieciseis de marzo y de_____

2. June 14, 1925: _____el catorce de junio de mil novecientos veinte cinco_____

3. September 15, 1566: _____el quince de septiembre y mil cinco_____
   _____sesenta y seis_____

4. August 7, 1998: _____el siete de agosto y mil novecentos_____
   _____noventa y ocho_____

5. January 1, 1777: _____el Primero de enero mil setecientos setenta y siete_____

❖6. Yo nací (*was born*) _____Yo nací el dos de diciembre de mil novecientos_____
   _____y ochenta,_____

   60 = sesenta   70 setenta   siete: 7
                                  setecientos 700

¿Dónde está? Las preposiciones

❖**A.** ¿**Cierto o falso?** ¿Qué hace Ud. en su clase de español?

	C	F
1. Me siento delante del profesor.	☐	☐
2. Prefiero sentarme detrás de un estudiante alto.	☐	☐
3. Con frecuencia hablo con mis compañeros durante la clase.	☐	☐
4. Siempre pongo la mochila al lado de mi silla.	☐	☐
5. Me siento cerca de la puerta.	☐	☐
6. Pongo los pies (*feet*) encima de la silla delante de mí.	☐	☐
7. A veces olvido (*I forget*) libros debajo de mi silla.	☐	☐

B. ¿Dónde está España? Mira el mapa en la página 70 y luego complete la descripción con la frase apropiada. Es necesario usar algunas (*some*) frases más de una vez (*more than once*).

al norte, al sur, al este, al oeste, cerca, lejos, en, entre

España y Portugal forman la Península Ibérica. Los Pirineos están _____entre_____[1] España y

Francia. Francia está _____al norte_____[2] de España y África está _____al sur_____[3]. El Mar

Mediterráneo está _____al este_____[4] de la Península y el Océano Atlántico está

_____al oeste_____[5].

Madrid, la capital, está en el centro del país.

La hermosa ciudad de Granada está

al lejos 6 de Madrid; Toledo está

cerca 7. La isla de Mallorca, una

de las Islas Baleares, está _en_ 8

el Mar Mediterráneo. Las Islas Canarias están

al oeste 9 de África del Norte.

❖**C. ¿Quién es?**

Paso 1. Draw a seating plan of the people who sit directly around you in class, and write in their names. If no one sits in one of those seats, write **nadie**.

_____

_____ (yo) _____

_____

Paso 2. Ahora, en otro papel, escriba un párrafo indicando (*indicating*) dónde se sientan sus compañeros de clase con respecto a Ud. Escriba también los nombres de las personas que se sientan más lejos (*farthest*) y más cerca de la puerta.

a mi derecha, a mi izquierda, delante de, detrás de, más lejos (cerca) de

MODELO: George se sienta delante de mí. María se sienta a mi derecha...

Pronunciación: r and rr

▼▼▼▼▼▼▼▼▼▼▼▼▼▼▼▼▼▼▼▼▼▼▼▼▼▼▼▼▼▼▼▼

¡RECUERDE!
The trilled **r** is spelled _____ at the beginning of a word. It is spelled _____ in the middle of a word (between vowels).

Rr. Underline the examples of the trilled **rr** sound in the following words and phrases.

1. Rosa
2. caro
3. perro

4. Roberto
5. rebelde
6. un horrible error

7. una persona rara
8. Raquel es rubia.

Minidiálogos y gramática

▼▼▼▼▼▼▼▼▼▼▼▼▼▼▼▼▼▼▼▼▼▼▼▼▼▼▼▼▼▼▼▼

14. ¿Qué estás haciendo? Present Progressive: estar + -ndo

A. En este momento... ¿Qué están haciendo estas personas en este momento?

1. __C__ Julio Iglesias
2. __A__ Rosie Pérez
3. __D__ su profesor(a)
4. __F__ Janet Jackson
5. __B__ el presidente
6. __E__ Arantxa Sánchez Vicario

a. está trabajando en una película
b. está hablando en las Naciones Unidas
c. está cantando canciones románticas
d. está corrigiendo (*correcting*) papeles
e. está jugando al tenis
f. está haciendo un vídeo

B. La familia de Rigoberto. Describa lo que están haciendo los miembros de la familia de Rigoberto, desde su perspectiva. Use la forma apropiada del gerundio. ¡OJO! Cuidado con los verbos que tienen un cambio en la raíz (*stem*).

1. Mi abuela está ___durmiendo___ (dormir) la siesta ahora.
2. Mi hermana María está ___pidiendo___ (pedir) $7.00 para ir al cine.
3. Mi padre está ___sirviendose___ (servirse) café.
4. Mis hermanos están ___jugando___ (jugar) al tenis.
5. Mi madre está ___almorzando___ (almorzar) con una amiga.
   Está ___divirtiendose___ (divertirse).

C. ¿Qué están haciendo Daniel y Carlos? Mire los dibujos en la página 60 del Capítulo 4 y describa lo que (*what*) están haciendo Daniel y Carlos. Use el progresivo.

> **Palabra útil:** charlar (*to chat*)

1. Daniel y Carlos _____.
2. Daniel _____ y Carlos _____.
3. Daniel _____ y Carlos _____.
4. Daniel _____.
5. Daniel _____ y Carlos _____.

D. Mis padres (hijos) y yo. Sus padres (hijos) siempre hacen cosas muy diferentes de las que Ud. hace. Cambie los infinitivos para mostrar lo que ellos están haciendo y lo que hace Ud. en este momento.

> MODELO: leer el periódico / estudiar para un examen →
> Mis padres (hijos) están leyendo el periódico, pero yo estoy estudiando para un examen.

1. jugar al golf / correr en un maratón _Mis padres estan jugando al golf, pero yo estoy corriendo en un maraton_

2. mirar la tele / aprender a esquiar _Mis padres estan mirando la tele pero yo estoy aprendiendo a esquiar_

3. leer el periódico / escuchar música _Mis padres estan leyendo el periodico, pero yo estoy escuchando musica._

4. acostarse / vestirme para salir _Mis padres acostandose pero yo estoy vistiendome para salir_

❖**E.** **¿Y Ud.?** ¿Qué está haciendo en este momento? Haga por lo menos cinco oraciones. ¡OJO! «*I am sitting*» se expresa de otra manera en español.

En este momento, estoy sentado/a (*seated*) en _____

_____

_____

_____

_____

_____

15. ¿Ser o estar? Summary of the Uses of ser and estar

¡RECUERDE!

¿Se usa **ser** o **estar**? Escriba el infinitivo apropiado en la columna a la izquierda. Luego complete las oraciones con la forma apropiada de **ser** o **estar** en la columna a la derecha.

1. *to talk about location of a person or thing:* _estan_

   Mis libros _estan_ al lado de mi silla.

2. *to talk about origin:* _ser_

   Mi abuela _es_ de España.

3. *to express possession with* **de:** _ser_

   ¿De quién _es_ este dinero?

4. *with adjectives, to express the norm or inherent qualities:* _ser_

   Los padres de Elena _son_ altos.

   La nieve _es_ blanca.

5. *with adjectives, to express a change from the norm or to express conditions:* _estar_

   Mi café _esta_ frío.

   Tú _estas_ muy guapo esta noche.

   ¿ _Estan_ Uds. ocupados?

6. *to identify people or things:* _ser_

   Nosotros _somos_ estudiantes.

   Miguel _es_ el hijo de Julio.

7. *to express time:* _ser_

   Son las dos y media.

Nombre _____ Fecha _____

A. Minidiálogos. Complete los diálogos con la forma apropiada de **ser** o **estar**.

1. —¿De dónde _____eres_____ tú? —_____Son_____ de Buenos Aires.

2. —¿De quién _____son_____ estas cosas? —Creo que _____son_____ de Ana.

3. —Estos boletos (*tickets*) _____son_____ para Uds. Vamos a entrar ahora, ¿eh? Las puertas del cine ya _____está_____ abiertas. —Buena idea.

4. —Pablo, ya _____es_____ la una y media. Tenemos que _____estar_____ en el aeropuerto a las dos y _____es_____ difícil encontrar (*to find*) un taxi a estas horas. —De acuerdo. Vamos.

5. —Juanito, tu cuarto _____está_____ muy desordenado. —Sí, mamá. (Yo) _____estoy_____ de acuerdo, ¡pero la puerta _____está_____ cerrada!

6. —La novia de Tito _____está_____ cariñosa y alegre. ¿Y él? —Él _____es_____ muy formal y serio.

B. Sentimientos. Complete the sentences with the forms of **estar** and the most appropriate adjectives from the list below in order to describe how you might feel in the following situations. Use each adjective only once. ¡OJO! Be careful with adjective agreement.

aburrido, cansado, contento, furioso, nervioso, preocupado, triste

1. Cuando leo un libro que no me gusta, _____yo estoy aburrido_____.

2. Cuando voy al cine con mis amigos, _____yo estoy contento_____.

3. Antes de un examen difícil, _____yo estoy nervioso_____.

4. Cuando mi novio/a no llama, _____estoy triste_____.

5. Cuando mi hermano/a (compañero/a de cuarto, ...) lleva mi chaqueta de seda favorita, _____. _____yo estoy furioso_____.

6. Después de trabajar diez horas, _____yo estoy cansado_____.

7. Cuando no tengo dinero, _____yo estoy triste_____.

C. Diálogo. Mari habla con Anita. Complete el diálogo con las formas apropiadas de **ser** o **estar**.

MARI: Hola, Anita. ¿Cómo _____estás_____[1]?

ANITA: Todavía _____estoy_____[2] un poco enferma con la gripe.[a]

MARI: Ay, lo siento.[b] ¿Quiénes _____son_____[3] esos chicos que _____están_____[4] con tu hermano?

ANITA: _____Somos_____[5] nuestros primos. _____Son_____[6] de la Argentina.

MARI: ¿Y esta guitarra? ¿De quién _____es_____[7]?

ANITA: De mi prima, Rosario. Ella _____es_____[8] una guitarrista fabulosa. Canta y toca como[c] profesional.

MARI: ¿Cuánto tiempo van a _____estar_____[9] aquí?

ANITA: Sólo dos semanas. ¿Por qué no vienes a casa el domingo? Vamos a dar[d] una fiesta.

MARI: Encantada, gracias.

[a]*flu* [b]*lo... I'm sorry* [c]*like (a)* [d]*to give*

16. Describing • Comparisons

A. Hablando de Roberto, Ceci y Laura. Compare las cualidades indicadas de las personas nombradas.

MODELOS: Roberto / Ceci (delgado) → Roberto es tan delgado como Ceci.

Roberto / Ceci (estudioso) → Roberto es más estudioso que Ceci.

1. Ceci / Laura (delgado) _Ceci es tan delgada como Laura_.
2. Ceci / Roberto (atlético) _Ceci es tan atletica como ~~Laura~~ Roberto_
3. Roberto / Laura (introvertido) _Roberto es mas introvertido que Laura_
4. Ceci / Laura (alto) _Ceci es tanta alta como Laura_.
5. Roberto / Laura (estudioso) _Roberto estudioso mas que Laura_.
6. Roberto / Ceci (moreno) _Roberto mas moreno que Ceci_.

❖Ahora haga tres comparaciones entre Ud. y Roberto, Laura y/o Ceci.

7. _____

8. _____

9. _____

❖**B. Opiniones.** Complete las oraciones con más/menos... que o tan... como.

1. Soy ___mas___ alto/a ___que___ mi padre/madre.
2. La salud (*Health*) es _____ importante _____ el dinero.
3. Mi cuarto está ___mas___ limpio ___que___ el cuarto de mi mejor amigo/a.
4. Los hermanos de Michael Jackson son ___menos___ ricos ___que___ él.
5. Mi padre es ___menos___ serio ___que___ mi madre.
   tan   _como_

C. En el centro. Conteste según el dibujo.

1. ¿Es el cine tan alto como la tienda Casa Montaño? _____

   _____

2. ¿Cuál es el edificio más pequeño de todos? _El cafe es mas pequeno de todos._

   _____

3. ¿Cuál es el edificio más alto? _____

   _____

4. ¿Es el cine tan alto como el café? _____

   _____

5. ¿Es el hotel tan grande como el cine? _____

   _____

Un poco de todo

▼▼▼▼▼▼▼▼▼▼▼▼▼▼▼▼▼▼▼▼▼▼▼▼▼▼▼▼▼▼▼▼

A. ¡Problemas y más problemas! Form complete sentences, using the words provided in the order given. Make any necessary changes, and add other words when necessary. Replace each ¿ ? with the appropriate form of **ser** or **estar**. Write the progressive form of the underlined verb. Write out all numbers. *Note:* / / indicates a new sentence.

1. Carmen / ¿ ? / ocupado / y / no / poder / ir / cine / este / noche

   _____

2. ese / camisa / ¿ ? / sucio / / (tú) deber / usar / otro

   _____

3. ese / tiendas / ¿ ? / cerrado / ahora / / no / (nosotros) poder / entrar

   _____

4. (nosotros) deber / llevar / el paraguas (*umbrella*) / / ¿ ? / <u>empezar</u> / llover

   _____

   _____

5. mi / primos / ¿ ? / de Lima, / ahora / (ellos) ¿ ? / aquí, / Texas / / pero / su / madre / ¿ ? / enfermo / y ahora / (ellos) tener / regresar / su / país

_____

_____

B. El tiempo en algunas ciudades. Scan the weather chart and answer the questions.

CIUDAD	MÍN.	MÁX.	CONDICIONES
Nueva York	22	39	nieve
Los Ángeles	51	68	nublado
Washington	42	55	parte nublado
Bogotá	50	66	lluvia
Buenos Aires	69	86	despejado (sin nubes[a])
Caracas	64	81	lluvia, vientos
México, D.F.	47	83	despejado, alta contaminación

[a]*clouds*

1. ¿Puede uno nadar (*swim*) en Buenos Aires hoy? ¿Por qué sí (no)?

_____

2. Si estamos en Bogotá o en Caracas, ¿qué ropa debemos llevar hoy? ¿Por qué?

_____

_____

3. ¿Dónde está contaminado el aire?

_____

4. En Nueva York, ¿qué ropa tenemos que usar hoy? ¿Por qué?

_____

_____

❖5. ¿Qué tiempo hace hoy en la ciudad donde Ud. vive?

_____

C. Un hermano increíble. Fill in the blanks with the correct form of the infinitive or with the correct words in parentheses to complete the narration. Write out the numbers.

Yo tengo _____[1] años. Mi hermano Miguel tiene sólo _____[2] pero
                (21)   (19)

_____[3] chico es increíble. Estudia menos _____[4] yo pero recibe
        (ese/eso)   (que/como)

mejores notas[a] _____ [5] yo. También gana[b] más dinero _____ [6]
(de/que) (de/que)

yo, aunque[c] yo trabajo _____ [7] _____ [8] él. En realidad,[d] gana más
(tanto/tan) (como/que)

_____ [9] _____ [10] a la semana, pero nunca tiene dinero
(de/que) ($150)

_____ [11] gasta[e] todo su dinero en ropa. ¡Le gusta _____ [12] muy de
(porque / por qué) (ser/estar)

moda! Por ejemplo, cree que necesita más _____ [13] _____ [14]
(de/que) ($100)

para comprar zapatos de tenis. Yo creo que es una tontería[f] _____ [15] tanto por
(paga/pagar)

zapatos.

[a]grades [b]he earns [c]although [d]En... In fact [e]he spends [f]foolish thing

❖ ¡Repasemos!

▼▼

On a separate sheet of paper, write two short paragraphs that answer the two sets of questions below. Remember that a paragraph is not a list of numbered answers but a connected composition. Use the following connectors to make your composition more interesting and meaningful: **por eso, y, aunque** (*although*), **también, luego,** and **porque**. However, do not use **porque** to begin a sentence; use **como** (*since*). For example, the two sentences **Hace calor** and **Voy a llevar un traje de baño** can be combined in the following ways:

Como hace calor, voy a llevar un traje de baño.
Voy a llevar un traje de baño porque hace calor.

Set A: 1. ¿En qué mes piensa ir de vacaciones este año? ¿Qué día va a salir? 2. ¿Adónde va a ir? ¿Con quién(es) va? 3. ¿Cuánto tiempo piensa estar allí? 4. ¿Va a estar en un hotel o en la casa de unos amigos?

Set B: 1. ¿Qué tiempo hace allí? ¿Llueve con frecuencia? ¿Nieva mucho? ¿Hay contaminación? 2. ¿Qué ropa piensa llevar? 3. ¿Qué cosas quiere hacer durante el día? ¿Y durante la noche? 4. ¿En qué fecha piensa volver?

❖ Mi diario

▼▼

Escriba Ud. sobre tres cosas que hace, que piensa hacer o que le gusta hacer en cada estación del año.

MODELO: En la primavera me gusta ir de compras. En las vacaciones de primavera pienso visitar a mis amigos en Washington. Si todavía hay nieve, me gusta esquiar (*to ski*) también.

Vocabulario útil: quedarme en casa, visitar a mis abuelos (amigos), celebrar mi cumpleaños, ir a la playa, esquiar, nadar (*to swim*)

Prueba corta

▼▼▼▼▼▼▼▼▼▼▼▼▼▼▼▼▼▼▼▼▼▼▼▼▼▼▼▼▼▼▼▼

A. Study the following drawing. Then form complete sentences using the words provided, in the order given, to compare Arturo and Roberto.

1. Arturo / libros / Roberto _____

2. Arturo / gordo / Roberto _____

3. Roberto / alto / Arturo _____

4. Roberto / años / Arturo _____

5. Arturo / perros / Roberto _____

B. Complete las oraciones con la forma apropiada de **ser** o **estar**, según el contexto.

1. —Buenas tardes. ¿Cómo _____ Ud., señorita? —_____ bien, gracias.

2. —De dónde _____ (tú), Pablo? —_____ de Bogotá, Colombia.

3. —¿En qué clase _____ Uds.? —_____ en Español 1.

4. —¿Qué te pasa (*What's the matter with you*)? ¿_____ enferma? —No, sólo _____ cansada.

5. Carlitos, debes ponerte otra camisa. Esa _____ sucia.

CAPÍTULO **6**

Vocabulario: Preparación

▼▼▼▼▼▼▼▼▼▼▼▼▼▼▼▼▼▼▼▼▼▼▼▼▼▼▼▼▼

La comida

A. La comida. Complete las oraciones con las palabras apropiadas de la lista a la derecha.

1. Un buen desayuno típico para mucha gente (*people*) en los Estados Unidos

    es __el jugo__ de naranja, dos __huevos__ con jamón,

    __pan__ tostado y café, __leche__ o

    ~~zanahorias!~~

2. Dos mariscos favoritos son los __camarones__ y la

    __langosta__.

3. Las especialidades de McDonald's son las hamburguesas y las

    __patatas fritas__

4. El __agua__ mineral es una bebida favorita de la gente que
    (*who*) no quiere engordar (*to gain weight*).

5. De (*For*) postre, ¿prefiere Ud. pastel, flan o __helado__ de vainilla
    o chocolate?

6. Un vegetariano no come __carne__; prefiere las __verduras__ y las frutas.

7. El sándwich de jamón y __queso__ es popular para el almuerzo.

8. La ensalada se hace (*is made*) con __tomate__ y __lechuga__.

9. Una combinación popular son las arvejas y las __zanahorias__.

10. En la sopa de pollo hay __arroz__ o fideos (*noodles*).

11. Cuando los niños vuelven de la escuela, tienen hambre y a veces quieren comer

    __galletas__ con leche.

12. Cuando tengo __sed__, bebo agua fría.

agua
arroz
camarones
carne
galletas
helado
huevos
jugo
langosta
leche
lechuga
pan
patatas fritas
queso
sed
té
tomate
verduras
zanahorias

❖**B. Preguntas personales.** Conteste estas preguntas sobre sus hábitos y preferencias con respecto a la comida.

1. ¿Dónde y a qué hora almuerza Ud., generalmente?

    _____

2. Cuando Ud. vuelve a casa después de sus clases o después de trabajar y tiene hambre, ¿qué le apetece (*do you feel like*) comer? ¿frutas? ¿galletas? ¿un sándwich? ¿ ?

Me apetece comer _____.

3. Por lo general, ¿come Ud. más pescado, más pollo o más carne?

_____

C. En un restaurante español. Restaurants in Spain are rated from one to five forks, five being the highest. Scan this dinner check, then answer the questions that follow with a few words. *Note: I.V.A.* means *Value-Added Tax*, somewhat like a sales tax in the U.S.

ᵃcopa de vino blanco   ᵇuna sopa fría de tomates y pepino (*cucumber*)   ᶜ*glass of sherry*

1. ¿A qué restaurante fueron (*went*) estas personas?

_____

2. ¿En qué ciudad está? _____

3. ¿Qué bebieron (*did they drink*) con la comida? _____

4. ¿Cómo se llama la sopa que tomaron (*they had*)? _____

5. La paella consiste en arroz, pollo y mariscos. ¿Le gustaría a Ud. probarla? (*Would you like to try it?*)

_____

6. ¿Cuántas pesetas pagaron (*did they pay*) por la comida? (Escriba el número en palabras.)

_____

C. Evita, la optimista. Federico es una persona negativa pero su novia Evita es muy positiva. Escriba las reacciones positivas de Evita a los comentarios de Federico.

1. —No quiero comer nada. La comida aquí es mala.

   —Pues, yo sí _____.

2. —Nadie viene a atendernos (*wait on us*).

   —Pero aquí viene _____

3. —Nunca cenamos en un restaurante bueno.

   —Yo creo que _____

4. —No hay ningún plato interesante.

   —Aquí hay _____.

❖**D. ¡Diga (*Tell*) la verdad!** Escriba cuatro oraciones sobre cosas que Ud. nunca hace los sábados. Use **nunca** o **jamás.** Use expresiones de la lista o cualquier otra (*any other*).

afeitarse	lavar (*to wash*) la ropa	quedarse en casa
despertarse temprano	mirar la televisión	salir a bailar
estudiar	mirar vídeos en casa	todo el día
ir al cine		

_____

_____

_____

_____

_____

19. Influencing Others • Formal Commands; Introduction to Subjunctive (For Recognition)

A. ¡Qué amigos tan buenos! Your friends Emilio and Mercedes are helping you at dinner time. Answer their questions with affirmative or negative commands, as indicated. Change object nouns to pronouns

MODELO: ¿Lavamos (*Shall we wash*) los platos ahora? → Sí, lávenlos ahora.
No, no los laven todavía.

1. —¿Empezamos la comida ahora? —Sí, _____.

2. —¿Servimos la cena ahora? —No, _____.

3. —¿Llamamos a tu papá ahora? —Sí, _____.

4. —¿Hacemos el café ahora? —No, _____.

5. —¿Traemos las sillas ahora? —Sí, _____.

6. —¿Ponemos la tele ahora? —No, _____

B. Durante las vacaciones. The following flyer, distributed by the Spanish government, gives advice about how to prepare your house before going away on vacation. Scan it; then do the activities that follow.

Paso 1. Copy the command forms for the following infinitives from the flyer.

Título: acostumbrar _____

1. comprobar _____

2. encargar _____

3. no hacerlo _____

   dejarlas _____

4. no comentar _____

   dejar _____

5. no dejarlos _____

Paso 2. Express the basic idea of the following recommendations from the flyer by completing these sentences in English.

1. Make sure that _____

   _____.

2. Ask a neighbor to pick up _____

   _____.

3. Leave an extra set of keys with

   _____.

4. Don't leave notes indicating _____

   _____.

5. Don't leave objects of value or money

   _____.

ACOSTUMBRE A SU CASA A QUEDARSE SOLA

DURANTE PERIODOS DE VACACIONES O AUSENCIAS PROLONGADAS

1 Compruebe que todas las posibles entradas de la casa quedan perfectamente cerradas, incluyendo las ventanas que dan a patios.

2 No conviene dejar señales visibles de que su vivienda está desocupada: encargue a algún vecino la recogida de la correspondencia de su buzón.

3 Si quiere dejar un juego de llaves de reserva, no lo haga en escondites inprovisados: déjelas a alguien de su confianza.

4 No comente su ausencia con personas desconocidas ni deje notas indicando cuándo piensa volver.

5 Existen diferentes entidades de crédito que durante sus vacaciones pueden hacerse cargo de sus objetos de valor: no los deje nunca en casa, ni tampoco dinero.

6 Conviene dejar a un vecino de confianza su dirección y teléfono de contacto mientras está usted fuera.

7 Existe la posibilidad de instalar un reloj programable que encienda y apague la luz o la radio en su vivienda, en diferentes horarios, disimulando su ausencia del domicilio.

C. Consejos. Sus amigos tienen los siguientes problemas. Déles (*Give them*) consejos apropiados con un mandato formal.

MODELO: Estamos cansados. → Entonces, descansen.

1. Tenemos hambre. _____

2. Tenemos sed. _____

3. Mañana hay un examen. _____

4. Las ventanas están abiertas y tenemos frío. _____

5. Siempre llegamos tarde. _____

❖**D.** **Deseos.** ¿Qué (no) quieren sus padres (sus hijos) que haga Ud.?

	SÍ	NO
1. Quieren que (yo) estudie menos.	☐	☐
2. Recomiendan que consiga (*I get*) un trabajo parcial (*part-time job*).	☐	☐
3. No quieren que coma demasiado por la noche.	☐	☐
4. Insisten en que tenga cuidado (*I be careful*) cuando hago ejercicio.	☐	☐
5. Quieren que empiece a buscar un trabajo de tiempo completo.	☐	☐
6. Insisten en que no lleve el radio al baño.	☐	☐
7. Quieren que hable menos por teléfono con mis amigos.	☐	☐
8. Prefieren que no falte a (*miss*) mis clases nunca.	☐	☐

Un poco de todo

▼▼▼▼▼▼▼▼▼▼▼▼▼▼▼▼▼▼▼▼▼▼▼▼▼▼▼▼▼▼

A. Por teléfono. Fill in the blanks with the correct word(s) in parentheses to complete the dialogue between Ana and Pablo.

ANA: Oye, Pablo, ¿no _____[1] (conoces/sabes) tú _____[2] (a/al/el) profesor Vargas?

PABLO: No, no _____[3] (él/lo) _____[4] (sé/conozco). ¿Por qué?

ANA: Es profesor de historia. El viernes va a dar una conferencia[a] sobre la mujer en la

Revolución mexicana. ¿No quieres ir? Yo _____[5] (sé/conozco) que va a ser muy interesante.

PABLO: ¡Qué lástima![b] Casi _____[6] (siempre/nunca) tengo tiempo libre[c] los viernes, pero este viernes tengo varios compromisos.[d]

ANA: Pues, yo no tengo mucho tiempo libre _____[7] (también/tampoco), pero voy a asistir. _____[8] (Al/El) señor Vargas siempre usa diapositivas[e] fascinantes y tengo ganas de verlas.

[a]dar... *give a lecture*   [b]¡Qué... *What a shame!*   [c]*free*   [d]*engagements*   [e]*slides*

B. Preparativos para una barbacoa. Imagínese que Ud. vive en un nuevo apartamento, donde va a dar (*give*) una barbacoa. Conteste las siguientes preguntas sobre la barbacoa con pronombres del complemento directo.

MODELO: ¿A qué hora *me* llamas? → Te llamo a las ocho.

1.   ¿Cuándo vas a dar *la barbacoa* en tu nuevo apartamento?

_____

2.   ¿Piensas invitar *a Juan y a su novia*?

_____

3.   ¿Puedo llamar *a dos amigas más*?

_____

4. *¿Te* puedo ayudar el sábado?

_____

5. ¿Necesitas *las sillas de mi apartamento*?

_____

❖ ¡Repasemos!

▼▼▼▼▼▼▼▼▼▼▼▼▼▼▼▼▼▼▼▼▼▼▼▼▼▼▼▼▼▼▼

Una cena en El Toledano. En otro papel, conteste las preguntas según los dibujos e invente los detalles necesarios. Luego, organice y combine sus respuestas en dos párrafos. ¡RECUERDE! Use palabras conectivas: **por eso, Como...** (*Since . . .*), **porque, aunque** (*although*), **luego,** etcétera.

1.

2.

3.

4.

5.

6.

A. 1. ¿Por qué llaman José y Miguel a Tomás?   2. ¿Por qué cree Ud. que deciden llevarlo a El Toledano?   3. ¿Conoce este lugar Tomás? ¿Le gusta la idea de salir con sus amigos?   4. ¿A qué hora de la noche pasan por él[a]?

B. 1. Después de llegar al restaurante, ¿en qué sitio encuentran[b] una mesa desocupada,[c] cerca o lejos del escenario[d]?   2. ¿Por qué hay tanta gente en el restaurante?   3. ¿Qué platos pide cada joven?   4. ¿Qué escuchan durante la cena?   5. ¿Qué hacen después de comer?   6. ¿Salen del restaurante contentos y satisfechos[e] o disgustados?

[a]pasan... *do they pick him up*   [b]*do they find*   [c]*empty*   [d]*stage*   [e]*satisfied*

❖ Mi diario

▼▼▼▼▼▼▼▼▼▼▼▼▼▼▼▼▼▼▼▼▼▼▼▼▼▼▼▼

Ahora escriba en su diario lo que a Ud. le gusta mucho comer y la(s) comida(s) que no le gusta(n) nada. Si puede, mencione los ingredientes.

> **Palabras útiles:** el cocido (*stew*), los espaguetis, las remolachas (*beets*), el rosbif; caliente (*hot*), picante (*hot, spicy*); me encanta(n) (*I love*),* me gusta(n),* odiar (*to hate*); al horno (*baked, roasted*); bastante cocido (*medium*), bien cocido (*well done*), crudo (*raw*)

Prueba corta

▼▼▼▼▼▼▼▼▼▼▼▼▼▼▼▼▼▼▼▼▼▼▼▼▼▼▼▼

A. Escriba la forma apropiada de **saber** o **conocer**.

—Yo no _____.¹ a la novia de Juan. ¿La _____² tú?

—No muy bien, pero (yo) _____³ que ella se llama María Elena y que

_____⁴ tocar bien la guitarra.

B. Vuelva a escribir las oraciones en la forma afirmativa.

1. No quiero comer nada. _____

2. No busco a nadie. _____

3. No hay nada para beber. _____

4. —No conozco a ninguno de sus amigos. —Yo tampoco. _____

_____

C. Conteste las preguntas usando pronombres del complemento directo.

1. ¿Vas a pedir la ensalada de fruta? _____

2. ¿Quieres zanahorias con la comida? _____

3. ¿Tomas café por la noche? _____

4. ¿Quién prepara la cena en tu casa? _____

D. Escriba la forma apropiada del mandato formal (**Uds.**) del verbo indicado.

1. _____ (*Uds.*: Comprar) tomates y lechuga.

2. No _____ (*Uds.*: hacer) ensalada hoy.

3. _____ (*Uds.*: Traer) dos sillas, por favor.

4. No _____ (*Uds.*: tomar) café por la noche.

5. Juan no está aquí todavía. _____ (*Uds.*: Llamarlo) ahora.

6. ¿El vino? No _____ (*Uds.*: servirlo) ahora.

_____

*If something you like is a plural noun, use the plural form of **gustar** or **encantar: Me gustan las zanahorias. Me encantan las arvejas.**

El mundo hispánico de cerca 2

▼▼▼▼▼▼▼▼▼▼▼▼▼▼▼▼▼▼▼▼▼▼▼▼▼▼▼▼▼▼▼▼▼

México y Centroamérica

A. ¿Cierto o falso?

	C	F
1. Conquista de Tenochtitlán: 1521.	☐	☐
2. La Revolución sandinista tuvo lugar (*took place*) en El Salvador.	☐	☐
3. El Tratado de Libre Comercio: 1894.	☐	☐
4. Centroamérica se independizó (*became independent*) un año después de México.	☐	☐
5. Las civilizaciones olmeca y maya existieron (*existed*) al mismo tiempo.	☐	☐

B. Misceláneo. Empareje los nombres con la descripción apropiada.

1. _____ escribió (*wrote*) sobre la cocina azteca

2. _____ mexicanos y centroamericanos decoran las tumbas de sus parientes muertos

3. _____ la ciudad más grande del mundo

4. _____ comunidad de artesanos nicaragüenses

5. _____ ganó el Premio Nobel de la Paz en 1992

a. Rigoberta Menchú
b. San Salvador
c. Nuestra Señora de Solentiname
d. Fray Bernardino de Sahagún
e. el 2 de noviembre
f. México, D.F.

C. Preguntas. Conteste Ud. brevemente con una palabra o frase corta.

1. ¿Cuál fue (*was*) el nombre de la campaña del ejército (*army*) guatemalteco en contra de la población indígena entre los años 1978 y 1985? _____

2. ¿Qué poeta nicaragüense muestra una gran preocupación social en su poesía?

   _____

3. ¿Qué describen gráficamente los cuadros de Frida Kahlo?

   _____

4. ¿Cuáles son dos resultados de la migración interna?

   _____

REPASO **2**

A. Verbos. Escriba el presente de los verbos.

	YO	UD., ÉL, ELLA	NOSOTROS	VOSOTROS
almorzar	_____	_____	_____	_____
cerrar	_____	_____	_____	_____
conocer	_____	_____	_____	_____
hacer	_____	_____	_____	_____
oír	_____	_____	_____	_____
pedir	_____	_____	_____	_____
poner	_____	_____	_____	_____
saber	_____	_____	_____	_____
traer	_____	_____	_____	_____
ver	_____	_____	_____	_____

B. Una versión corta y moderna de la Cenicienta (*Cinderella*). Complete la narración con la preposición apropiada de la lista. ¡RECUERDE! **de + el = del.**

al lado de, antes de, cerca de, delante de, después de, durante, en, encima de, lejos de

La Cenicienta vive en la casa de su madrastra.[a] Una noche va a una fiesta

en el palacio del príncipe, que vive _____[1] la casa de la

Cenicienta. Baila con el príncipe _____[2] la fiesta, pero

tiene que regresar a casa _____[3] las doce. Ella deja[b] un

zapato _____[4] el palacio. El príncipe busca por todas

partes[c] a la Cenicienta, llevando el zapato _____[5] un

cojín[d] de seda. Por fin la encuentra[e] sentada[f] _____[6] la chimenea de su casa...

_____[7] la boda, El príncipe y la Cenicienta van a vivir en Cancún, muy

_____[8] la casa de su madrastra.

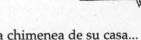

[a]*stepmother* [b]*leaves* [c]*por... everywhere* [d]*cushion* [e]*he finds* [f]*seated*

C. ¡Problemas y más problemas! Form complete sentences in the present tense, using the words provided in the order given. Make any necessary changes, and add other words when necessary. Be sure that adjectives and verbs agree with the person or thing they modify. Replace each ¿ ? with the appropriate form of **ser** or **estar**. Write out all numbers. *Note:* / / Indicates a new sentence.

1. ese / camisa / blanco / ¿ ? / tan sucio / la / amarillo / / ¿no / (tú) tener / otro?

   _____

2. ese / playa / ¿ ? / más / bonito / este, / pero / ¿ ? / lejos de / nuestro / casa

   _____

3. (yo) necesitar / $150 / para / mi / libros / y acabar / gastar (*to spend*) / más / $100 / en / uno / vestido

   _____

4. ¿dónde / ¿ ? / todos? / / No / (yo) ver / nadie

   _____

D. Comentarios del profesor. Exprese en español las palabras y frases en inglés. Cuando se dan dos verbos, seleccione el más apropiado.

El profesor Ramírez _____[1] en la clase con los exámenes. Dice que[a] casi todos
　　　　　　　　　　(*has just entered*)

debemos _____[2] la misma[b] lección porque todavía no _____[3]
　　　　　　(*study again*)　　　　　　　　　　　　　　　　　　　　　　(*saber/conocer*)

los verbos irregulares. _____[4] _____[5] su libro. Uno de los
　　　　　　　　　　　(*No one*)　　　　　(*feels like opening*)

estudiantes insiste en _____[6] preguntas porque no comprende. El profesor
　　　　　　　　　　(*hacer/preguntar*)

comenta: Si estudian la lección todos los días _____[7] a clase, van a aprender
　　　　　　　　　　　　　　　　　　　　　　(*before coming*)

mucho más aquí... ¡Qué estricto es!

[a]Dice... *He says that*　　[b]*same*

E. Preparativos para la fiesta. Marta calls to give you last-minute reminders of what to do for a party you and some friends are planning. First, write her command in the **Uds.** form. Then respond by telling her that you and José are already doing it. Use object pronouns in your response to avoid unnecessary repetition.

　　　MODELO:　limpiar la casa → LUISA:　¡Limpien la casa!
　　　　　　　　　　　　　　　　　　UD.:　Ya estamos limpiándola. (Ya la estamos limpiando.)

1. lavar (*to wash*) los platos　　LUISA: _____

　　　　　　　　　　　　　　　　UD.: _____

2. hacer la ensalada　　LUISA: _____

　　　　　　　　　　　　UD.: _____

3. preparar las verduras　　LUISA: _____

　　　　　　　　　　　　　UD.: _____

4. empezar la paella　　LUISA: _____

　　　　　　　　　　　UD.: _____

CAPÍTULO **7**

Vocabulario: Preparación

▼▼▼▼▼▼▼▼▼▼▼▼▼▼▼▼▼▼▼▼▼▼▼▼▼▼▼▼▼▼▼▼▼▼▼▼▼

¡Buen viaje!; De vacaciones

❖**A. Ud. y los viajes.** Lea las siguientes declaraciones y decida cuáles se refieren a Ud.

	C	F
1. Tengo mucho miedo de viajar en avión.	☐	☐
2. Siempre reservo los asientos con anticipación (*in advance*).	☐	☐
3. Cuando voy de viaje, hago las maletas a última hora (*at the last minute*).	☐	☐
4. Siempre llevo tantas maletas que tengo que pedirle ayuda a un maletero.	☐	☐
5. Pido un asiento en el pasillo (*aisle*) de un avión o tren porque me gusta levantarme con frecuencia.	☐	☐
6. Si hay una demora en la salida del avión (o del tren) no me importa. Me siento en la sala de espera y leo un libro o voy al bar.	☐	☐

B. De vacaciones. Complete las oraciones con la forma apropiada de las palabras de la lista a la derecha. Use cada expresión sólo una vez (*once*).

1. Cuando voy de vacaciones prefiero comprar mi _____ antes de ir al aeropuerto.

2. Los boletos de _____ son más baratos que los de ida solamente.[a]

3. Pido un _____ en la sección de no _____ porque tengo alergia al humo[b] de los cigarrillos.

4. Quiero _____ del avión si hace _____ en Londres.[c]

5. Después de llegar al aeropuerto, un maletero me ayuda a facturar el

   _____.

6. En la sala de espera hay muchos _____ que esperan su vuelo.

7. Un pasajero me _____ un asiento mientras[d] voy a comprar un libro.

8. Anuncian que el _____ #68 está atrasado; hay una _____ de media hora.

9. Cuando por fin anuncian la _____ del vuelo, los pasajeros hacemos

   _____ para _____ al avión.

asiento
asistente
bajar
boleto
cola
demora
equipaje
escala
fumar
guardar
ida y vuelta
pasajeros
salida
subir
vuelo

[a]*only* [b]*smoke* [c]*London* [d]*while*

10. Media hora después que el avión despega,[e] los _____ de vuelo sirven el desayuno. ¡Y qué hambre tengo!

[e]*takes off*

C. Escenas. Describa los dibujos con los verbos indicados. Use el presente del progresivo cuando sea (*whenever it is*) posible.

1.

dormir, fumar, leer

2.

facturar, hacer cola, hacer una parada

3.

llover, correr, estar atrasado, subir

4.

servir algo de beber, mirar

1. _____
_____
2. _____
_____
3. _____
_____
4. _____
_____

3. _____

4. _____

C. El pretérito. Escriba la forma indicada del pretérito de los verbos.

INFINITIVO	YO	TÚ	UD.	NOSOTROS	UDS.
hablar	hablé				
volver		volviste			
vivir			vivió		
dar				dimos	
hacer					hicieron
ser/ir	fui				
jugar		jugaste			
sacar			sacó		
empezar				empezamos	

D. ¿Qué hicieron estas personas? Complete las oraciones con la forma apropiada de los infinitivos. ¡OJO! Recuerde los cambios ortográficos como almorcé, empecé, hizo, etcétera.

1. yo: Hoy _____[1] (volver) de la universidad a la una de la tarde.

   _____[2] (Hacerme) un sándwich y lo _____[3] (comer) sentado[a]

   delante del televisor. _____[4] (Recoger[b]) la ropa sucia y la

   _____[5] (meter[c]) en la lavadora.[d] Antes de salir para el trabajo, le

   _____[6] (dar) de comer[e] al perro.

2. tú: ¿Por qué no _____[1] (asistir) a tu clase de música esta mañana?

   ¿_____[2] (Acostarte) tarde? ¿Ya _____[3] (empezar) a estudiar

   para el examen? ¿Adónde _____[4] (ir) anoche? ¿_____[5] (Salir)

   con alguien interesante? ¿A qué hora _____[6] (volver) a casa?

3. Eva: El año pasado Eva _____[1] (casarse[f]) y _____[2] (ir) a vivir

   en Escocia[g] con su esposo. Después de varios meses _____[3] (matricularse) en

   la Universidad de Edimburgo y _____[4] (empezar) a estudiar para enfermera.[h]

   Este verano _____[5] (regresar) para visitar a sus abuelos en Vermont por una

   semana y luego _____[6] (viajar) a California donde _____[7] (ver)

   a muchos amigos y lo _____[8] (pasar) muy bien.[i]

   [a]seated   [b]To pick up   [c]to put   [d]washing machine   [e]le... I fed   [f]to get married   [g]Scotland   [h]para... to be a nurse   [i]lo... she had a very good time

4. **Mi amiga y yo:** El verano pasado mi amiga Sara y yo _____[1] (pasar) dos meses en Europa. _____[2] (Vivir) con una familia francesa en Aix-en-Provence donde _____[3] (asistir) a clases en la universidad. También _____[4] (hacer) viajes cortos. _____[5] (Visitar) la costa del sur de Francia, _____[6] (caminar[j]) por las playas de Niza, _____[7] (comer) muchos mariscos y _____[8] (ver) a muchas personas famosas allí.

5. **Dos científicos:[k]** Mi papá y otro profesor de astronomía _____[1] (ir) a Chile en enero de 1986 para observar el cometa de Halley. _____[2] (Salir) de Los Ángeles en avión y _____[3] (llegar) a Santiago doce horas después. De allí _____[4] (viajar) a un observatorio en los Andes donde _____[5] (ver) el cometa todas las noches y _____[6] (tomar) muchas fotos. La comida y el vino chilenos les _____[7] (gustar) mucho y _____[8] (volver) de su viaje muy contentos.

[j]*to walk* [k]*scientists*

❖**E. Un viaje que hice yo**

Paso 1. Piense en un viaje que hizo en el pasado. Ahora subraye (*underline*) las actividades que mejor describan sus experiencias en ese viaje.

1. Viajé en... avión / barco / tren / auto / motocicleta / ¿ ?
2. Fui a... la playa / las montañas / otra ciudad / ¿ ?
3. Hice el viaje... con familia / con amigos / solo/a / ¿ ?
4. Fui para... visitar amigos / ver familia / pasar las vacaciones / ¿ ?
5. Llevé... una maleta / dos maletas / mi mochila / ¿ ?
6. Saqué muchas fotos. / Hice vídeos. / No llevé ninguna cámara.
7. Comí... en restaurantes buenos / en casa de amigos o familia / comida rápida / ¿ ?
8. Conocí a varias personas. / No conocí a nadie. / ¿ ?

Paso 2. Ahora combine lógicamente las oraciones que subrayó para describir su viaje. Use otros detalles para hacer más interesante su descripción.

      Expresión útil: hacer reservas (*reservations*)

MODELO: El verano pasado fui a Miami con dos amigos para pasar las vacaciones, nadar y descansar.

_____

_____

_____

_____

_____

_____

Un poco de todo

▼▼▼▼▼▼▼▼▼▼▼▼▼▼▼▼▼▼▼▼▼▼▼▼▼▼▼▼▼▼▼

A. Cosas que pasaron el semestre pasado. Use the expressions below to tell what you did for someone else, or what someone else did for you this past semester. Use the preterite and the appropriate indirect object pronouns. Use affirmative or negative sentences, following the model.

MODELO: escribir una carta → Les escribí una carta a mis abuelos.
(No le escribí a nadie.)
(Nadie me escribió a mí.)

1.   mandar tarjetas postales _____

2.   regalar flores _____

3.   recomendar un restaurante _____

4.   ofrecer ayuda _____

5.   prestar una maleta _____

6.   dar direcciones para (lugar) _____

B. Situaciones. Cambie los verbos al pretérito.

1.   *Salgo* temprano para la escuela y me *quedo* allí

   toda la mañana. *Almuerzo* a mediodía[a] y a las dos *voy*

   al trabajo. *Vuelvo* a casa a las ocho. *Ceno* y luego

   miro una película. A las once *subo* a mi alcoba,

   me *quejo*[b] de la tarea, pero la *hago*. Por fin

   duermo unas cinco o seis horas.

2.   Luisa y Jorge *son* novios por dos años. Se *hacen*

   muchas promesas[c] y él le *da* un anillo.[d] Un día

   Jorge *va* a Nueva York donde se *hace*[e] actor.

   Se *escriben* muchas cartas pero nunca *vuelven*

   a verse[f] más.

3.   La vida simple de Simón: *Busco* trabajo el lunes,

   me lo *dan* el martes, lo *pierdo* el miércoles, me

   pagan el jueves, *gasto*[g] el dinero el viernes, el

   sábado no *hago* nada y el domingo *descanso*.

4.   *Pasamos* los días muy contentos. *Comemos* bien,

   vemos a nuestros amigos y *jugamos* al tenis.

[a]*noon*   [b]*quejar = to complain*   [c]*promises*   [d]*ring*   [e]*se... he becomes*   [f]*see each other*   [g]*gastar = to spend*

❖C. Preguntas personales. Conteste con oraciones completas.

1. ¿Le gustaría viajar en crucero (*cruise ship*)? ¿Adónde?

   _____

2. ¿Viajó Ud. en tren o en autobús a otro estado o a otro país el año pasado?

   _____

3. ¿Qué medio de transporte prefiere Ud. usar cuando hace un viaje largo?

   _____

4. ¿Tiene miedo de ir en avión o de viajar en barco?

   _____

5. a. ¿Adónde fue Ud. durante sus últimas vacaciones? ¿Fue solo/a o con otra persona?

   _____

   b. ¿Llevó Ud. mucho equipaje?

   _____

   c. En el último viaje que Ud. hizo, ¿compró un boleto de ida y vuelta? ¿Por qué sí o por qué no?

   _____

   _____

LOS HISPANOS HABLAN

Unas vacaciones inolvidables

Cecilia Borri, Argentina, 17 años

Hace un año[a] mi mejor amigo y yo decidimos veranear en las playas del Uruguay. Trabajamos durante todo un año para conseguir[b] el dinero y el permiso de nuestros padres. Finalmente, en enero partimos.[c] Viajamos toda una noche en colectivo,[d] y al día siguiente llegamos a Montevideo. Como estábamos[e] las dos solas, tuvimos que hacernos cargo[f] de todo: los documentos en la aduana,[g] el transporte de las valijas[h] y el cambio de moneda.[i]

Finalmente llegamos al *camping* y, con la ayuda de otros chicos y chicas, armamos la carpa.[j] El lugar era[k] hermosísimo, a dos cuadras[l] del mar, con muchos árboles[m] y rodeadas de gente[n] joven... Nos quedamos en ese lugar un mes, sin más que una carpa y las instalaciones del *camping*. Teníamos todo lo que hacía falta[o] para pasar unas vacaciones inolvidables: sol, playas, gente joven y muchas ganas de divertirnos.

[a]Hace... *A year ago* [b]*get* [c]*we departed* [d]*autobús* [e]*we were* [f]hacernos... *take care* [g]*customs* [h]*maletas* [i]cambio... *exchanging money* [j]armamos... *we put up the tent* [k]*was* [l]*blocks* [m]*trees* [n]rodeadas... *surrounded by people* [o]Teníamos... *We had everything we needed*

❖Which of the activities mentioned by Cecilia have you also done?

☐ trabajar para conseguir dinero para unas vacaciones

☐ viajar a otro país en autobús

☐ pasar por la aduana

☐ cambiar dinero en otro país

☐ armar una carpa

☐ pasar un mes en la playa

☐ hacer *camping*

❖ ¡Repasemos!

▼▼▼▼▼▼▼▼▼▼▼▼▼▼▼▼▼▼▼▼▼▼▼▼▼▼▼▼▼▼▼▼

Un viaje ideal. Imagínese que Ud. acaba de recibir un regalo de $5.000 de su abuela (tía) rica. Le mandó el dinero para un viaje extraordinario. En otro papel, escríbale una carta de unas 100 palabras en la cual Ud. le describe sus planes. Incluya la siguiente información:

1. ¿Adónde piensa ir y en qué mes va a salir?
2. ¿Cómo va a viajar?
3. ¿Qué ropa va a llevar?
4. ¿Qué piensa hacer en ese lugar?

5. ¿Cuánto tiempo piensa estar de viaje?
6. ¿Va a viajar solo/a o con otra persona (otras personas)?
7. ¿Dónde piensa quedarse?

MODELO:

Querida _____,

   ¡Mil gracias por el regalo tan fenomenal! Te escribo para darte detalles de mis planes para el viaje...

Un abrazo y muchos recuerdos cariñosos de tu (nieto/a, sobrino/a)...

❖ Mi diario

▼▼▼▼▼▼▼▼▼▼▼▼▼▼▼▼▼▼▼▼▼▼▼▼▼▼▼▼▼▼▼▼

Escriba sobre unas vacaciones que Ud. tomó *o* las de un amigo / una amiga. Incluya (*Include*) la siguiente información:

• adónde y con quién fue
• cuándo y cómo viajó
• el tiempo que hizo durante las vacaciones (llovió mucho, nevó, hizo mucho calor...)
• cuánto tiempo pasó allí
• qué cosas interesantes hizo
• lo que le gustó más (o menos)
• si le gustaría volver a ese lugar

Expresiones útiles: esquiar, hace un año (semana, mes) = *a year (week, month) ago*, tomar el sol

Prueba corta

▼▼▼▼▼▼▼▼▼▼▼▼▼▼▼▼▼▼▼▼▼▼▼▼▼▼▼▼▼▼▼▼▼▼

A. Complete las oraciones con el pronombre apropiado del complemento indirecto.

1. Yo _____Le_____ compré un regalo. (a mi madre)

2. Ellos _____Nos_____ escribieron una carta la semana pasada. (a nosotros)

3. Nosotros _____les_____ compramos boletos para un concierto. (a nuestros amigos)

4. Roberto siempre _____me_____ pide favores. (a mí)

5. ¿Qué _____te_____ dieron tus padres para tu cumpleaños? (a ti)

B. Use la forma apropiada de **gustar** y el complemento indirecto.

1. A mis padres no _____les_____ _____gustan_____ los asientos cerca de la puerta.

2. A mi mejor amigo _____le_____ _____gusta_____ viajar solo.

3. A mí no _____me_____ _____gusta_____ la comida que sirven en el avión.

4. A todos nosotros _____nos_____ _____gustan_____ los vuelos sin escalas.

5. Y a ti, ¿adónde _____te_____ _____gusta_____ ir de vacaciones?

C. Complete las oraciones con la forma apropiada del pretérito del verbo entre paréntesis.

1. ¿A quién le _____mandaste_____ (*tú:* mandar) las flores?

2. Ayer _____empecé_____ (*yo:* empezar) a hacer las maletas a las once.

3. Mi hermano _____hizo_____ (hacer) un viaje al Mar Caribe.

4. ¿_____Fueron_____ (Ir) Uds. en clase turística?

5. ¿_____Oíste_____ (*Tú:* Oír) el anuncio (*announcement*) para subir al avión?

6. Ellos _____volvieron_____ (volver) de su viaje el domingo pasado.

7. Juan no me _____dio_____ (dar) el dinero para el boleto.

CAPÍTULO **8**

Vocabulario: Preparación

▼▼▼▼▼▼▼▼▼▼▼▼▼▼▼▼▼▼▼▼▼▼▼▼▼▼▼▼▼▼▼

Los días festivos y las fiestas

❖A. Ud. y las fiestas. Indique si las siguientes declaraciones son ciertas o falsas para Ud.

		C	F
1.	El Día de Gracias con frecuencia como demasiado y luego no me siento bien.	☐	☐
2.	En la Noche Vieja bebemos, comemos, bailamos y nos divertimos mucho.	☐	☐
3.	En mi universidad siempre hay una gran celebración para el Cinco de Mayo.	☐	☐
4.	Doy regalos el Día de los Reyes Magos.	☐	☐
5.	Tengo guardadas (*I have saved*) algunas tarjetas del Día de San Valentín que me mandaron mis «viejos amores».	☐	☐
6.	A veces tomo cerveza verde el Día de San Patricio.	☐	☐
7.	Mi familia celebra el día de mi santo.	☐	☐
8.	En la Pascua Florida, voy a la iglesia.	☐	☐
9.	Mi familia gastó mucho dinero cuando celebró la quinceañera de mi hermana (prima, sobrina).	☐	☐

B. ¿Cuánto sabe Ud. de los días festivos? Complete las oraciones con el día festivo apropiado.

1. El primero de enero es _____.

2. El 25 de diciembre los cristianos celebran

   _____.

3. _____ conmemora la huida (*escape*) de los judíos (*Jews*) de Egipto.

4. Muchos católicos asisten a la Misa del Gallo (*midnight Mass*) durante

   _____.

5. La victoria de los mexicanos sobre los franceses en la batalla de Puebla

   (1862) se celebra _____.

el Cinco de Mayo
el Día de Año
    Nuevo
la Navidad
la Nochebuena
la Pascua

C. El Día de los Inocentes. Lea la siguiente lectura sobre una fiesta popular y conteste las preguntas.

El 28 de diciembre en el mundo hispánico se celebra la fiesta tradicional que se llama el Día de los Inocentes. En esta fecha se conmemora el día en que murieron[a] muchos niños en Judea por orden de Herodes, quien esperaba hacer morir[b] al niño Jesús entre ellos.

Ese día a la gente le gusta hacerles bromas[c] a sus amigos. Una broma común es decirle a un amigo:

—Un Sr. León te llamó hace veinte minutos[d] y quiere que lo llames porque es urgente. Aquí tienes su número de teléfono.

Todos esperan mientras el amigo inocente marca[e] el número.

—Buenos días —dice con un tono de mucha importancia—. Habla Enrique González. ¿Puedo hablar con el Sr. León, por favor? Me llamó hace unos minutos.

La joven que contesta el teléfono se ríe[f] y le dice:

—Lo siento. El Sr. León acaba de salir. ¿Quiere Ud. dejar[g] un mensaje? Yo soy su secretaria, la Srta. Elefante.

El amigo se da cuenta,[h] avergonzado,[i] de que ha llamado[j] al Jardín Zoológico[k] mientras todos le gritan:[l] —¡Por inocente, por inocente!

[a]*died* [b]*esperaba... hoped to kill* [c]*hacerles... to play tricks* [d]*hace... twenty minutes ago* [e]*dials* [f]*se... laughs* [g]*to leave* [h]*se... realizes* [i]*embarrassed* [j]*ha... he has called* [k]*Jardín... Zoo* [l]*shout*

Comprensión

1. ¿Cuál es la fecha de un día festivo en los Estados Unidos que es similar al Día de los Inocentes?

   _____

2. En el mundo hispánico, ¿qué les hace la gente a sus amigos?

   _____

3. ¿Qué significa en inglés **león**? _____

Emociones y condiciones

A. Profesores y estudiantes. ¿Cómo reaccionan? Use la forma apropiada de los verbos de la lista.

1. Cuando Julián no contesta bien en clase, se ríe porque se pone nervioso. Cuando yo no recuerdo la respuesta correcta, yo

   _____.

2. Cuando nos olvidamos de entregar (*turn in*) la tarea (*homework*) a tiempo, los profesores _____.

3. Cuando llega la época de los exámenes, algunos estudiantes

   _____ porque no duermen lo suficiente

   (*enough*). Y todos _____ porque dicen que tienen muchísimo trabajo.

4. Generalmente los estudiantes universitarios son responsables y _____ bien en clase.

5. A los profesores no les gusta _____ con los estudiantes sobre las notas (*grades*) que les dan.

discutir
enfermarse
enojarse
ponerse
  (avergonzado,
  irritado, nervioso,
  triste)
portarse
quejarse
reírse

B. ¿Qué piensa Ud.? ¡Sea enfático/a, por favor! Use formas con **-ísimo/a.**

1. ¿Le parece larga la novela *Guerra y paz*, del autor ruso Tolstoi?

   _____

2. ¿Son ricos los Rockefeller?

   _____

3. ¿Se siente Ud. cansado/a después de correr diez kilómetros?

   _____

4. ¿Es cara la vida en Tokio?

   _____

5. ¿Fueron difíciles las preguntas del último examen?

   _____

C. Reacciones. ¿Cómo reacciona o cómo se pone Ud. en estas circunstancias? Use por lo menos uno de los verbos útiles en cada respuesta. Puede usar la forma enfática (**-ísimo/a**) de los adjetivos.

> **Verbos útiles:** enojarse, llorar, ponerse contento/a (avergonzado/a, enojado/a, triste), quejarse, reírse, sonreír

1. Alguien le hace una broma un poco pesada (*in bad taste*).

   _____

2. Alguien le cuenta un chiste cómico.

   _____

3. Ud. se olvida del cumpleaños de su madre (padre, novio/a...).

   _____

4. Ud. acaba de saber que su perro (gato) murió (*died*) en un accidente.

   _____

5. En un restaurante muy caro, le sirven una comida malísima.

   _____

6. Ud. acaba de saber que recibió la nota (*grade*) más alta en el examen de historia.

   _____

7. Ud. acaba de saber que su ex novio/a y su mejor amigo/a van a casarse (*get married*).

   _____

Minidiálogos y gramática

▼▼▼▼▼▼▼▼▼▼▼▼▼▼▼▼▼▼▼▼▼▼▼▼▼▼

23. Talking About the Past (2) • Irregular Preterites

A. ¿Cuánto sabe Ud.?

Paso 1. ¿Son ciertos o falsos los siguientes hechos históricos?

		C	F
1.	Neil Armstrong fue el primer hombre que estuvo en la luna (*moon*).	☐	☐
2.	Los Estados Unidos puso un satélite en el espacio antes que la Unión Soviética.	☐	☐
3.	Magallanes quiso circunnavegar el mundo, pero murió en las Filipinas a manos de los indígenas (*natives*) en 1521.	☐	☐
4.	En 1592 Cristóbal Colón pudo llegar a América.	☐	☐
5.	Hitler no quiso dominar Europa.	☐	☐
6.	Cortés no supo de la grandeza (*grandeur*) del imperio azteca hasta que llegó a Tenochtitlán en 1519.	☐	☐
7.	Los españoles trajeron el maíz (*corn*) y el tomate a América.	☐	☐
8.	En Berlín George Bush dijo: «Yo soy un berlinés».	☐	☐
9.	Pocos inmigrantes irlandeses vinieron a los Estados Unidos en el siglo (*century*) XIX.	☐	☐

Paso 2. Ahora tache (*cross out*) la información incorrecta en cada respuesta falsa y corríjala (*correct it*).

B. Formas verbales. Escriba la forma indicada de los verbos.

INFINITIVO	YO	UD.	NOSOTROS	UDS.
estar				
	tuve			
		pudo		
			pusimos	
				quisieron
saber				
	vine			
		dijo		
			trajimos	

C. Situaciones. Complete las oraciones con el pretérito de los verbos entre paréntesis.

1. *Durante la Navidad.* La familia Román _____¹ (tener) una reunión familiar muy bonita para la Navidad. Todos sus hijos _____² (estar) presentes. _____³ (Venir) de Denver y Dallas y _____⁴ (traer) regalos

1._____

2._____

3._____

4._____

para todos. Su mamá pensaba^a hacer una gran cena para la Nochebuena,   5._____

pero todos le _____⁵ (decir) que no. Por la noche todos _____⁶ (ir) a un   6._____

restaurante muy elegante donde _____⁷ (comer) bien y _____⁸ (poder)   7._____

escuchar música.   8._____

^a*was planning*

2. *Otro terremoto^a en California.* Esta mañana _____¹ (saber: *nosotros*) que   1._____

_____² (haber) un terremoto en California. Lo _____³ (oír: *yo*) primero   2._____

en el radio y luego lo _____⁴ (leer: *yo*) en el periódico. Algunas casas   3._____

_____⁵ (romperse^b), pero en general, este terremoto no _____⁶ (hacer)   4._____

mucho daño.^c Un experto _____⁷ (decir): «No _____⁸ (ser) el primero   5._____

ni va a ser el último».   6._____

                                                                                                              7._____

^a*earthquake*   ^b*to be destroyed*   ^c*damage*   8._____

D. Después del examen. Jorge y Manuel hablan en la cafetería. Complete las oraciones con la forma apropiada de los verbos entre paréntesis.

JORGE: ¿Cómo _____¹ (estar) el examen?   1. _____

MANUEL: ¡Terrible! No _____² (poder) contestar las últimas tres   2. _____

preguntas porque no _____³ (tener) tiempo. ¿Por qué no   3. _____

_____⁴ (venir) tú?   4. _____

JORGE: _____⁵ (Querer) venir pero _____⁶ (estar) enfermo todo el día.   5. _____

¿Qué preguntas _____⁷ (hacer) el profesor?   6. _____

MANUEL: Muchas, pero ahora no recuerdo ninguna. ¿_____⁸ (Saber: *tú*)   7. _____

que Claudia _____⁹ (tener) un accidente y tampoco _____¹⁰   8. _____

(venir) al examen?   9. _____

JORGE: Sí, me lo _____¹¹ (decir) María Inés esta mañana... Bueno,   10. _____

tengo que irme... ¡Caramba! ¿Dónde _____¹² (poner) mi   11. _____

cartera?   12. _____

MANUEL: ¿No la _____¹³ (traer) otra vez? Yo sólo _____¹⁴ (traer) dos   13. _____

dólares. Vamos a buscar a Ernesto. Él siempre tiene dinero.   14. _____

❖E. ¿Qué pasó la última vez que... ? Conteste estas preguntas con oraciones completas.

1. La última vez que Ud. se enfermó, ¿tuvo que guardar cama (*stay in bed*)? ¿Cuánto tiempo?

_____

_____

2. La última vez que Ud. y su familia celebraron algo especial, ¿vinieron de lejos (*from far away*) algunos parientes (tíos, abuelos, hermanos)? ¿Quién vino y de dónde? ¿O no vino ningún pariente de lejos?

   Para celebrar _____, _____

                        (ocasión)

   _____.

3. ¿Cuántos años cumplió Ud. en su último cumpleaños? ¿Qué hizo para celebrarlo? ¿Dio una fiesta? ¿Salió con sus amigos o con su familia?

   _____

   _____

4. ¿Pudo Ud. contestar todas las preguntas del último examen de español? ¿Estuvo fácil o difícil el examen?

   _____

   _____

5. ¿Conoció Ud. a alguien durante sus últimas vacaciones? ¿A quién?

   _____

24. Talking About the Past (3) • Preterite of Stem-Changing Verbs

A. Formas verbales. Escriba la forma indicada de los verbos.

INFINITIVO	YO	TÚ	UD.	NOSOTROS	UDS.
divertirse					
sentir					
dormir					
conseguir					
reír					
vestir					

B. Situaciones. Complete las oraciones con la forma apropiada del pretérito de uno de los verbos entre paréntesis, según el significado de la oración.

      (sentarse, dormirse)

1. Yo _____ delante del televisor y _____ poco después.

2. —¿A qué hora _____ Uds. a comer?

   —A las nueve y media. Y después de trabajar tanto, ¡nosotros casi _____ en la mesa!

3. Mi esposo se despertó a las dos y no _____ otra vez hasta las cinco de la mañana.

(reírse, sentir,ª sentirse)

4. Esa película fue tan divertida que (nosotros) _____ toda la noche. Sólo Jorge no

    _____ mucho porque no la comprendió.

5. Rita y Marcial _____ mucho faltar a tu fiesta, pero Rita se enfermó y

    _____ tan mal que se quedó en cama todo el fin de semana.

    ª*to regret*

C. Una mala noche. Cambie al pretérito los verbos indicados.

Juan *entra*[1] en el restaurante y *se sienta*[2] a comer con unos amigos. *Pide*[3] una cerveza y el camarero se la *sirve*[4] inmediatamente, pero después de tomar dos tragosª *se siente*[5] mal, *se levanta*[6] y *se despide*[7] de todos rápidamente. *Vuelve*[8] a casa y no *duerme*[9] en toda la noche.

ª*swallows*

1. _____   4. _____   7. _____

2. _____   5. _____   8. _____

3. _____   6. _____   9. _____

Ahora escriba los mismos verbos con **yo** como sujeto donde sea posible. ¡OJO con los pronombres!

10. _____   13. _____   16. _____

11. _____   14. _____   17. _____

12. _____   15. _____   18. _____

D. Situaciones. Imagínese que Ud. está hablando con dos amigas que acaban de regresar a casa después de sus vacaciones en México. Hágales preguntas en español sobre su viaje. Use las palabras y frases indicadas y haga los cambios necesarios. Recuerde usar **Uds.**

MODELO: cuándo / salir / vacaciones → ¿Cuándo salieron Uds. de vacaciones?

1. adónde / ir _____

2. conseguir / hotel / cerca / playa _____

    _____

3. divertirse / mucho _____

4. jugar / tenis / nadar _____

5. cuánto / tener / pagar / por / habitación _____

    _____

6. cómo / estar / comida _____

7. conocer / alguien / interesante _____

8. qué / hora / volver / hoy _____

9. no / dormir / mucho / anoche / ¿verdad? _____

    _____

¡RECUERDE!

Direct and Indirect Object Pronouns

Cambie los complementos directos indicados o las frases indicadas (*a Ud., a nosotros, a ellos,* etcétera) a complementos pronominales. Luego identifique los pronombres (O.D. = objeto directo; O.I. = objeto indirecto).

MODELOS: No dice la verdad. (*a Uds.*) → No les dice la verdad. (O.I.)
No dice *la verdad.* → No la dice. (O.D.)

1. Yo traigo el café. (*a Ud.*) _____

2. Yo traigo *el café* ahora. _____

3. Ellos compran los boletos. (*a nosotros*) _____

4. Ellos compran *los boletos* hoy. _____

5. No hablo mucho. (*a ellas*) _____

6. No conozco bien *a tus primas.* _____

7. Queremos dar una fiesta. (*a mis padres*) _____

8. Pensamos dar *la fiesta* en casa. _____

25. Expressing Direct and Indirect Objects Together • Double Object Pronouns

❖**A.** **¿Con qué frecuencia... ?** Indique la frecuencia con que Ud. y otras personas hacen estas cosas.

		SIEMPRE	A VECES	NUNCA
1.	El coche: Mi padre me lo presta.	☐	☐	☐
2.	El dinero: Mis amigos me lo piden.	☐	☐	☐
3.	La cena: Me la prepara mi madre.	☐	☐	☐
4.	La cena: Yo se la preparo a mi familia.	☐	☐	☐
5.	La ropa: Me la lavo (*wash*) yo.	☐	☐	☐
6.	La tarea (*homework*): Nos la dan los profesores.	☐	☐	☐

B. **¡Promesas, promesas!** (*Promises, promises!*) Estas personas prometen hacer las siguientes cosas. Vuelva a escribir lo que prometen, pero omita la repetición innecesaria del complemento directo.

MODELO: ¿Los discos? José nos trae *los discos* mañana. → José nos los trae mañana.

1. ¿El dinero? Te devuelvo (*I'll return*) *el dinero* mañana.

_____

2. ¿Las fotos? Te traigo *las fotos* el jueves.

_____

3. ¿La sorpresa? Nos van a revelar *la sorpresa* después.

_____

4. ¿Los pasteles? Me prometieron *los pasteles* para esta tarde.

    _____

¡RECUERDE!			
le **les**	$\left\{\begin{array}{l}\text{lo}\\\text{la}\\\text{los}\\\text{las}\end{array}\right.$	→ se	$\left\{\begin{array}{l}\text{lo}\\\text{la}\\\text{los}\\\text{las}\end{array}\right.$

5. ¿Las fotos? Les mando *las fotos* a Uds. con la carta.

    _____

6. ¿La bicicleta? Le devuelvo *la bicicleta* a Pablo mañana.

    _____

7. ¿El dinero? Le doy *el dinero* a Ud. el viernes.

    _____

8. ¿Los regalos? Le muestro *los regalos* a Isabel esta noche.

    _____

C. La herencia (*inheritance*). Imagínese que un pariente muy rico murió y les dejó (*he left*) varias cosas a Ud. y a diferentes personas e instituciones. ¿Qué le dejó a quién?

Ernesto y Ana

Memo

Cristina

La Cruz Roja

La biblioteca

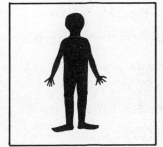

Yo

MODELO: ¿A quién le dejó su ropa? → Se la dejó a la Cruz Roja.

1. ¿A quién le dejó su Porsche? _____

2. ¿A quién le dejó su nueva cámara? _____

3. ¿A quién le dejó sus libros? _____

4. ¿A quién le dejó sus muebles? _____

5. ¿A quién le dejó su camioneta? _____

6. ¿A quién le dejó $20.000 dólares? _____

❖**D. Los regalos.** Haga una lista de cinco cosas que Ud. les regaló a su familia y amigos la Navidad pasada (*last*). Luego escriba a quiénes se las regaló.

MODELO: Un suéter: Se lo regalé a mi hermana.

1. _____

2. _____

3. _____

4. _____

5. _____

Un poco de todo

▼▼▼▼▼▼▼▼▼▼▼▼▼▼▼▼▼▼▼▼▼▼▼▼▼▼▼▼▼▼▼

A. Una carta a un amigo

Paso 1. Complete Ud. la carta que Gerardo le escribe a un amigo que vive en Acapulco. Use Ud. el pretérito de los verbos en paréntesis.

Querido Pepe:

La semana pasada _____[1] (hacer: *yo*) un corto viaje a Acapulco porque

_____[2] (tener) una reunión con mi agente de viajes. Aunque[a] _____[3]

(estar) ocupadísimo, _____[4] (querer) visitarte, pero _____[5] (saber) por

nuestro amigo Luis Dávila que estabas[b] fuera de la ciudad. Yo le _____[6] (dar) a Luis

unas fotos de la última vez que nosotros _____[7] (estar) juntos,[c] y le

_____[8] (pedir: *yo*) que te las diera[d] a tu vuelta a Acapulco.

Espero verte durante mi próximo viaje. Recibe un abrazo[e] de tu amigo,

Gerardo

[a]*Although* [b]*you were* [c]*together* [d]*he give* [e]*hug*

Paso 2. Conteste las preguntas con oraciones completas.

1. ¿Por qué fue Gerardo a Acapulco? _____

2. ¿Tuvo mucho tiempo libre o estuvo ocupado? _____

3. ¿Cómo supo Gerardo que Pepe estaba fuera de Acapulco? _____

4. ¿A quién le dio las fotos? _____

B. Preguntas personales. Conteste las preguntas con oraciones completas. Use los pronombres del complemento directo e indirecto.

      MODELO: ¿A quién le prestó Ud. su bicicleta? → Se la presté a mi hermano.
                       (No se la presté a nadie.)

1. ¿A quién le mandó Ud. una tarjeta de San Valentín? _____

2. ¿A quién le dio Ud. regalos de Navidad? _____

3. ¿Quién le trajo flores a Ud. este año? _____

4. ¿Quién le pidió dinero a Ud. este mes? _____

5. ¿Quién le hizo una fiesta para su cumpleaños? _____

❖ ¡Repasemos!

▼▼▼▼▼▼▼▼▼▼▼▼▼▼▼▼▼▼▼▼▼▼▼▼▼▼▼▼▼▼▼▼▼▼▼

¡Saludos de España!

Paso 1. Lea la siguiente tarjeta postal.

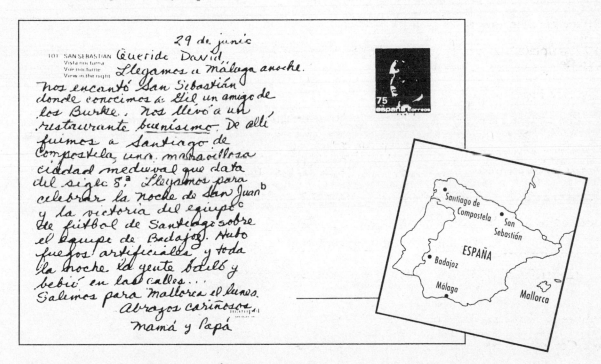

    [a]data... *dates from the eighth century*   [b]Noche... *fiesta tradicional que se celebra el 24 de junio*   [c]*team*

Paso 2. Ahora, en otro papel, escriba Ud. una tarjeta postal a un amigo o pariente, contándole de sus vacaciones. Mencione por lo menos un lugar que visitó y lo que vio o lo que pasó allí. Mencione también adónde piensa ir luego. Siga el modelo de la tarjeta.

❖ Mi diario

▼▼▼▼▼▼▼▼▼▼▼▼▼▼▼▼▼▼▼▼▼▼▼▼▼▼▼▼▼▼▼▼

¿Cuál es el día festivo más importante para su familia (sus amigos)? ¿Cuándo se celebra? ¿Hay una cena especial o una fiesta? ¿Dónde es? ¿Quiénes asisten? ¿Cuáles son las costumbres (*customs*) y tradiciones más importantes para Uds.? ¿Qué comidas y bebidas se sirven? La preparación de la comida, ¿es una actividad cooperativa? ¿Lo prepara todo una sola persona?

Palabras útiles: dar las doce (*to strike 12*), decorar el árbol (*tree*), los fuegos artificiales (*fireworks*), el globo (*balloon*), normalmente (*normally*)

Prueba corta

▼▼▼▼▼▼▼▼▼▼▼▼▼▼▼▼▼▼▼▼▼▼▼▼▼▼▼▼▼▼▼▼

A. Complete las oraciones con la forma correcta del pretérito de un verbo de la lista.

conseguir, despedirse, divertirse, dormir, hacer, ponerse, reírse, traer, vestirse

1. Cuando vimos esa película cómica, todos (*nosotros*) __nos reímos__ mucho.

2. Después de comer ese pescado, Marcial __se puso__ enfermo y se acostó, pero no __durmió__ en toda la noche.

3. Yo __conseguí__ un boleto extra para el concierto de mañana. ¿Quieres ir?

4. Marcos __se despidió__ de sus amigos y volvió a su casa.

5. Para celebrar el año nuevo, Mirasol __se vistió__ con ropa elegante: pantalones negros y blusa de seda. Ella __se divirtió__ muchísimo bailando con sus amigos.

6. Para celebrar el Año Nuevo, nosotros __hicimos__ una fiesta y unos amigos nos __trajeron__ champán.

B. Conteste las preguntas con la respuesta más apropiada.

1. ¿Cuándo nos traes el café?
   - a. Se lo traigo en seguida (*right away*).
   - b. Te los traigo en seguida.
   - c. Te lo traigo en seguida.

2. ¿Cuándo me van a lavar (*wash*) el coche?
   - a. Se lo vamos a lavar esta tarde.
   - b. Me lo voy a lavar esta tarde.
   - c. Te lo voy a lavar esta tarde.

3. ¿Quién te sacó estas fotos?
   - a. Julio me los sacó.
   - b. Julio te las sacó.
   - c. Julio me las sacó.

4. ¿Quién les mandó estas flores a Uds.?
   - a. Ceci nos los mandó.
   - b. Ceci nos las mandó.
   - c. Ceci se las mandó.

5. ¿A quién le vas a regalar esa camisa?
   - a. Te la voy a regalar a ti.
   - b. Se lo voy a regalar a Uds.
   - c. Me las vas a regalar a mí.

6. ¿A quiénes les sirves ese vino?
   - a. Se los sirvo a Uds.
   - b. Se lo sirvo a Uds.
   - c. Mario nos lo sirve.

CAPÍTULO **9**

Vocabulario: Preparación

▼▼▼▼▼▼▼▼▼▼▼▼▼▼▼▼▼▼▼▼▼▼▼▼▼▼▼▼▼

Pasatiempos, diversiones y aficiones; Los deportes

❖**A. ¿Qué hace Ud.?** ¿Con qué frecuencia hace Ud. estas actividades durante un fin de semana típico?

	CASI NUNCA	A VECES	CON FRECUENCIA
1. Doy paseos (por un centro comercial, por la playa).	☐	☐	☐
2. Hago una fiesta con algunos amigos.	☐	☐	☐
3. Voy al cine.	☐	☐	☐
4. Visito un museo.	☐	☐	☐
5. Juego a las cartas.	☐	☐	☐
6. Paseo en bicicleta.	☐	☐	☐
7. Hago *camping* con amigos.	☐	☐	☐
8. Asisto a un concierto.	☐	☐	☐

B. Deportistas. ¿Qué deportes practican estas personas?

1. Lee Trevino _____

2. Michael Jordan _____

3. Diego Maradona _____

4. Janet Evans _____

5. Arantxa Sánchez Vicario _____

6. José Canseco _____

7. Wayne Gretzky _____

❖**¿Y Ud.?** ¿A cuáles de estos deportes es Ud. aficionado/a?

_____

¿Cuáles practica? _____

❖**C. Gustos y preferencias.** ¿A cuál de sus amigos le gustan estos pasatiempos?

MODELO: (hacer *picnics*) → A Maritere le gusta hacer *picnics*.
(A ninguno de mis amigos le gusta hacer *picnics*.)

1. (montar a caballo) _____

2. (patinar [en línea]) _____

3. (hacer *camping*) _____

4. (esquiar) _____

5. (nadar) _____

6. (pasear en bicicleta) _____

D. **Diversiones.** Complete las oraciones según los dibujos.

1.

2.

3.

1. a. A las personas en esta escena (*scene*) les gusta _____.

   b. Los dos hombres _____.

   c. La mujer _____.

   d. Los tres amigos _____.

2. a. Los hombres en el parque _____.

   b. Tres personas hacen cola delante del _____ Colón.

   c. Dos personas van a visitar el _____ de Arte Moderno.

3. **Palabras útiles:** el cine, divertido, pasarlo bien, la película

   ELSA: Estoy cansada de estudiar. Quiero hacer algo _____.

   LISA: ¿Qué te parece si vamos al _____ Bretón? Ponen _____
   El viernes trece.

   ELSA: Buena idea. Necesito salir de esta casa. ¡Quiero _____!

Trabajando en casa; Los quehaceres domésticos; Algunos aparatos domésticos

A. **Quehaceres domésticos.** Describa lo que hacen las personas en cada dibujo. Use el presente del progresivo cuando sea (*whenever it is*) posible.

1.

2.

3.

(visitar) parientes de todas partes y siempre _____¹² (quedarse) algunos

con nosotros por dos o tres días. Durante esos días _____¹³ (dormir:

nosotros) poco porque mis primos y yo _____¹⁴ (acostarse) en la sala de

recreo y allí siempre _____¹⁵ (haber) gente hasta muy tarde. Todos

nosotros lo _____¹⁶ (pasar) muy bien. Pero ésos _____¹⁷ (ser) otros

tiempos, claro.

12. <u>Se quedábamos</u>

13. <u>dormíamos</u>

14. <u>Se acostábamos</u>

15. <u>habíamos</u>

16. <u>pasábamos</u>

17. <u>éramos</u>

C. Situaciones. Cambie los verbos indicados al imperfecto.

1. Nosotros *somos* muy buenos amigos de los González;

   nos *vemos* todos los domingos. Si ellos no *vienen* a visi-   _____

   tarnos a nuestra casa, nosotros *vamos* a la casa de ellos.   _____ _____

2. Cuando *estamos* en el Perú, nuestros sobrinos siempre   _____

   nos *dan* un beso^a cuando nos *saludan* y otro beso   _____ _____

   cuando se *despiden*.   _____

3. Siempre *almuerzo* en aquel restaurante. *Sirven* la mejor   _____ _____

   comida de toda la ciudad. Cuando me *ven* entrar, me *llevan*   _____ _____

   a la mejor mesa y me *traen* el menú. ¡Se *come* muy bien allí!   _____ _____

   ^a*kiss*

D. La mujer de ayer y hoy

Paso 1. Compare la vida de la mujer de la década de los años 50 con la vida que lleva hoy día. Use los infinitivos indicados. Siga el modelo.

MODELO: tener muchos hijos / / tener familias pequeñas →
           Antes tenía muchos hijos. Ahora tiene familias pequeñas.

1. tener menos independencia / / sentirse más libre

   _____

   _____

2. depender de su esposo / / tener más independencia económica

   _____

   _____

3. quedarse en casa / / poder salir a trabajar

   _____

   _____

4. sólo pensar en casarse (*getting married*) / / pensar en seguir su propia carrera (*own career*)

   _____

   _____

5. pasar horas cocinando / / servir comidas más fáciles de preparar

_____

_____

6. su esposo sentarse a leer el periódico / / ayudarla con los quehaceres domésticos

_____

_____

❖**Paso 2.** Ahora escriba dos contrastes que Ud. ha observado (*have observed*) en la vida de su propia familia o de sus amigos.

_____

_____

_____

❖**E.   Su pasado.** Conteste las preguntas sobre su vida cuando tenía 15 años.

1. ¿Dónde y con quién vivía Ud.? _____

_____

2. ¿Cómo era su casa? _____

_____

3. ¿A qué escuela asistía? _____

4. ¿Cómo se llamaba su maestro preferido / maestra preferida en la escuela secundaria? ¿Cómo era él/ella? _____

_____

5. ¿Qué materia le gustaba más? _____

6. ¿Qué tipo de estudiante era? ¿Siempre recibía buenas notas (*grades*)? _____

_____

7. ¿Qué deportes practicaba? _____

_____

8. Generalmente, ¿qué hacía después de volver a casa? _____

_____

9. Y los fines de semana, ¿qué hacía? _____

_____

27. Expressing Extremes • Superlatives

A.   Opiniones sobre los deportes. Expand the information in these sentences according to the model. Then if you don't agree with the statement, give your opinion on the line below.

MODELO: El golf es más aburrido que el fútbol. (todos) →
El golf es el deporte más aburrido de todos.
No estoy de acuerdo. El correr es el más aburrido.

1. El béisbol es más emocionante que el basquetbol. (todos)

_____

_____

2. Michael Jordan es mejor jugador que Scottie Pippen. (equipo [*team*])

_____

_____

3. Los Dallas Cowboys es peor equipo que los 49ers. (todos)

_____

_____

4. El estadio de Río de Janeiro, Brasil, es más grande que el de Pasadena. (mundo)

_____

_____

B. Más opiniones. Escriba las siguientes oraciones en español y complételas con un nombre apropiado.

1. The most interesting city in the United States is _____.

_____

2. The best (worst) movie last year was _____.

_____

3. The most violent of all sports is _____.

_____

4. The most amusing (*divertido*) television program is _____.

_____

28. Getting Information • Summary of Interrogative Words

A. Situaciones. Imagine that you have just met Rafael Pérez, an up-and-coming baseball player. Rafael's answers are given below. Write your questions, using the interrogatives indicated for each group and other words, as necessary. Use the **Ud.** form of verbs.

¿Qué? ¿Dónde? ¿Adónde? ¿De dónde? ¿Cómo? ¿Cuál(es)?

1. —¿ _____ ? —Me llamo Rafael Pérez.

2. —¿ _____ ? —(Soy) de Bayamón, Puerto Rico.

3. —¿ _____ ? —(Vivo) En el sur de California.

4. —¿ _____ ? —Ahora voy al estadio.

5. —¿ _____ ? —Voy a entrenarme con el equipo.

6. —¿ _____? —(Mis pasatiempos favoritos) Son jugar al tenis y nadar.

¿Cuándo? ¿Quién(es)? ¿Por qué? ¿Cuánto/a? ¿Cuántos/as?

Palabras útiles: ganar (*to earn*), lo suficiente (*enough*)

7. —¿ _____? —Empecé a jugar en 1985.

8. —¿ _____? —(Mis jugadores preferidos) Son Barry Bonds y José Canseco.

9. —¿ _____? —Porque son los mejores jugadores del béisbol.

10. —¿ _____? —Gano lo suficiente para vivir bien.

B. Una amiga entrometida (*nosy*). Una amiga llama a Cristina por teléfono. Complete el diálogo con las palabras interrogativas apropiadas.

AMIGA: Hola, Cristina, ¿_____[1] estás?

CRISTINA: Muy bien, gracias, ¿y tú?

AMIGA: ·¡Bien, gracias! ¿_____[2] haces ahora?

CRISTINA: Estudio con Gilberto Montero.

AMIGA: ¿_____[3] es Gilberto Montero?

CRISTINA: Es un amigo de la universidad.

AMIGA: ¿Ah, sí? ¿_____[4] es?

CRISTINA: De Bogotá.

AMIGA: ¡Ah! ¡Colombiano! Y, ¿_____[5] años tiene?

CRISTINA: Veintitrés.

AMIGA: ¿_____[6] es él?

CRISTINA: Es moreno, bajo, guapo y muy simpático.

AMIGA: ¡Ajá! ¿_____[7] regresa tu amigo a su país?

CRISTINA: En julio, pero antes vamos juntos[a] a San Francisco.

AMIGA: ¡A San Francisco! ¿_____[8] van a San Francisco?

CRISTINA: Porque él quiere visitar la ciudad y yo tengo parientes allí...

AMIGA: ¿Y _____[9] van a ir? ¿En avión?

CRISTINA: No, vamos en coche.

AMIGA: ¿_____[10] coche van a usar?

CRISTINA: El coche de Gilberto. ¿Qué te parece?[b]

AMIGA: ¡Fantástico! Adiós, Cristina. Ahora tengo que llamar a Luisa.

[a]*together* [b]¿Qué... *What do you think?*

1. _____
2. _____
3. _____
4. _____
5. _____
6. _____
7. _____
8. _____
9. _____
10. _____

LOS HISPANOS HABLAN

¿Cuál es tu pasatiempo favorito? ¿Qué te gusta hacer los fines de semana?

Xiomara Solís Murillo, Costa Rica, 17 años

Mi pasatiempo favorito es salir con mis amigos a dar paseos por la ciudad o ir a la piscina a nadar un poco. En los fines de semana me gusta muchísimo ir a las playas o a las montañas.

María Gabriela Mellace, Argentina, 18 años

Bueno, no tengo un pasatiempo favorito. Me gusta ir a mi club y encontrarme con mis amigos. Allí practicamos deportes —tenis, natación, squash... Un fin de semana ideal con mis amigos es cuando hacemos algún viaje a las provincias vecinas[a] y conocemos nuevos lugares. Así compartimos[b] muchos momentos interesantes y divertidos.

Cecilia Borri, Argentina, 17 años

Mi pasatiempo favorito es hacer gimnasia y andar[c] a caballo. Durante la semana arreglo mis actividades de tal manera de tener dos horas para ir al gimnasio. Allí me encuentro con amigos, hago aeróbicos, un poco de máquinas[d] y, lo más importante, me olvido del estudio.

　　Un fin de semana ideal con mis amigos es ir a boliches[e] a bailar toda la noche y volver a las 7:30 de la mañana después de desayunar. Ya sé que suena raro,[f] pero en Argentina todos los jóvenes hacen lo mismo y los padres no tienen ningún problema.

[a]*neighboring*　[b]*we share*　[c]*montar*　[d]*weightlifting*　[e]*tabernas, bares musicales*　[f]*suena... it sounds strange*

❖**Comprensión.**

1.　De las tres chicas, ¿a cuál le gusta hacer viajes los fines de semana? _____

2.　¿A cuál le encanta bailar hasta muy tarde? _____

3.　¿Cuál de las tres es la más deportiva? _____

Un poco de todo

▼▼

A.　¿Un día desastroso (*disastrous*) o un día de suerte (*lucky*)? Complete la siguiente narración haciendo estos cambios.

1.　Complete la narración en el pretérito (P) o el imperfecto (I), según las indicaciones.
2.　Cambie los verbos marcados con * por la forma del gerundio solamente: esquiar* → esquiando.

Hace cinco o seis semanas,[a] Fernando Sack-Soria, un joven anglohispano del sur de España,

_____[1] (pasar: I) unas vacaciones _____[2] (esquiar*) en Aspen, Colorado.

Allí _____[3] (conocer: P) por casualidad[b] a María Soledad Villardel, también española,

pero de Barcelona. Ella _____[4] (visitar: I) a unos amigos que _____[5]

(vivir: I) en Aspen.

[a]*Hace... Five or six weeks ago*　[b]*por... by chance*

El primer encuentro[c] entre Fernando y Marisol (así llaman a María Soledad) fue casi desastroso. Fernando _____ [6] (esquiar: I) montaña abajo[d] a la vez[e] que Marisol _____ [7] (estar: I) cruzando distraída la pista de esquí.[f] Cuando Fernando la _____ [8] (ver: P), trató de evitar un choque.[g] _____ [9] (Doblar[h]: P) bruscamente[i] a la izquierda y perdió el equilibrio. El joven se cayó[j] y _____ [10] (perder: P) uno de sus esquís. Marisol paró,[k] _____ [11] (ponerse: P) muy avergonzada y, casi sin pensarlo, le habló... en español.

—¡Hombre, cuánto lo siento[l]! ¡No sé dónde llevaba la cabeza[m]! ¿(Tú) _____ [12] (Hacerse: P) daño[n]?

—¡No, de ninguna manera! La culpa fue mía.[o] Venía muy rápido —le dijo Fernando.

—¡Por Dios! ¡Hablas español! —contestó ella muy sorprendida.

—¡Claro! Soy español, de Jerez de la Frontera.

—Y yo, de Barcelona. ¿Qué haces por aquí?

—Ya ves, _____ [13] (esperar*) a una chica guapa con quien chocarme[p] en Colorado —dijo Fernando, _____ [14] (sacudirse*[q]) la nieve y _____ [15] (sonreír*)—. ¿Y tú?

—¿Yo? Estaba en las nubes,[r] como siempre, y casi te causé un accidente serio.

Para hacer corta la historia, desde ese día _____ [16] (hacerse:[s] P) muy amigos y ahora se escriben y se visitan cuando pueden.

[c]meeting [d]montaña... *down the mountain* [e]a... *at the same time* [f]cruzando... *crossing the ski slope absentmindedly* [g]trató... *he tried to avoid a collision* [h]*To turn* [i]*sharply* [j]se... *fell down* [k]*stopped* [l]cuánto... *I'm so sorry* [m]*head* [n]Hacerse... *To hurt oneself* [o]La... *It was my fault.* [p]*to bump into* [q]*to shake off* [r]*clouds* [s]*to become*

❖**B. Una tarjeta postal de Buenos Aires.** Here is a postcard that Sara has sent to Alfonso in the United States. Read the postcard. Then, using interrogative words, form as many questions as you can about its content to ask your classmates. You can ask questions about what it actually says as well as about what it implies. Write on a separate sheet of paper.

Alfonso:
Hola, ¿qué tal? Hace dos días[a] que Katia y yo estamos en la Argentina. Hace mucho frío porque es agosto —en el hemisferio sur los meses de invierno son junio, julio y agosto. Los argentinos piensan que somos turistas porque llevamos camisetas y sandalias. Tienen razón... ¡y nosotras tenemos frío! ¡Qué mal escogimos[b] la ropa para este viaje! Ahora tomamos café en el hotel. Mañana pensamos comprar ropa abrigada.[c] Bueno, eso es todo por ahora.
Un abrazo[d] de
Sara

Alfonso Solís.
145 Elm Street
Hudson, Ohio 44236
USA

[a]Hace... *It's been two days* [b]¡Qué... *How badly we chose* [c]*warm* [d]*hug*

❖ ¡Repasemos!

▼▼▼▼▼▼▼▼▼▼▼▼▼▼▼▼▼▼▼▼▼▼▼▼▼▼▼▼▼▼▼▼▼

On a separate sheet of paper, use the following verbs or phrases in the order given to write a composition in the imperfect tense, describing a typical day when you were a high school student. Use phrases such as **casi siempre, nunca, muchas veces, generalmente.**

1. despertarse
2. bañarse / ducharse
3. cepillarse los dientes
4. vestirse
5. desayunar
6. despedirse
7. ir a la escuela

8. asistir a clases
9. almorzar
10. conversar y reírse con los amigos
11. volver a casa
12. estudiar
13. sentarse a cenar a las seis

14. si no tener que estudiar
15. mirar la televisión
16. leer
17. decirle «buenas noches» a _____
18. quitarse la ropa
19. acostarse

❖ Mi diario

▼▼▼▼▼▼▼▼▼▼▼▼▼▼▼▼▼▼▼▼▼▼▼▼▼▼▼▼▼▼▼▼▼

¿Qué quehaceres domésticos le tocaba hacer a Ud. cuando estaba en la escuela secundaria? ¿Con qué frecuencia debía hacerlos? Escriba algo en su diario sobre estos quehaceres.

MODELO: Yo debía hacer mi cama todos los días, ¡y lo hacía! También me tocaba...

Prueba corta

▼▼▼▼▼▼▼▼▼▼▼▼▼▼▼▼▼▼▼▼▼▼▼▼▼▼▼▼▼▼▼▼▼

A. Complete el párrafo con el imperfecto de los verbos entre paréntesis.

Cuando Mafalda _____era_____ [1] (ser) una niña más pequeña, ella no _____asistía_____ [2] (asistir) a la escuela. Siempre _____estaban_____ [3] (estar) en casa con su madre, y a veces la _____ayudaba_____ [4] (ayudar) con los quehaceres. Muchas veces, durante el día, otras niñas que ellos _____vivían_____ [5] (vivir) cerca _____iban_____ [6] (ir) a visitarla y todas _____jugaban_____ [7] (jugar) en el patio de su casa. Su mamá les _____servía_____ [8] (servir) galletas y leche y cuando todas sus amiguitas _____se cansaban_____ (cansarse[a]) de jugar, ellas _____volvían_____ [10] (volver) a casa.

[a]to become tired

B. Complete las preguntas con la palabra o frase interrogativa apropiada.

1. ¿ _____Adónde_____ van Uds. ahora?
2. ¿ _____quién_____ es la chica de pelo rubio?
3. ¿ _____Cómo_____ se llama la profesora de francés?
4. ¿ _____Dónde_____ están los otros estudiantes? No los veo.
5. ¿ _____cuál_____ es tu clase favorita este semestre?
6. ¿ _____Cuánto_____ pagaste por tu nuevo coche?

El mundo hispánico de cerca 3

▼▼▼▼▼▼▼▼▼▼▼▼▼▼▼▼▼▼▼▼▼▼▼▼▼▼▼▼▼▼▼▼▼▼

Las naciones caribeñas

A. ¿Cierto o falso?

	C	F
1. Cristóbal Colón nunca viajó a lo que hoy es Venezuela.	☐	☐
2. La Universidad de Santo Tomás de Aquino se fundó en Santo Domingo en 1844.	☐	☐
3. El carnaval de Barranquilla, Colombia, es el más famoso del Caribe.	☐	☐
4. La cocina caribeña tiene influencia africana.	☐	☐
5. Los dioses yorubas se mencionan mucho en las canciones del Caribe.	☐	☐

B. Misceláneo. Empareje los nombres que aparecen a la derecha con la descripción apropiada a la izquierda.

1. _____ En 1952 es declarado Estado Libre Asociado.

2. _____ Es un plato muy popular en Cuba y Puerto Rico.

3. _____ Tiene su origen en los ritmos de los tambores del pueblo yoruba de África.

4. _____ Es un pintor cubano, de madre mulata y padre chino.

5. _____ Ganó el Premio Nobel de Literatura en 1982.

a. Wilfredo Lam
b. Puerto Rico
c. Gabriel García Márquez
d. la salsa
e. el lechón asado
f. Cuba

C. Preguntas. Conteste brevemente con una palabra o frase corta.

1. ¿Quién soñó con (*dreamt about*) una confederación de todos los países de América?

   _____

2. Además de las culturas china y yoruba, ¿qué otra cultura estudió Wilfredo Lam?

   _____

3. ¿De dónde vienen los dioses Yemanyá, Elegguá, Ochún y Changó, nombres comunes en las

   canciones caribeñas? _____

4. ¿Qué es Macondo en *Cien años de soledad*? _____

5. ¿Cómo se llama la técnica literaria de mezclar lo real con lo irreal?

   _____

A. ¡Nunca cambian! Mire los dibujos y describa las acciones de las personas. Use el presente del progresivo (ahora), el pretérito (ayer) y el imperfecto (de niño/a).

Vocabulario útil: bailar, hacer ejercicio, jugar, nadar, pasear en bicicleta

| Amada | Joaquín | Rosalía | Rogelio | David |

AHORA   AYER   DE NIÑO/A

1. Amada: _____ _____ _____

2. Joaquín: _____ _____ _____

3. Rosalía: _____ _____ _____

4. Rogelio: _____ _____ _____

5. David: _____ _____ _____

B. Los gustos de mi familia. Write a statement to tell what kind of vacation the different members of your (imaginary) family like. After each statement, write your reaction to their preferences, using one of the following: **a mí también / pero a mí, no.**

Vocabulario útil: los cruceros (*cruises*), hacer *camping*, las montañas, la playa, ir de compras, viajar en tren, pescar (*to fish*), navegar en vela (*to sail*), leer, quedarse en casa, viajar en tren, practicar deportes acuáticos

MODELO: mi padre → A mi padre le gustan las montañas, pero a mí, no. (A mí también.)

1. mi madre _____

2. mi padre _____

3. mi hermano _____

4. mi hermana _____

C. Antes del viaje. Imagine that tomorrow you are leaving on a trip. You want to know when your roommate/spouse/friend is going to do the following things. In each case, he or she has already done it. Use the preterite in each item, along with object pronouns to avoid unnecessary repetition.

MODELO: ¿Vas a llamar a María? → Ya la llamé.

1. ¿Vas a conseguir los boletos? _____

2. ¿Vas a sacar dinero del banco? _____

3. ¿Vas a hacer las maletas? _____

4. ¿Vas a ponerle gasolina a la camioneta? _____

5. ¿Vas a lavarme la ropa? _____

D. ¡Qué amigos tan buenos! Imagine that your friends Emilio and Mercedes are helping you before a party. Answer their questions with affirmative or negative commands, as indicated. Change object nouns to pronouns.

MODELO: ¿Lavamos los platos ahora? → Sí, lávenlos ahora.
No, no los laven todavía.

1. ¿Sacudimos los muebles ahora?   Sí, _____.

2. ¿Sacamos la basura ahora?   Sí, _____.

3. ¿Ponemos la mesa ahora?   Sí, _____.

4. ¿Barremos el patio?   No, _____.

5. ¿Empezamos la comida ahora?   No, _____.

E. En mi opinión. Form complete sentences using the words provided in the order given. Make changes and add other words when necessary. Notice that in each case you will be making a statement using a superlative form, and will need to supply the name of the person or object that fits that description.

1. ¿ ? / ser / persona / más / serio / mi familia

   _____

2. ¿ ? y ¿ ? / ser / mejor / estudiante / nuestro / clase

   _____

3. ¿ ? / ser / clase / más / aburrido / universidad

   _____

4. ¿ ? / ser / peor / día / semana

   _____

❖**F. La última vez que salí a cenar.** On a separate sheet of paper, write a short description of the last time you and a friend (spouse, roommate, son/daughter) went out to dinner. Use the following verbs in the order given.

1. salir a cenar
2. ir
3. entrar
4. sentarse
5. leer (el menú)
6. comer
7. beber/tomar
8. pagar la cuenta
9. (no) gustar
10. salir contentos/disgustados
11. volver a casa
12. acostarse

CAPÍTULO 10

Vocabulario: Preparación

▼▼▼▼▼▼▼▼▼▼▼▼▼▼▼▼▼▼▼▼▼▼▼▼▼▼▼▼▼

El cuerpo humano; La salud y el bienestar

A. Las partes del cuerpo. Complete las oraciones con las partes del cuerpo. **¡OJO!** ¡Cuidado con el artículo definido!

boca, cerebro, corazón, dientes, estómago, garganta, nariz, oídos, ojos, pulmones

1. Hablamos con _____ y pensamos con _____.

2. Vemos con _____ y oímos con _____.

3. Respiramos con _____ y _____.

4. La sangre (*blood*) pasa por _____.

5. Tragamos (*We swallow*) la comida por _____.

6. La comida se digiere (*is digested*) en _____.

7. Masticamos (*We chew*) con _____.

B. ¿Saludable (*Healthy*) o no? Conteste las preguntas según los dibujos.

1.

   a. ¿Qué hace Angélica?

     _____

   b. ¿Qué tipo de vida lleva?

     _____

   c. ¿Hace Ud. tanto ejercicio como ella?

     _____

2.

   a. ¿Se cuida mucho este señor?

     _____

   b. ¿Qué recomienda el médico que deje de hacer?

     _____

   c. ¿Es mejor que coma carne o verduras?

     _____

   d. ¿Debe usar más su coche o debe caminar más?

     _____

❖C. **Preguntas personales.** Vamos a hablar de su salud. Conteste con oraciones completas.

1. ¿Lleva Ud. gafas o lentes de contacto? ¿Ve Ud. bien sin ellos?

   _____

2. ¿Duerme Ud. lo suficiente? ¿Cuántas horas duerme por lo general? _____

   _____

3. ¿Qué deportes practica Ud.? ¿Levanta pesas (*weights*) o hace ejercicios aeróbicos?

   _____

   _____

4. ¿Come Ud. equilibradamente? ¿Qué cosas come Ud. generalmente? _____

   _____

   _____

5. ¿Qué le pasa a Ud. cuando no se cuida? _____

   _____

En el consultorio

A. Los enfermos. Conteste las preguntas según los dibujos. Use la forma apropiada de las palabras de la lista.

1.

a. ¿Qué hace la paciente?

_____

_____

b. ¿Qué le ausculta (*listen to*) el médico?

_____

_____

congestionado
consultorio
dolerle la cabeza
guardar cama
ponerle una
   inyección
pulmones
resfriarse
tomarse la
   temperatura
toser

2. a. ¿Dónde está el niño?

   _____

   b. ¿Qué acaba de hacer el doctor?

   _____

   c. ¿Qué debe hacer el niño?

   _____

3. a. ¿Qué le pasó a la mujer?

    _____

    b. ¿Cómo tiene la nariz?

    _____

    c. ¿Por qué necesita aspirinas?

    _____

    d. ¿Qué acaba de hacer? _____

B. Cuestiones de salud. Conteste las preguntas con la forma apropiada de las palabras de la lista.

1. ¿Qué tiene Ud. si su temperatura pasa de 37,0 grados (centígrados)?

    _____

2. ¿Qué tenemos que hacer cuando el médico nos examina la garganta?

    (Mencione dos cosas.) _____

    _____

3. ¿Cuáles son cuatro cosas que debemos hacer para llevar una vida sana?

    _____

    _____

4. ¿Qué síntomas tenemos cuando tenemos un resfriado?

    _____

5. Generalmente, ¿qué receta (*prescribes*) el doctor para la tos?

    _____

6. ¿Qué es necesario hacer si no vemos bien?

    _____

7. ¿Qué receta nos da el médico si tenemos una infección?

    _____

8. Y Ud., ¿qué prefiere tomar para la tos, jarabe o pastillas?

    _____

abrir la boca
antibióticos
comer equilibra-
    damente
congestionado
cuidarse
dormir lo
    suficiente
fiebre
hacer ejercicio
jarabe
llevar lentes
pastillas
sacar la lengua
tos

C. ¿Qué piensa Ud.? Conteste las preguntas según su opinión.

1. ¿Qué es lo bueno (o lo malo) de vivir cerca de una playa? _____

    _____

2. ¿Qué es lo mejor de dejar de fumar? _____

    _____

3. ¿Qué es lo peor de resfriarse? _____

_____

4. ¿Qué es lo difícil de tratar de adelgazar (*trying to lose weight*)? _____

_____

Minidiálogos y gramática

▼▼▼▼▼▼▼▼▼▼▼▼▼▼▼▼▼▼▼▼▼▼▼▼▼▼▼▼▼▼▼▼

¡RECUERDE!

A. Escriba la forma indicada del verbo en el imperfecto (I) y en el pretérito (P).

	I	P
1. cuidarse (nosotros)	_____	_____
2. comer (nosotros)	_____	_____
3. hacer (yo)	_____	_____
4. ser (tú)	_____	_____
5. decir (ellos)	_____	_____
6. saber (yo)	_____	_____
7. jugar (yo)	_____	_____
8. ir (él)	_____	_____
9. poner (Ud.)	_____	_____
10. venir (tú)	_____	_____

B. ¿Imperfecto (I) o pretérito (P)?

1. _____ To talk about age (with **tener**) or to tell time in the past. (Grammar Section 26)

2. _____ To tell about a repeated habitual action in the past. (26)

3. _____ To narrate an action in progress in the past. (26)

4. _____ To describe an action that was completed or begun in the past. (22, 23, 24)

29. Narrating in the Past • Using the Preterite and the Imperfect

A. Un episodio de la niñez

Paso 1.

1. Scan the first paragraph of the episode (in **Paso 2**) to decide if the verbs should be in the preterite or imperfect tense throughout. Because this is a description (it sets the scene) of the narrator's life when he or she was 12 years old, you will use the *preterite/imperfect* (select one).

2. The second paragraph, for the most part, tells what happened: The parents *traveled*, the children *stayed* with their grandmother, one sister *broke* her nose. You will use the *preterite/imperfect*.

3. The verb **ir** is used in the second paragraph as a description, not an action: Everything *was going well*. You will use the *preterite/imperfect* of **ir**.
4. In this paragraph, does **saber** mean *knew* or *found out*? Because the meaning is probably *found out*, you will use the *preterite/imperfect*.
5. Does **querer** mean *wanted to* or *tried*? Because the meaning is probably *wanted to*, you will use the *preterite/imperfect*.
6. **Asegurar** tells what the grandmother *did*, so you will use the *preterite/imperfect*. **Estar bien** describes how the narrator's sister was feeling, so you will use the *preterite/imperfect*.

Paso 2. Ahora complete las oraciones con la forma apropiada del pretérito o imperfecto de los verbos entre paréntesis.

Cuando yo _____¹ (tener) doce años, _____² (vivir) con mis dos

hermanas y mis padres en Fresno, donde yo _____³ (asistir) a una escuela privada.

Mi papá _____⁴ (trabajar) en el Banco de América y mi mamá _____⁵

(quedarse) en casa.

    Una vez, mis padres _____⁶ (viajar) a Europa. Mis hermanas y yo

_____⁷ (quedarse) con nuestra abuela. Todo _____⁸ (ir) bien hasta

que un sábado por la tarde mi hermana menor _____⁹ (romperseª) la nariz.

Cuando mis padres _____¹⁰ (saber) del accidente, _____¹¹ (querer:

ellos) volver, pero mi abuela les _____¹² (asegurarᵇ) que no era necesario porque mi

hermana _____¹³ (estar) bien.

ª*to break* ᵇ*to assure*

¡RECUERDE!

Más sobre el pretérito y el imperfecto

Estudie los pares de oraciones.

No **pudo** abrir la puerta.	*He couldn't open the door. (He tried and failed.)*
No **podía** abrir la puerta porque no tenía las llaves.	*He couldn't (was unable to) open the door because he didn't have the keys.*
No **quiso** ir.	*He refused to go (and didn't go).*
No **quería** ir.	*He didn't want to go (but may have gone).*
Supe del accidente ayer.	*I learned (found out) about the accident yesterday.*
Sabía del accidente.	*I knew about the accident.*
Estuve allí a las dos.	*I was (got) there at two.*
Estaba allí a las dos.	*I was (already) there at two.*
Conocí a tu hermana ayer.	*I met (became acquainted with) your sister yesterday.*
No la **conocía** antes.	*I didn't know her before.*
Anoche **tuvimos** que salir.	*Last night we had to go out (and did).*
Anoche **teníamos** que salir.	*Last night we had to go out. (We were supposed to go out, but there is no indication of whether we did.)*
Antonio **fue** a comprar aspirinas.	*Antonio went to buy aspirin.*
Iba a comprar leche también.	*He was going to buy milk too.*

B. **¿Pretérito o imperfecto?** Lea cada oración y decida cuál de las dos formas completa mejor cada oración.

1. Nosotros *supimos/sabíamos* que Francisco *tuvo/tenía* un accidente cuando nos lo contó Mario.
2. Carmela nos llamó para decirnos que no se *sintió/sentía* bien y que *fue/iba* a quedarse en casa.
3. Raúl no *pudo/podía* estudiar anoche porque se le apagaron las luces. Por eso, *fue/iba* a estudiar en la biblioteca donde afortunadamente (*fortunately*) había luz.
4. Yo no *pude/podía* salir anoche porque *tuve/tenía* fiebre.
5. Yo *estuve/estaba* en el consultorio del médico a las nueve en punto, pero él todavía no *estuvo/estaba* allí.
6. Le prometí al doctor que *fui/iba* a dejar de fumar... ¡y pronto!

C. **¿Qué tenía el Sr. Correa?** Complete la narración con la forma apropiada del pretérito o imperfecto de los verbos entre paréntesis.

El lunes pasado, cuando _____[1] (despertarse) Jorge Correa,

_____[2] (decir) que no _____[3] (sentirse) bien. No

_____[4] (poder) dormir toda la noche y le _____[5] (doler) el

pecho.[a] Inmediatamente _____[6] (hacer: *él*) una cita[b] con el médico.

_____[7] (Estar: *Él*) muy nervioso porque _____[8] (temer[c]) algo

serio, como un ataque al corazón. El doctor lo _____[9] (examinar) y le

_____[10] (decir) que no _____[11] (ser) nada grave, que solamente

_____[12] (estar: *él*) muy cansado, que _____[13] (deber) dormir más

y comer mejor. El doctor le _____[14] (dar) unas vitaminas y pastillas para dormir.

Y cuando el Sr. Correa _____[15] (llegar) a casa, ya _____[16]

(sentirse) mucho mejor.

[a]*chest*   [b]*appointment*   [c]*to fear*

30. Recognizing **que, quien(es), lo que** • Relative Pronouns

A. **Lo que me pasó en el hospital.** Complete las oraciones lógicamente, usando **que, quien(es), lo que.**

1. Esa es la medicina _____ me recetó (*prescribed*) el doctor.

2. ¿Te acuerdas de las pastillas tan caras de _____ te hablé el otro día? Pues ese es el doctor _____ me las recetó.

3. El doctor con _____ conversabas antes es especialista en pulmones.

4. Esos son los pacientes de _____ te hablaba.

5. Las enfermeras a _____ les mandé flores me cuidaron en el hospital.

6. El joven _____ visitó a doña Mercedes en el hospital es el sobrino a _____ llamaron por teléfono cuando ella se enfermó.

7. A veces los pacientes no comprendían _____ decían los médicos.

B. Más sobre el hospital. Combine las oraciones evitando (*avoiding*) la repetición innecesaria. Use el pronombre relativo correcto, **que** o **quien**.

> MODELO: Esa es la doctora. Mi amigo me habló de la doctora. →
> Esa es la doctora de quien me habló mi amigo.

1. Esa es la doctora. La doctora me cuidó cuando me resfrié gravemente.

   _____

2. Aquella es la paciente. Yo te hablaba de ella ayer.

   _____

3. Esa es Susana Preciado. Compartí (*I shared*) mi cuarto con Susana Preciado.

   _____

4. Estas son las flores. Me mandaron estas flores al hospital.

   _____

5. ¡Esta es la cuenta! ¡Recibí la cuenta hoy!

   _____

31. Expressing *each other* • Reciprocal Actions with Reflexive Pronouns

❖**A. Entre profesor y estudiantes.** ¿Entre quiénes ocurre lo siguiente, entre el profesor y los estudiantes, o entre los estudiantes solamente?

	ENTRE EL PROFESOR Y LOS ESTUDIANTES	ENTRE LOS ESTUDIANTES
1. Se respetan mucho.	☐	☐
2. Se escuchan con atención.	☐	☐
3. Se ayudan con la tarea.	☐	☐
4. Se ven en la cafetería.	☐	☐
5. Se hablan por teléfono.	☐	☐
6. Se escriben tarjetas postales.	☐	☐
7. Se hablan en español.	☐	☐

B. ¿Qué hacen estas personas? Exprese las acciones recíprocas que se ven en los dibujos con los verbos indicados.

MODELO: 1.

querer (*to love*) → Kiki y Manuel se quieren mucho.

1. mirar _____

   _____

2.

Manuel

Kiki

novios: besar (*to kiss*),
abrazar (*to embrace*)

3.

Ana

Pili

conocer bien, escribir
mucho, hablar con
frecuencia

4.

nosotros: dar la mano
(*to shake hands*), saludar

2. _____

3. _____

_____

4. _____

❖**C. La reciprocidad.** Describa las acciones y sentimientos recíprocos entre Ud. y su mejor amigo/a.
Use por lo menos cinco de los verbos de la siguiente lista.

> MODELO: Nos vemos por lo menos (*at least*) tres veces por semana.

> **Palabras útiles:** admirar, ayudar, escribir, hablar, llamar, prestar (ropa, dinero), querer,
> respetar, saludar

_____

_____

_____

_____

Un poco de todo

▼▼▼▼▼▼▼▼▼▼▼▼▼▼▼▼▼▼▼▼▼▼▼▼▼▼▼▼▼▼▼▼▼

A. Un caso de apendicitis. Complete el diálogo entre Alicia y Lorenzo con verbos en el pretérito o el
imperfecto o con otras palabras necesarias.

LORENZO: ¿Y qué _____[1] (ser) lo más divertido de tu año en el Ecuador?

ALICIA: No lo vas a creer, pero fue un ataque de apendicitis que _____[2] (tener)

en la primavera, la primera semana que _____[3] (estar) allí.

LORENZO: ¿Qué te pasó?

ALICIA: Pues, cuando _____[4] (levantarme) el lunes, me _____[5]

(sentir) un poco mal, pero no _____[6] (querer) perder el tiempo en el consultorio de un médico. Por la tarde, la temperatura _____ [7]

(ponerse) muy alta y me _____ [8] (doler) el estómago. Esa noche

_____ [9] (dormir) muy mal y a la mañana siguiente

_____ [10] (empezar) a vomitar.

LORENZO: ¿Por qué no _____ [11] (llamar) a tus amigos, _____ [12]

señores Durango?

ALICIA: No los _____ [13] (conocer) todavía. Pero sí _____ [14]

(llamar) _____ [15] la dependienta del hotel. Cuando me vio,

_____ [16] (llamar) una ambulancia y me _____ [17] (llevar:

ellos) al hospital.

LORENZO: Pues, no veo _____ [18] cómico de todo eso.

ALICIA: Espera. Por fin me operaron, y cuando me _____ [19] (despertar) de la

operación, repetía constantemente en español, «No puedo hablar español»... Por lo

visto,[a] _____ [20] único que me preocupaba era _____ [21]

español, pues no lo _____ [22] (hablar) bien en aquel entonces. Las

enfermeras y _____ [23] doctor Castillo se rieron mucho...

[a]Por... *Apparently*

B. **Cuando me levanté...** Cambie la narración del presente al pasado. Use el pretérito o el imperfecto.

Yo casi nunca me *enfermo*: me *cuido*   _____ _____

bastante, *como* bien, *hago* ejercicio,   _____ _____

duermo lo suficiente; en fin, *llevo* una vida sana.   _____ _____

    Pero ese día al despertarme[a] me *siento*   _____

mareado. Me *duelen* la cabeza y la garganta; me   _____

duele todo el cuerpo. No *quiero* faltar a clases pero   _____ _____

decido quedarme en cama. *Miro* el reloj y *veo* que   _____ _____ _____

son casi las ocho. *Llamo* a mi amigo Enrique (que   _____ _____

siempre *viene* a buscarme en su coche) y le *digo*   _____ _____

que no *voy* a la universidad. *Tomo* dos aspirinas   _____ _____

y me *acuesto* otra vez.   _____

[a]al... *upon waking up*

C. ¿Qué estaban haciendo estas personas cuando... ? Conteste la pregunta con los verbos indicados, usando el pasado del progresivo del primer verbo y el pretérito del segundo.

MODELO: llorar / encontrarlos → Los niños *estaban llorando* cuando su madre los encontró.

1.

pegarse / verlos _____

_____

_____

2.

Graciela

dormir / sonar (*to ring*) _____

_____

_____

3.

despedirme / entrar _____

_____

_____

❖ ¡Repasemos!

▼▼▼▼▼▼▼▼▼▼▼▼▼▼▼▼▼▼▼▼▼▼▼▼▼▼▼▼▼▼

Lea Ud. esta adaptación de un artículo de una revista y conteste las preguntas. Trate de adivinar (*Try to guess*) el significado de las palabras indicadas.

La salud física y el ejercicio en familia

La reputación de buena salud física de los californianos sufrió un duro golpe[a] cuando los estudiantes de las escuelas de San Francisco no pasaron la primera *prueba* nacional estandarizada de salud física. El examen medía[b] sus *habilidades* en ejercicios tan simples como hacer *flexiones*, sentadillas[c] y correr. La mitad[d] de los estudiantes examinados en el estado fallaron[e] en la carrera[f] de una milla.

Según el Departamento de Salud, más del 40 por ciento de los niños entre cinco y ocho años muestran factores de *riesgo* de ataques cardíacos. Una *encuesta* de la Universidad de California encontró que por lo menos una tercera parte de los niños sufren de sobrepeso.[g]

[a]*blow* [b]*measured* [c]*sit-ups* [d]*50%* [e]*no pudieron terminar* [f]*race* [g]*being overweight*

Una forma de sacar a los niños del sofá y hacerlos *competir* es hacer de los deportes un esfuerzo[h] familiar... Los padres aprenden a trabajar con sus hijos, les ofrecen *camaradería* y al mismo tiempo queman[i] calorías...

También empiezan a *desaparecer* las *barreras* tradicionales para los logros[j] atléticos. «Los jóvenes son un poco menos machos y a las chicas no les preocupa tanto que los deportes vayan a interferir en su feminidad», dice Fernández (el director de un club de deportes en California). «Mis estudiantes son verdaderas *jugadoras de pelota*. Juegan a ganar y fácilmente pueden jugar con los equipos[k] de muchachos... »

La participación de la juventud en los deportes *crea autoestima*, un beneficio necesario para todos los niños. El ex boxeador profesional Stanley García ha gastado[l] $10.000 de su propio[m] dinero para montar un ring en uno de los barrios[n] más pobres de Oakland, California. Los muchachos del barrio, en su mayoría[o] negros e hispanos, deben obedecer[p] dos reglas[q] sencillas para practicar: ser serios y no consumir drogas. Aparte de usar los guantes,[r] los jóvenes aprenden a creer en sí mismos,[s] a ganar sin usar drogas y a saber que hay gente en el mundo que se preocupa por ellos. «No me preocupa mucho si boxean o no», dice García. «Lo importante es que aprendan a soñar.[t]»

[h]*effort* [i]*they burn* [j]*achievements* [k]*teams* [l]*ha... has spent* [m]*own* [n]*neighborhoods* [o]*majority* [p]*obey* [q]*rules* [r]*gloves* [s]*sí... themselves* [t]*dream*

Comprensión

1. ¿Qué descubrieron cuando los estudiantes de San Francisco tomaron un examen de salud física?

   _____

2. ¿Qué riesgo corre el 40 por ciento de los niños de cinco a ocho años?

   _____

3. ¿De qué sufre una tercera parte de los niños examinados?

   _____

4. ¿Qué beneficios reciben los padres cuando practican deportes con sus hijos?

   _____

   _____

5. Como (*As a*) resultado de la mayor participación en los deportes, ¿qué empieza a desaparecer?

   _____

6. ¿Cuáles son las dos reglas que hay que seguir en el ring de Stanley García?

   _____

7. Para García, ¿qué es lo más importante que deben aprender los chicos?

   _____

❖ Mi diario

▼▼▼▼▼▼▼▼▼▼▼▼▼▼▼▼▼▼▼▼▼▼▼▼▼▼▼▼▼▼▼▼▼▼

Escriba sobre la última vez que Ud. se resfrió. Mencione lo siguiente:

- cuándo ocurrió
- los síntomas que tenía
- lo que hizo para mejorarse
- cuánto tiempo duró (*lasted*) el resfriado

Si Ud. no se ha resfriado nunca (*If you've never had a cold*), explique este fenómeno en su diario y además diga lo que Ud. hace para mantenerse tan sano/a.

Prueba corta

▼▼▼▼▼▼▼▼▼▼▼▼▼▼▼▼▼▼▼▼▼▼▼▼▼▼▼▼▼▼▼▼

A. Complete las oraciones con la forma correcta del pretérito o del imperfecto del verbo entre paréntesis, según el contexto.

Cuando yo _____ era _____[1] (ser) niño, no _____ tenía _____[2] (tener: *yo*) que trabajar porque mis padres _____ pagaban _____[3] (pagar) todos mis gastos.[a] Una vez, el dueño de un restaurante me _____ preguntó _____[4] (preguntar) si yo _____ quería _____[5] (querer) ayudarlo los fines de semana, pero yo no _____ podía _____[6] (poder) hacerlo porque mis padres no _____ me dieron _____[7] (darme) permiso.[b] Ellos _____ creían _____[8] (creer) que yo _____ era _____[9] (ser) muy joven para trabajar. Más tarde, cuando _____ cumplí _____[10] (cumplir: *yo*) quince años, _____ conseguí _____[11] (conseguir) un empleo y finalmente _____ empecé _____[12] (empezar: *yo*) a ganar mi propio[c] dinero.

[a]*expenses* [b]*permission* [c]*own*

B. Complete las oraciones lógicamente, usando **que, quien(es), lo que.**

1. ¿Son estos los antibióticos _____ tienes que tomar?

2. Ayer conocí a la enfermera de _____ me hablaste.

3. Los pacientes hicieron _____ les dijo el doctor.

4. Ese es el especialista con _____ consultó mi padre.

5. ¿Ya vino la muchacha _____ conocimos ayer?

C. Complete cada oración con la forma apropiada del presente del verbo entre paréntesis, indicando que la acción es recíproca.

1. En España, cuando los amigos _____ (despedir), generalmente

   _____ (dar) la mano (*they shake hands*).

2. Muchos padres e hijos _____ (hablar) por teléfono cuando viven lejos.

3. Las relaciones siempre son mejores entre los jefes y los empleados cuando

   _____ (respetar).

4. Tradicionalmente, los novios no _____ (ver) antes de la ceremonia de la boda (*wedding*).

5. Los buenos amigos _____ (ayudar) frecuentemente.

CAPÍTULO **11**

Vocabulario: Preparación

▼▼▼▼▼▼▼▼▼▼▼▼▼▼▼▼▼▼▼▼▼▼▼▼▼▼▼▼▼▼▼▼▼

¡El Sr. Martínez se levantó con el pie izquierdo!; Accidentes y tropiezos; Presiones de la vida moderna

❖**A. ¿Cómo reacciona Ud. en estas circunstancias?**

1. Son las seis de la mañana y suena el despertador.

    a. ☐ Me levanto en seguida (*right away*).

    b. ☐ Lo apago y vuelvo a dormirme.

    c. ☐ Lo apago y me quedo unos minutos en la cama.

2. Le duele muchísimo la cabeza.

    a. ☐ Tomo dos aspirinas en seguida.

    b. ☐ No tomo nada y espero que me pase pronto.

    c. ☐ No hago nada porque nunca me duele la cabeza.

3. Un amigo rompe su florero (*vase*) favorito. Ud. le dice:

    a. ☐ ¡Qué (*How*) torpe eres!

    b. ☐ No te preocupes (*Don't worry*). Yo sé que fue sin querer.

    c. ☐ No le digo nada, pero la próxima vez que este amigo venga a mi casa, guardo en un armario todos mis objetos de valor.

4. Un amigo lo/la llama para preguntarle por qué no fue Ud. a la cita (*date*) que tenía con él. Ud. le dice:

    a. ☐ Lo siento. De veras (*Really*) no me acordé.

    b. ☐ ¡Hombre! No es para tanto (*such a big deal*).

    c. ☐ ¡Qué distraído/a soy! ¿No era para hoy?

5. Cuando tiene una fecha límite para entregar un trabajo, ¿qué hace Ud.?

    a. ☐ Casi siempre lo entrego a tiempo.

    b. ☐ Muchas veces le doy excusas al profesor / a la profesora y se lo entrego tarde.

    c. ☐ Muchas veces no le hago caso (*pay attention*) al asunto (*matter*).

Chris Seper

❖B. ¿Es Ud. así? Indique si las siguientes declaraciones son ciertas o falsas para Ud.

		C	F
1.	Una vez me caí y me hice daño en (me rompí) la pierna.	☐	☒
2.	Casi nunca me equivoco cuando marco (*dial*) un número de teléfono.	☒	☐
3.	Una vez le pegué a alguien con un objeto, pero fue sin querer.	☐	☒
4.	Nunca paso por debajo de una escalera porque se dice que trae mala suerte.	☒	☒
5.	No sufro muchas presiones este semestre porque tengo un horario fácil.	☒	☐
6.	A veces pierdo las llaves de mi coche.	☒	☐

C. ¡Pobre Pedro! Exprese en español las palabras o expresiones en inglés.

Pedro Peralta, un joven algo distraído, va a ver al doctor después de un accidente.

PEDRO: Doctor, ¡qué _____torpe_____[1] (*clumsy*) soy! Esta mañana _____me caí_____[2] (*I fell*) en _____la escalera_____[3] (*the staircase*) y creo que _____me hace daño_____[4] (*I hurt myself*) en el pie. Me _____duele_____[5] (*hurts*) mucho.

DOCTOR: Vamos a ver... Parece que no es nada serio.

PEDRO: ¿Seguro que _____se equivoca_____[6] (*you're not wrong*) Ud.? Creo que me _____rompí_____[7] (*I broke*) algo. Me duele todo el cuerpo.

DOCTOR: Nada de eso... Tome dos _____las aspirinas_____ (*aspirin*) cada cuatro horas; vuelva a verme en dos días si no _____se siente_____[9] (*feel*) mejor. Ah, y es mejor que no vaya a trabajar mañana.

PEDRO: ¡_____Qué mala suerte_____[10]! (*What bad luck!*) Ahora _____recuerdo de_____[11] (*I remember*) que mañana es la fiesta anual de la oficina.

D. Situaciones inesperadas (*unexpected*). Complete las oraciones con la forma apropiada de las palabras de la lista.

apagar, distraído, llave, pegar

1. Sr. Vega, discúlpeme por llegar tarde, pero anoche, cuando _____apagué_____ el motor de mi coche, dejé las _____llaves_____ adentro.ª Estoy muy _____distraído_____ estos días. Y peor todavía, ¡un coche me _____pegó_____ en la Avenida Juárez!

ªinside

romper, sin querer

2. Oye, Pepe, ayer cuando estuve en tu cuarto, quise mover el estéreo y _____rompí_____ uno de tus discos. Lo hice _____sin querer_____. Lo siento mucho.

E. Más partes del cuerpo. Identifique las partes del cuerpo indicadas.

1. _____
2. _____
3. _____
4. _____
5. _____
6. _____
7. _____

Talking About How Things Are Done: Adverbs

A. Adjetivos → adverbios. Convierta los adjetivos en adverbios.

1. fácil _____

2. inmediato _____

3. impaciente _____

4. lógico _____

5. total _____

6. directo _____

7. aproximado _____

8. furioso _____

B. Más adverbios. Complete las oraciones con adverbios derivados de los siguientes adjetivos.

aproximado, final, posible, sincero, solo, tranquilo

1. Después de jugar todo el día, los niños están durmiendo _____.

2. Después de esperar casi una hora, _____ vamos a subir al avión.

3. No sé cuándo llegan mis amigos. _____ mañana.

4. Creo que son _____ las dos y media.

5. Te digo _____ que no me gusta esa clase.

6. Juan tiene cien pesos, pero yo tengo _____ cincuenta.

Minidiálogos y gramática

▼▼▼▼▼▼▼▼▼▼▼▼▼▼▼▼▼▼▼▼▼▼▼▼▼▼▼▼▼▼

32. Telling How Long Something Has Been Happening or How Long Ago Something Happened • **Hace... que:** Another Use of **hacer**

❖**A.** ¿Cierto o falso?

		C	F
1.	Hace un año que no voy al médico/dentista.	☐	☐
2.	Hace una semana que me siento mal.	☐	☐
3.	Hace mucho tiempo que no fumo.	☐	☐
4.	Hace menos de un año que asisto a esta universidad.	☐	☐
5.	Hace más de dos años que llevo lentes (de contacto).	☐	☐
6.	Hace más de cinco años que conocí a mi mejor amigo/a.	☐	☐
7.	Hace diez años que aprendí a manejar (*drive*).	☐	☐
8.	Hace menos de un año que me mudé (*I moved*) a esta ciudad.	☐	☐

B. Un estudiante en Puebla. Imagine that after one semester of studying Spanish, you have gone to Mexico where you have been traveling for two weeks. For one week you have been in the Hotel Aristos in Puebla, taking part in an intensive language program. Answer the questions that another student asks you, using **hace... que.**

1. ¿Cuánto tiempo hace que visitas México?

   _____

2. ¿Cuánto tiempo hace que estudias español?

   _____

3. ¿Cuánto tiempo hace que estás en Puebla?

   _____

C. ¡A Ud. le toca! Create questions to find out the following information from a classmate:

How long he or she has been . . .

1. studying Spanish

   _____

2. attending this university

   _____

3. living in the same place

   _____

How long he or she has *not* . . .

> MODELO: had a car → ¿Cuánto tiempo hace que no tienes coche?

4. gone to the movies

_____

5. received money from his/her (**tu**) family

_____

D. Conversación. Imagínese que hace mucho tiempo que Ud. no ve a un amigo. Por eso, él le hace muchas preguntas sobre la vida de Ud. Use las palabras indicadas para formar las preguntas de él y luego contéstelas. Siga el modelo.

> **Palabras útiles:** anoche, el año pasado, hace dos días (una semana, un mes, un año)

> MODELO: salir a bailar →
> —¿Cuándo fue la última vez que saliste a bailar?
> —Fue hace un mes.

1. enfermarse   —¿_____?

   —_____

2. dar / fiesta   —¿_____?

   —_____

3. estar / restaurante / elegante   —¿_____?

   —_____

4. hacer / viaje   —¿_____?

   —_____

33. Expressing Unplanned or Unexpected Events • Another Use of **se**

A. ¡Problemas, problemas! Empareje las situaciones con las explicaciones.

1. _____ Necesito comprarme otras gafas porque...

2. _____ Tengo que volver a casa porque...

3. _____ Necesito hablar con un policía porque...

4. _____ Tengo que volver a la librería porque...

5. _____ Rompí la ventana del coche porque...

a. se me perdió la bolsa con doscientos dólares adentro
b. se me rompieron las (*those*) que tenía
c. se me acabó el papel
d. se me olvidó la cartera
e. se me quedaron las llaves adentro

B. En otras palabras... Modifique las siguientes oraciones usando una forma más directa. Siga el modelo.

> MODELO: A Julio se le perdieron los boletos. → Julio perdió los boletos.

1. A Juan se le perdió el dinero. _____

2. A mi hermano se le rompió una ventana. _____

3. Se me olvidaron los libros. _____

4. ¿Se te olvidó traer dinero? _____

5. ¿Se te quedaron los boletos en casa? (Use **dejar**.)

   _____

C. Accidentes. Describa lo que les pasó a estas personas, seleccionando los verbos apropiados.

1.

Al pasajero se le *olvidó/olvidaron* las maletas.

2.

A la camarera se le *cayó/cayeron* un vaso de vino.

3.

A la mujer se le *acabó/acabaron* la leche.

4.

Al hombre se le *rompió/rompieron* las gafas.

❖D. Cosas inesperadas (*unexpected*). Describa lo que le pasó una vez. Después indique las consecuencias.

MODELO: Una vez se me *olvidó/olvidaron* guardar un trabajo en la computadora y lo perdí todo.

1. Una vez se me *cayó/cayeron* _____

   _____.

2. Una vez se me *olvidó/olvidaron* _____

   _____.

3. Una vez se me *rompió/rompieron* _____

   _____.

4. Una vez se me *quedó/quedaron* en casa _____

   _____.

34. ¿**Por** o **para**? • A Summary of Their Uses

A. Expresiones con *por*. Complete las oraciones con **por** o con una expresión o frase con **por**.

1. ¡_____ _____! ¡No debes manejar (*drive*) tan rápidamente _____ esta calle!

2. ¿Dónde está Inés? No está en clase _____ _____ vez este semestre.

3. Elena no se cuida mucho; _____ _____ se enferma frecuentemente. Debe comer más frutas y verduras ricas en vitamina C como, _____ _____, naranjas y pimientos (*peppers*).

4. Creo que tenemos bastante leche en casa, pero voy a comprar otra botella, _____ _____ _____.

5. _____ _____ _____ no apagamos todas las luces cuando salimos de vacaciones.

6. Tu hija no debe caminar sola _____ ese parque; es peligroso.

7. Necesito _____ _____ _____ treinta dólares para pagar esta receta para antibióticos.

8. Carmen está muy contenta _____ los resultados del examen. ¡_____ _____ recibió una «A»!

B. Un viaje a España. En español, por favor. Use **por** o expresiones con **por**.

1. My brother and I were in Europe for the first time in the summer of 1992. _____
   _____

2. We went to Spain for (because of) the Olympics (**las Olimpíadas**). _____
   _____

3. We went from Los Angeles to Barcelona by plane. _____
   _____

4. We went through New York. _____

5. We spent (**pasar**) at least thirteen hours in the plane. _____
   _____

C. La maravillosa María Rosa. Dos hermanos hablan de la visita de una amiga de la familia. Complete el diálogo usando **para**, según las indicaciones.

MODELO: ¿Cuándo necesita papá el coche? (jueves) → Lo necesita para el jueves.

1. ¿Para qué lo necesita él? (ir a recoger a María Rosa) _____
   _____

2. ¿Para qué viene a Reno ahora? (esquiar) _____

3. ¿Para quién son esos esquís? ¿para mí? (no, ella) _____

4. ¿Es verdad que ella sólo tiene 17 años y ya está en la universidad? (sí, lista, edad [age])

_____

5. ¿Qué carrera estudia ella en la universidad? (sicóloga) _____

_____

6. ¿Trabaja también? (sí, compañía de teléfonos) _____

_____

D. Viajando por Europa. Complete las oraciones con **por** o **para**.

Los esposos García fueron a Madrid _____[1] avión y se quedaron allí _____[2] un mes.

Antes de llegar a Madrid pasaron _____[3] Portugal y después fueron a Italia _____[4] ver

a su hija Cecilia. La chica estudia _____[5] actriz y _____[6] las noches trabaja _____[7]

el Cine Paradiso. Dicen que la muchacha va a pasar sus vacaciones en Francia. Viaja mucho

_____[8] ser tan joven.

En Italia los García manejaron[a] un pequeño coche Fiat _____[9] varias ciudades de la costa

_____[10] no gastar mucho dinero en trenes o aviones. El papá de Cecilia le mandó dinero a

ella _____[11] pagar el alquiler, pero ella lo gastó en regalos _____[12] su familia. Sus

padres no estuvieron muy contentos _____[13] lo que hizo con el dinero.

[a]*drove*

LOS HISPANOS HABLAN

Un cumpleaños inolvidable: ¡Todo salió mal!

Diana Lucero Hernández, Colombia, 18 años

El día que cumplí los 15 años no lo puedo olvidar porque la mayoría de las cosas me salieron mal ese día. Mi fiesta de quinceañera era para las 8:30 P.M. Yo salí de la peluquería[a] a las 8:24... y estaba cayendo un aguacero[b] terrible. Con la lluvia se me dañó el peinado[c] y tuve que correr a casa para ponerme mi nuevo vestido de fiesta. Cuando llegué, no podía ponérmelo porque las mangas me quedaban apretadas[d] y tuve que cortarlas un poco...

En eso empezaron a llegar los invitados (la fiesta fue en casa de una vecina). Llegó el fotógrafo y empezó a tomarme fotos, pero a la media hora se dio cuenta[e] que no tenía película en la cámara. Me tomó más fotos y finalmente pude llegar a la fiesta a eso de las 11:30. ¡Estaba furiosa! Después bailé el vals con mi papá y, como es costumbre, debía cambiar de pareja,[f] pero mis amigos no quisieron bailar. Luego se cortó la energía eléctrica por casi una hora, y con eso empecé a llorar... ¡y lloré toda la noche!

[a]*hairdresser's* [b]*lluvia* [c]*se... my hairdo got ruined* [d]*las... the sleeves were tight* [e]*se... he realized* [f]*partner*

❖Ponga en orden (del 1 a 5) los desastres que le ocurrieron a Diana.

_____ Se cortó la electricidad. _____ Sus amigos no quisieron bailar.

_____ Al fotógrafo se le olvidó poner película en la cámara. _____ Se le arruinó el peinado.

_____ No le quedaba bien el vestido.

Un poco de todo

▼▼▼▼▼▼▼▼▼▼▼▼▼▼▼▼▼▼▼▼▼▼▼▼▼▼▼▼▼▼▼▼▼▼▼▼

A. Un perrito perdido (*lost puppy*). Complete el diálogo entre Ricardo y su amiga Patricia con las palabras necesarias. Use la forma apropiada de los verbos indicados: presente de indicativo, pretérito o presente de subjuntivo, según el significado.

RICARDO: Acabo de ver _____[1] tu hermano Tito y _____[2] muy triste.
                                                        (estar)

        ¿Qué _____[3] pasa?

PATRICIA: Se _____[4] el perrito que (nosotros) le _____[5] para
               (perder)   (dar)

        _____[6] cumpleaños.

RICARDO: ¡Pobrecito! ¿Cuándo lo _____[7] (él)?
                                         (saber)

PATRICIA: Anteayer.ᵃ Parece que el perro _____[8] del patio y cuando Tito
                                     (escaparse)

        _____[9] el perrito ya no estaba allí. Tito _____[10] y
      (despertarse)   (vestirse)

        _____[11] a buscarlo, pero no lo _____.[12]
         (salir)   (encontrar)

RICARDO: Hace tres semanas el perro _____[13] lo mismo, ¿no? ¿Cómo
                                     (hacer)

        _____[14] escaparse esta vez?
         (poder)

PATRICIA: Parece que Tito _____[15] de cerrar bien la puerta del corralᵇ y el perro se
                      (olvidarse)

        escapó _____[16] allí. Tito _____[17] tan preocupado toda
            (por/para)   (sentirse)

        la noche que no _____[18] nada.
                  (dormir)

RICARDO: Si no lo encuentran, cómprenle otro _____[19] la Navidad.
                                       (por/para)

PATRICIA: ¡Ay, Ricardo! ¡Qué buena idea!

ᵃ*The day before yesterday.* ᵇ*yard*

B. Accidentes y tropiezos. Complete la descripción de las siguientes situaciones. Use el imperfecto y el pretérito de los verbos.

1. ayer / mientras /(yo) pelar (*to peel*) / patatas, / cortarme / dedo / y / hacerme / mucho daño

_____

2. cuando / (yo) sacar / mi / coche / garaje, / chocar (*to bump*) / contra / coche / papá

_____

3. cuando / mesero / traer / vino, / caérsele / vasos

_____

4. mientras / Julia / esquiar, / caerse / y / romperse / brazo

_____

5. mientras / Carlos / caminar, / darse / contra / señora / y / pedirle / disculpas

_____

C. Hablando con un amigo. Using an expression of time with **hacer**, ask a friend *for how long* he or she has or has not done the following things.

MODELO: conocer / María → ¿Cuánto tiempo hace que conoces a María?

1. vivir / apartamento _____

2. no / comprar / ropa _____

3. no / visitar / médico _____

4. no / ir / cine _____

Now ask *how long ago* he or she did the following things.

5. aprender / tocar / guitarra _____

6. hacer / viaje / México _____

7. conocer / mejor / amigo _____

8. saber / accidente / Mario _____

D. En la universidad. En español, por favor.

1. You (**Ud.**) speak very well for a beginner (**principiante**).

_____

2. We need to finish this lesson by Friday.

_____

3. We should review (**repasar**) the commands, just in case.

_____

4. We're going to go by (**pasar por**) the library.

_____

5. I need to take out (**sacar**) some books for (to give to) my brother.

_____

❖ ¡Repasemos!

▼▼▼▼▼▼▼▼▼▼▼▼▼▼▼▼▼▼▼▼▼▼▼▼▼▼▼▼▼▼▼▼▼▼▼▼▼▼▼

Recuerdos de Málaga. Complete la narración con el *pretérito* y el *imperfecto*. Use la forma apropiada de los verbos y de los adjetivos indicados. Cuando hay dos posibilidades, use la correcta. Llene los otros espacios con las palabras necesarias.

El verano pasado Emilia y yo _____[1] (hacer) un viaje a

España. Pasamos una semana en Málaga porque allí _____[2]

(tener: *yo*) una amiga _____[3] (alemán) que

_____[4] (estudiar) español en el Malaca Instituto Internacional.

_____[5] (Quedarse: *Nosotros*) en el Hotel Las Vegas, un hotel bueno y no

muy caro, cerca de la playa. _____[6] (Llegar) el lunes _____[7]

(de/por) la noche, y _____[8] (a la / al) día siguiente _____[9] (ir) a ver

_____[10] mi amiga Heidi. Ella _____[11] (servirnos) de guía[a]

y _____[12] (llevarnos) a ver _____[13] (vario) lugares donde

se _____[14] (tocar) música española popular y donde todo el mundo[b]

_____[15] (beber) vino y_____[16] (bailar).

El viernes por la noche Heidi _____[17] (invitarnos) a una fiesta en

el Instituto donde _____[18] (conocer: *nosotros*) a Ida y Joaquín Chacón, los dueños,

con _____[19] (quien/quienes) _____[20] (viajar) el sábado a Granada,

la _____[21] (antiguo) y hermosísima[c] ciudad mora.[d] _____[22]

(Nuestro) semana en Málaga fue _____[23] (magnífico), pero el domingo

_____[24] (tener) que _____[25] (despedirse) de nuestra

amiga y salir para Madrid en el Talgo, uno de los trenes más _____[26] (rápido) y

_____[27] (moderno) _____[28] (de/en) Europa.

[a]de... *as a guide* [b]todo... *everybody* [c]*very beautiful* [d]*Moorish*

❖ Mi diario

▼▼▼▼▼▼▼▼▼▼▼▼▼▼▼▼▼▼▼▼▼▼▼▼▼▼▼▼▼▼▼▼▼▼▼▼▼▼▼

Vuelva a leer la historia que escribió Diana Lucero Hernández (en Los hispanos hablan) sobre un cumpleaños en que nada le salió bien. Ahora le toca a Ud. escribir sobre un día igualmente «desastroso» en su propia vida. Si Ud. es una de esas personas a quien todo siempre le sale a derechas (bien), ¡invente algo!

Use el *imperfecto* para describir

- el día que era (¿Era alguna fiesta especial?)
- el tiempo que hacía
- dónde estaba Ud.
- si había otras personas con Ud. o si estaba solo/a

Use el *pretérito* para hablar de

- las cosas inesperadas (*unexpected*) que se le ocurrieron
- cómo reaccionó Ud. y/o las otras personas que estaban allí
- lo que le pasó al final

Prueba corta

▼▼▼▼▼▼▼▼▼▼▼▼▼▼▼▼▼▼▼▼▼▼▼▼▼▼▼▼▼▼

A. En español, por favor. Use una expresión de tiempo con **hacer.**

1. I went to see the doctor a week ago. _____

2. I took my pills an hour ago. _____

3. I've been sick for three weeks. _____

4. I've been feeling better for two days. _____

B. Select the form that best expresses the meaning of the verb in italics.

1. *Olvidé* la tarea en casa.
   a. Se le olvidó
   b. Se me olvidó

2. Josefina *perdió* veinte dólares.
   a. (A Josefina) se le perdió
   b. (A Josefina) se le perdieron

3. Mis libros *cayeron* de la mochila.
   a. se me cayeron
   b. se me cayó

4. ¿Cómo *rompiste* tu bicicleta?
   a. se te rompió
   b. se me rompió

5. Julio *acabó* toda la leche.
   a. (A Julio) se le acabó
   b. (A Julio) se me acabó

C. Llene los espacios en blanco con **por** o **para.**

1. Marta fue a Dallas _____ la enfermedad de su madre.

2. Picasso pintaba _____ ganarse la vida (*earn his living*).

3. En la universidad estudio _____ ser arquitecto.

4. Fueron a París en avión _____ la ruta del Polo Norte.

5. Habla muy bien el francés _____ americano.

6. Mi hermano trabaja _____ Teléfonos Mexicanos.

CAPÍTULO 12

Vocabulario: Preparación

▼▼▼▼▼▼▼▼▼▼▼▼▼▼▼▼▼▼▼▼▼▼▼▼▼▼▼▼▼▼▼▼▼

Tengo... Necesito... Quiero... ; En casa; En la oficina; En el garaje

❖**A.** **Lo que tengo y lo que quiero.** Exprese su situación o deseo según el modelo.

MODELO: un disco compacto →
Ya tengo uno. (Me encantaría [*I would love*] tener uno. [No] Me interesa tener uno.)

1. un coche descapotable _Ya Ta tengo una_
2. una videocasetera _Me encantaría tener uno_
3. una cámara de vídeo _Ya tengo una_
4. un contestador automático _Ya tengo una_
5. una motocicleta _No me interesa tener uno_
6. una computadora portátil _Me encantaría tener una_
7. una impresora _No me interesa tener uno_
8. un equipo estereofónico _Ya tengo una_
9. un teléfono celular _Me encantaría tener una_
10. un acuario con peces tropicales _Me encantaría tener lo_

B. **Él y ella.** A él le gustan los bistecs y las motos. Ella es vegetariana y le encantan las bicicletas. Piense Ud. en la personalidad de estas dos personas y diga qué cosas les gustan a los dos, y qué cosas le interesan sólo a él o a ella.

MODELO: almorzar en un parque →
Les gusta a los dos.

1. sacar fotos de pájaros y flores _Ella le gusta_
2. manejar a toda velocidad _El le gusta_
3. grabar vídeos de sus amigos _Les gusta a los dos_

4. usar el correo electrónico ___ El le gusta ___

5. comer comidas sanas (*healthful*) ___ Les gusta a los dos ___

6. cambiar de canal frecuentemente ___ Ella le gusta ___

7. ganar trofeos en las carreras (*races*) ___ Les gusta a los dos ___

8. coleccionar carteles de pinturas impresionistas ___ Ella le gusta ___

C. El aparato Sony. Lea el anuncio
y complete las oraciones.

1. Las ventajas de la radiograbadora
   Sony con Compact Disc son:

   a. Ud. puede llevar su música

      _____.

   b. Ud. puede grabar su música en

      _____.

   c. Ud. puede escuchar las emisoras

      _____.

Mi Sony con Compact Disc hace que toda la música sea mi música!

Cada vez tengo más música porque todo lo que me gusta está en Compact Disc. Además, con mi Sony puedo llevar mi música a todas partes, pasarla a cassette y gozar con el Compact, con el cassette y con todo lo que hay en las emisoras de AM y de FM Stereo.
En realidad, con mi radiograbadora Sony con CD no me pierdo una.
Entonces... que se prenda la rumba!

---

2. ¿Qué significa la expresión, «No me
   pierdo una»?

   (a.) *I don't lose one.*
   b. *I don't miss a thing.*

3. The literal translation of **prender** is *to turn on*. What is the most likely meaning of «¡ ...que se
   prenda la rumba!»?

   (a.) *... let the rumba begin!*
   b. *... that the rumba is turned on!*

4. ¿Qué le parece la idea de tener una radiograbadora con compact disc? ¿O ya tiene una?

   _____

D. Cosas del trabajo. Imagínese que Ud. habla con un amigo sobre algunos problemas de su trabajo.
Complete las oraciones con la forma apropiada de las palabras de la lista.

1. Si la _____ no me da un _____ de

   sueldo, voy a _____. Pero no debo dejar mi trabajo

   antes de _____ otro.

2. Del sueldo que yo _____ cada mes, el gobierno me

   quita (*takes away*) 15%. Creo que necesito buscar otro trabajo de tiempo

   _____.

aumento
cambiar de trabajo
conseguir
fallar
ganar
jefe/a
manejar
parcial

3. ¡Qué lata! (*What a pain!*) La computadora de la oficina _____ (*pret.*) hoy y fue
   imposible terminar el trabajo.

4. Esta mañana tuve que _____ mi motocicleta a la oficina porque mi coche no
   funcionaba.

¿Dónde vive Ud.? ¿Dónde quiere vivir?

Nuestra vida en el edificio de apartamentos. Complete el párrafo con la forma apropiada de las palabras de la lista.

Mi compañero/a y yo acabamos de _____[1] un apartamento en

Nueva York. Nuestra nueva _____[2] es 154 E. 16th St. Nos gusta

esta _____[3] porque es relativamente tranquila y limpia. El

_____[4] del apartamento no es muy caro porque está en el tercer

_____[5] y no tiene muy buena _____[6] Pero como el

edificio está en el _____[7] de la ciudad, podemos ir caminando a

todas partes. En verdad, nos gusta más vivir en el centro que en las

_____[8] porque todo es más conveniente. Los inquilinos pagamos el

gas y la _____[9] y los _____[10] pagan el agua. Una

ventaja de vivir en este edificio es que hay un _____[11] que vive en la

_____[12] y cuida de todo. Todavía no conocemos bien a nuestros

_____,[13] pero el portero dice que todos son muy simpáticos.

afueras
alquilar
alquiler
centro
dirección
dueño
luz
piso
planta baja
portero
vecindad
vecino
vista

Minidiálogos y gramática

▼▼▼▼▼▼▼▼▼▼▼▼▼▼▼▼▼▼▼▼▼▼▼▼▼▼▼▼

¡RECUERDE!

Los mandatos: Ud., Uds.

A. Escriba la forma indicada del mandato formal, poniendo atención a la posición de los pronombres del complemento directo, indirecto y reflexivo.

1. dejarlo   <u>Déjelo</u> Ud.   No <u>lo deje</u> Ud.
2. escribirlo _____ Uds.   No _____ Uds.
3. jugarlo _____ Ud.   No _____ Ud.
4. decírmelo _____ Ud.   No _____ Ud.
5. dárselo _____ Uds.   No _____ Uds.

B. ¿Cómo se dice en español?

1. equivocarse, Ud.: *Don't make a mistake.* _____
2. hacerse daño, Uds.: *Don't hurt yourselves.* _____
3. reírse, Ud.: *Don't laugh so much.* _____
4. conseguir, Ud.: *Get another job.* _____

35. Influencing Others • Tú Commands

❖**A.** **¿Los ha oído** (*Have you heard*) **Ud.?** ¿Con qué frecuencia ha oído Ud. estos mandatos?

a = con mucha frecuencia   b = a veces   c = casi nunca

1. _____ Pásame la sal, por favor.

2. _____ No tomes tanta cerveza.

3. _____ Ponte una camisa limpia.

4. _____ No te pongas esos pantalones rotos (*torn*).

5. _____ Recoge (*Pick up*) tu ropa del suelo.

6. _____ No comas con los dedos; usa el tenedor.

7. _____ Ten cuidado cuando manejes en la autopista (*highway*).

8. _____ Vuelve antes de medianoche. No vuelvas tarde.

9. _____ Dame las llaves del coche.

10. _____ Pídeselo a tu mamá. Yo no tengo dinero.

B. **¡Escúchame, Anita!** Déle mandatos afirmativos o negativos a su compañera Anita. **¡OJO!** ¡Cuidado con los acentos y la posición de los pronombres!

1. (Prender) _____ la computadora.

2. (cambiar) No _____ el canal.

3. (Poner) _____ otro disco compacto; no _____ ese.

4. (usar) No _____ ese teléfono ahora; _____ el celular.

5. (Apagar) _____ la videocasetera.

6. (Arreglar) _____ el equipo estereofónico.

7. (Prestarme) _____ tu Walkman.

8. (mandarle) No _____ un telegrama; _____ un fax.

9. (Decirle) _____ a la jefa que recibí su fax, pero no _____ que estoy aquí.

C. **Más mandatos.** Déles mandatos apropiados, afirmativos o negativos, a sus amigos y a varios miembros de su familia.

MODELO: Rosa nunca me escucha. → Rosa, escúchame.

1. Susana juega en la sala.   Susana, _____.

2. José no deja de hablar por teléfono.   José, _____.

3. Juan nunca llega a tiempo.   Juan, _____.

4. Carmela se viste muy mal.   Carmela, _____.

5. Tito no se lava las manos antes de comer. Tito, _____.

6. Jorge es pesado (*a pain*).   Jorge, _____.

7. Miguel pone los pies en mi cama.   Miguel, _____.

8. David toca el piano todo el tiempo.   David, _____.

D. A la hora de cenar. Leonor le hace unas preguntas a su mamá, quien le contesta con un mandato informal. Use pronombres del complemento directo e indirecto para evitar la repetición innecesaria.

MODELO: ¿Quieres que prepare la cena? → Sí, prepárala. (No, no la prepares.)

1. ¿Quieres que ponga la mesa?

   Sí, _____.   No, _____.

2. ¿Le sirvo leche a Claudia?

   Sí, _____.   No, _____.

3. ¿Te traigo la otra silla?

   Sí, _____.   No, _____.

4. ¿Te lavo los platos?

   Sí, _____.   No, _____.

❖**E. ¡Ahora le toca a Ud.!** Escriba dos mandatos afirmativos y dos negativos dirigidos (*directed*) a sus compañeros de clase o a miembros de su familia. Indique el nombre de la persona a quien se los dirige.

MODELO: Mamá, no seas tan impaciente.

Afirmativo: 1. _____

2. _____

Negativo: 3. _____

4. _____

36. Expressing Subjective States or Actions • Present Subjunctive: An Introduction

A. ¡Recuerde! The subjunctive, like the command form, is based on the **yo** form of the present indicative. The **nosotros** and **vosotros** forms of stem-changing verbs revert to the original stem of the infinitive, except for some **-ir** verbs: **o → u** and **e → i** (**dormir → durmamos, sentir → sintamos**). Complete the following chart with the missing forms.

YO (INDICATIVO)	YO/UD. (SUBJUNTIVO)	NOSOTROS (SUBJUNTIVO)
llego	que llegue	que _____
empiezo	que _____	que empecemos
conozco	que conozca	que _____
juego	que _____	que juguemos
consigo	que consiga	que _____
divierto	que divierta	que _____
duermo	que _____	que durmamos

B. ¡Termínelo Ud.! Indique cuáles de las opciones son correctas en cada caso. ¡OJO! Hay dos opciones posibles en cada caso.

1. Prefiero...
   a. quedarme en casa.
   b. que te quedas en casa.
   c. que te quedes en casa.
2. No me gusta...
   a. que sales sin mí.
   b. que salgas sin mí.
   c. salir solo.
3. Es importante...
   a. mandar este *fax* hoy.
   b. que lo mandemos hoy.
   c. que lo mandamos hoy.

4. Me alegro de...
   a. que estés aquí.
   b. estar aquí.
   c. que estás aquí.
5. Queremos...
   a. encontrarnos allí.
   b. que nos encuentras allí.
   c. que nos encuentres allí.
6. Dudo...
   a. que él sabe resolver este problema.
   b. que él sepa resolver este problema.
   c. poder resolver este problema.

C. Formando oraciones. Haga oraciones, cambiando el infinitivo por la forma apropiada del subjuntivo.

1. Espero que Ud....

   _____ (poder) acabar hoy.

   no se _____ (olvidar) de guardar la información.

   _____ (saber) usar esta computadora.

2. Dudo que ellos...

   _____ (empezar) hoy.

   nos _____ (mandar) el *fax* hoy.

   nos _____ (decir) todos los problemas que tienen.

3. Insisten en que tú...

   _____ (llegar) a tiempo.

   _____ (ser) más responsable.

   _____ (buscar) otro modelo más económico.

4. No quieren que (nosotros)...

   _____ (ir) solos.

   _____ (alquilar) un apartamento en esta vecindad.

   _____ (perder) mucho tiempo.

37. Expressing Desires and Requests • Use of the Subjunctive: Influence

❖**A. De vacaciones.** Cuando Ud. va de vacaciones, ¿qué le recomiendan sus amigos?

	SÍ	NO
1. Recomiendan que (yo) no viaje solo/a.	☐	☐
2. Sugieren que no olvide mi pasaporte.	☐	☐
3. Recomiendan que lleve mucho dinero en efectivo.	☐	☐
4. Recomiendan que haga reservaciones si viajo en verano.	☐	☐
5. Insisten en que no vaya a lugares de mucho terrorismo.	☐	☐
6. Recomiendan que viaje en tren, en clase turística.	☐	☐
7. Piden que les mande tarjetas postales.	☐	☐
8. Quieren que les traiga regalos.	☐	☐

❖Ahora escriba tres cosas que Ud. quiere que hagan sus amigos cundo ellos viajan.

1. _____

2. _____

3. _____

B. Jefes y empleados. What qualities are the boss and the employee looking for in each other? Complete each sentence by giving the appropriate present subjunctive form of the infinitive.

1. La jefa: Insisto en que mis empleados...

(decir la verdad) _____.

(llegar a tiempo) _____.

(aceptar responsabilidades) _____.

(saber usar una computadora) _____.

2. El empleado: Es importante que mi trabajo...

(resultar interesante) _____.

(gustarme) _____.

(no estar lejos de casa) _____.

(darme oportunidad para avanzar [*to advance*]) _____

_____.

C. En Compulandia. ¿Qué quiere el vendedor (*salesman*) de computadoras que hagamos? ¡OJO! Use la forma **nosotros** de los verbos indicados.

Quiere que _____[1] (ver) el último modelo de Macintosh y nos recomienda que

también _____[2] (comprar) una pantalla en colores. Prefiere que _____[3]

(pagar) con tarjeta de crédito. Nos pide que _____[4] (volver) mañana para recogerla.[a]

Nos dice que la _____[5] (traer) a la tienda si tenemos algún problema.

[a]*pick it up*

D. ¿Qué quieres que haga yo? Imagínese que Ud. quiere ayudar a un amigo que va a dar una fiesta. Hágale las siguientes preguntas en español. Siga el modelo del título.

1. What do you want me to buy? _____

2. What do you want me to bring? _____

3. What do you want me to prepare? _____

4. What do you want me to look for? _____

5. What do you want me to cook? _____

E. Cosas del trabajo. Imagínese que Ud. comenta sobre algunas cosas relacionadas con su trabajo. Use la forma apropiada del verbo entre paréntesis: el infinitivo, el presente de indicativo o el presente de subjuntivo.

1. (trabajar) Mi jefe es exigente[a] y antipático; quiere que (nosotros) _____ este

   sábado, pero ya tengo otros planes y no quiero _____.

2. (almorzar) Nuestro director prefiere que (nosotros) _____ en la oficina, pero

   yo prefiero _____ en el parque.

3. (traer) No puedes _____ cerveza a la oficina. La jefa prohíbe que (nosotros)

   _____ bebidas alcohólicas.

4. (pedir) En la oficina no permiten que (nosotros) _____ vacaciones en verano.

   Por eso, voy a _____ mis dos semanas en enero.

5. (conseguir) Si yo no _____ un trabajo de tiempo completo, es urgente que (yo)

   _____ uno de tiempo parcial, por lo menos.

   [a]*demanding*

❖**F. ¿Y Ud.?** Escriba tres cosas que su jefe (o sus profesores) desea(n) que haga Ud. Use cualquier (*any*) de las siguientes expresiones: Quiere(n) que... , Insiste(n) en que... , Me pide(n) que... , Me recomienda(n) que...

_____

_____

_____

Un poco de todo

▼▼▼▼▼▼▼▼▼▼▼▼▼▼▼▼▼▼▼▼▼▼▼▼▼▼▼▼▼▼▼▼▼

A. Un anuncio comercial. Imagínese que Ud. trabaja en una compañía de propaganda comercial. Su jefe le da el siguiente anuncio de una compañía nacional de ferrocarriles (*railroad*) para que Ud. lo cambie de la forma formal (Ud.) a la informal (tú). Lea el anuncio y haga todos los cambios necesarios.

Oiga, mire.

Abra los ojos y vea todos los detalles del paisaje.[a] Viaje a su

destino sin preocuparse por el tráfico. Haga su viaje sentado

cómodamente y llegue descansado. Goce de[b] la comida exquisita

en el elegante coche-comedor.

Juegue a las cartas o converse con otros viajeros como Ud. Y

recuerde: ¡Esto pasa solamente viajando en tren!

[a]*landscape* [b]Goce (Gozar)... *Enjoy*

B. Consejos y opiniones. Complete las oraciones con la forma apropiada del verbo indicado. Use complementos pronominales cuando sea posible. ¡OJO! No se usa el subjuntivo en todas las oraciones.

> MODELOS: Isabel piensa *escribirles* a sus primos *otra carta* mañana, pero es importante _____ hoy. → ...es importante escribírsela hoy.
>
> Isabel piensa *escribirles* a sus primos *otra carta* mañana, pero es importante que
>
> _____ hoy. → ...es importante que se la escriba hoy.

1. Tienes que *mandarles el cheque* a los muchachos. Es urgente que _____ hoy.

2. No olvides *pedirle el aumento* al jefe. Es necesario que _____ hoy.

3. Alicia debe *ir* a la oficina. Necesita _____ antes de las seis.

4. Ellos *buscan un taxi* delante del cine, pero es mejor _____ en la esquina (*corner*).

5. Manuel no quiere *empezar su trabajo* hasta el lunes. Su jefe prefiere que

   _____ mañana.

6. José dice que va a *traerme el dinero* esta noche, pero no es necesario que

   _____ hasta mañana.

C. La familia Rosales. The Rosales family just moved to a new house. What does the mother say to her family? Form complete sentences, using the words provided in the order given. Make any necessary changes, and add other words when necessary. *Note:* / / indicates a new sentence.

1. chicos, / venir / aquí / / (yo) necesitar / enseñarles / manejar / nuevo / lavadora

   _____

   _____

2. María, / ayudar / tu hermano / barrer / patio

   _____

   _____

3. Pepe, / (yo) recomendar / que / hacer / tarea / antes de / salir / jugar

   _____

   _____

4. María, / no / olvidarse / llamar / Gabriela / para / darle / nuestro / nuevo / dirección

   _____

   _____

5. Pepe, / ir / tu cuarto / y / ponerse / uno / camisa / limpio

   _____

   _____

❖ ¡Repasemos!

▼▼▼▼▼▼▼▼▼▼▼▼▼▼▼▼▼▼▼▼▼▼▼▼▼▼▼▼▼▼▼▼▼

Una amistad internacional

Paso 1. Complete la narración con la forma apropiada del pretérito o imperfecto de los verbos entre paréntesis.

El mes pasado, durante una excursión para esquiar en las sierras centrales de California, los Burke

_____[1] (conocer) al Sr. Dupont, un turista del sur de Francia que

_____[2] (visitar) los Estados Unidos. Los Burke le _____[3] (decir) que

_____[4] (ir: *ellos*) a hacer un viaje a Francia en mayo. El Sr. Dupont

_____[5] (ponerse) muy contento al oír[a] eso y los _____[6] (invitar) a

visitarlo en su casa. Los Burke _____[7] (aceptar) con mucho gusto y

_____[8] (quedar) en[b] llamarlo desde París. El Sr. Dupont les _____[9]

(prometer) que los _____[10] (ir) a llevar a los mejores restaurantes de la región.

Después de esquiar una semana, todos _____[11] (volver) juntos a Los Ángeles y

los Burke _____[12] (llevar) a su nuevo amigo al aeropuerto. _____[13]

(Despedirse: *Ellos*) y _____[14] (prometer) verse pronto en Europa.

[a]al... *upon hearing*   [b]quedar... *agreed to*

Paso 2. Conteste las preguntas según la narración anterior.

1. ¿Adónde fueron los Burke para esquiar? _____

   _____

2. ¿Quién era el Sr. Dupont? _____

3. ¿Qué le dijeron los Burke al Sr. Dupont? _____

   _____

4. ¿Cómo reaccionó el Sr. Dupont cuando supo del viaje de los Burke a Francia? _____

   _____

5. ¿Cuánto tiempo pasaron juntos (*together*)? _____

   _____

6. ¿Adónde llevaron los Burke al Sr. Dupont? _____

   _____

7. ¿Qué se prometieron los nuevos amigos? _____

   _____

❖ Mi diario

▼▼▼▼▼▼▼▼▼▼▼▼▼▼▼▼▼▼▼▼▼▼▼▼▼▼▼▼▼▼

Antes de escribir en su diario, lea la siguiente nota curiosa sobre un invento muy popular.

La invención del teléfono por Alexander Graham Bell en 1876 ciertamente ha cambiado[a] la rapidez de las comunicaciones en todo el mundo, pero se dice que el inventor mismo,[b] hasta el día de su muerte en 1922, no permitió tener un teléfono dentro de su oficina porque lo consideraba una distracción. «Cuando estoy pensando, no quiero que me molesten por ninguna razón. Los mensajes pueden esperar; las ideas no.»

[a]ha... *has changed*   [b]*himself*

¿Qué cree Ud.? ¿El teléfono interrumpe o facilita (*interrupts or facilitates*) el proceso creativo? ¿Y los demás aparatos «modernos»? Piense en todos los aparatos que usa Ud. y haga una lista de ellos.

Palabras útiles: la computadora (portátil), el *fax*, la lavadora, el lavaplatos, la secadora, el secador de pelo (*hair dryer*)

Ahora escriba en su diario cuáles son los aparatos más importantes para Ud. y diga por qué. Explique cómo le afectan la vida.

Prueba corta

▼▼▼▼▼▼▼▼▼▼▼▼▼▼▼▼▼▼▼▼▼▼▼▼▼▼▼▼▼▼

A. Pídale a tu compañero/a de cuarto que haga las cosas indicadas usando el verbo entre paréntesis. Use mandatos informales.

1. ____Ven____ (Venir) a mirar este programa.

2. No ____apagues____ (apagar) la computadora; necesito trabajar más tarde.

3. ____llama____ (Llamar) al portero y ____dile____ (decirle) que la luz se nos apagó.

4. No ____pongas____ (poner) el televisor ahora; ____ponlo____ (ponerlo) después.

5. No ____te preocupes____ (preocuparse) por el trabajo; ____descansa____ (descansar) un poco.

B. Complete las siguientes oraciones con el infinitivo o con la forma apropiada del subjuntivo del verbo entre paréntesis.

1. Sugiero que _____ (buscar: *tú*) otro modelo con más memoria.

2. Todos queremos _____ (comprar) una computadora nueva.

3. Un amigo recomienda que _____ (ir: *nosotros*) a Compulandia.

4. Insistimos en _____ (hablar) con el director. Es necesario que

   _____ (hablar) primero con él.

5. ¿Es tan importante que tú _____ (saber) navegar la red? Francamente, prefiero

   que no _____ (perder) tu tiempo en eso.

El mundo hispánico de cerca 4

▼▼▼▼▼▼▼▼▼▼▼▼▼▼▼▼▼▼▼▼▼▼▼▼▼▼▼▼▼▼▼▼

Las naciones andinas

A. ¿Cierto o falso?

		C	F
1.	Los nascas eran contemporáneos de los anasazi.	☐	☐
2.	La papa es una planta de origen sudamericano.	☐	☐
3.	Francisco Pizarro conquistó a los incas en 1532.	☐	☐
4.	La capital del imperio incaico fue Sacsahuamán.	☐	☐
5.	La distinción entre mestizo e indígena es solamente racial.	☐	☐

B. Misceláneo. Empareje los elementos de las dos columnas.

1. _____ Guerra del Chaco

2. _____ Inti Raymi

3. _____ Su ropa y sus costumbres son europeas.

4. _____ «La edad de la ira»

5. _____ Cultura peruana que existió entre los siglos I y VIII

6. _____ *Los comentarios reales*

a. mestizo
b. Garcilaso de la Vega
c. celebración de los antiguos incas
d. civilización moche
e. conflicto entre Bolivia y el Paraguay
f. serie de pinturas de Oswaldo Guayasamín

C. Preguntas. Conteste las preguntas brevemente, con una palabra o una frase corta.

1. ¿Qué encontraron en una excavación de la pirámide de Sipán?

   _____

2. ¿En qué motivos o símbolos se basa la obra (*work*) de Oswaldo Guayasamín?

   _____

3. ¿Quiénes fueron los padres de «el Inca» Garcilaso de la Vega?

   _____

4. ¿Qué roban los huaqueros? _____

A. Repaso de verbos. Escriba la forma indicada de los verbos.

	PRETÉRITO	IMPERFECTO	PRESENTE DE SUBJUNTIVO	MANDATOS INFORMALES (TÚ)
hablar				
yo	_____	_____	_____	(Aff.) habla
Uds.	_____	_____	_____	(Neg.) no hables
comer				
yo	_____	_____	_____	(A)
Uds.	_____	_____	_____	(N)
dar				
yo	_____	_____	_____	(A)
Uds.	_____	_____	_____	(N)
decir				
yo	_____	_____	_____	(A)
Uds.	_____	_____	_____	(N)
estar				
yo	_____	_____	_____	(A)
Uds.	_____	_____	_____	(N)
hacer				
yo	_____	_____	_____	(A)
Uds.	_____	_____	_____	(N)
ir				
yo	_____	_____	_____	(A)
Uds.	_____	_____	_____	(N)
oír				
yo	_____	_____	_____	(A)
Uds.	_____	_____	_____	(N)
pedir				
yo	_____	_____	_____	(A)
Uds.	_____	_____	_____	(N)

	PRETÉRITO	IMPERFECTO	PRESENTE DE SUBJUNTIVO	MANDATOS INFORMALES (TÚ)
poner				
yo	_____	_____	_____	(A) _____
Uds.	_____	_____	_____	(N) _____
querer				
yo	_____	_____	_____	(A) _____
Uds.	_____	_____	_____	(N) _____
saber				
yo	_____	_____	_____	(A) _____
Uds.	_____	_____	_____	(N) _____
seguir				
yo	_____	_____	_____	(A) _____
Uds.	_____	_____	_____	(N) _____
ser				
yo	_____	_____	_____	(A) _____
Uds.	_____	_____	_____	(N) _____
tener				
yo	_____	_____	_____	(A) _____
Uds.	_____	_____	_____	(N) _____
traer				
yo	_____	_____	_____	(A) _____
Uds.	_____	_____	_____	(N) _____
venir				
yo	_____	_____	_____	(A) _____
Uds.	_____	_____	_____	(N) _____

B. Romeo and Julieta. Complete esta versión moderna de Romeo y Julieta usando la forma apropiada del pretérito o imperfecto del verbo entre paréntesis. Use el **se** recíproco si es necesario.

Un día Romeo y Julieta _____¹ (ver) en la Plaza Mayor. Cuando por fin

_____² (conocer), los jóvenes _____³ (enamorarse[a]) locamente.

Como sus familias no _____⁴ (llevarse) bien —en realidad, se odiaban a muerte[b]—

los pobres enamorados siempre _____⁵ (ver) en secreto. _____⁶

(Encontrar) en el cementerio detrás de la iglesia donde _____⁷ (hablar),

_____⁸ (abrazar) y _____⁹ (besar). Los dos _____¹⁰

(saber) que sus familias nunca les permitirían[c] _____¹¹ (casarse).

Finalmente, inspirados por una fotografía de Acapulco que _____¹² (ver) en

una revista de viajes, los dos jóvenes _____¹³ (irse) para México en un vuelo de

Alitalia y así _____¹⁴ (escaparse) de la tiranía de sus familias para vivir felices para

siempre.

[a]*to fall in love*   [b]*a... violently*   [c]*would permit*

C. ¡Escúchame! Imagínese que su hermana menor hace muchas cosas que no debe hacer. Déle mandatos afirmativos y negativos, según el modelo. **¡OJO!** ¡Cuidado con los acentos!

MODELO: (escuchar) → No *escuches* el radio ahora; *escúchalo* más tarde.

1.   (correr) No _____ sola; _____ con una amiga.

2.   (pedir) No _____ ese libro; _____ éste.

3.   (tener) _____ cuidado pero no _____ miedo.

4.   (sentarse) _____ allí; no _____ delante de mí.

5.   (hacer) _____ tu trabajo y no _____ eso.

6.   (ser) No _____ así; _____ buena.

7.   (ponerse) No _____ ese traje; _____ éste.

8.   (salir) No _____ tan tarde; _____ a las siete y media.

9.   (decir) Nunca _____ mentiras (*lies*); siempre _____ la verdad.

D. Situaciones. Complete las oraciones lógicamente con las frases de la lista. Haga todos los cambios necesarios en el verbo.

darnos el examen otro día   venir a verme en agosto
no tomar mucho... no volver tarde   traerme una cerveza
llegar más temprano   terminar su tarea primero

1.   Acabo de recibir una carta de mis padres (abuelos) que dice que piensan visitarme en julio,

     pero no voy a estar aquí. Prefiero que _____.

2.   El profesor acaba de anunciar que va a darnos un examen el viernes, pero Julio y yo no

     podemos venir a clase ese día. Queremos que _____.

3. Nuestro hijo quiere jugar al basquetbol esta noche, pero tiene mucha tarea. Mi esposo y yo insistimos en que _____.

4. El plomero (*plumber*) dice que no puede llegar hasta las cuatro, pero es urgente que _____
   _____.

5. El camarero acaba de preguntarme qué quiero tomar. Voy a pedirle que _____
   _____.

6. Cuando vamos a una fiesta mis padres siempre recomiendan que _____
   _____ y que _____.

E.   Un anuncio de salud. Mire Ud. el anuncio del Departamento de Servicios de la Salud del Estado de California y conteste las preguntas.

¿Quiere dejar de fumar?

Si usted quiere dejar de fumar, recuerde la letra D.

Distancia: Ponga distancia entre usted y el tabaco. Rompa todos sus cigarros y tire sus ceniceros. Dígale a sus amistades que está dejando de fumar. Analice las situaciones en que fuma más, y si es posible, evítelas.

Tome la **Decisión:** Nadie puede hacerlo por usted. Usted se tiene que decidir por sí mismo que va a dejar de fumar.

Actúe con **Determinación:** El tabaco es adictivo y no es fácil dejarlo. No se desanime. Aunque tenga una recaída, vuelva a tratar.

Distráigase: Cuando sienta ganas de fumar, espere un minuto. Trate de hacer otra cosa: relájese, respire profundo, tome agua, háblele a sus amistades, coma frutas o verduras, salga a pasear o haga ejercicio.

Muchas personas han dejado de fumar, y usted también puede.

¡¡ SUERTE !!

Departamento de Servicios de la Salud. Estado de California.

1. ¿Cuáles son las cuatro cosas que recomiendan que haga Ud. para dejar de fumar?

   a. _____

   b. _____

   c. _____

   d. _____

❖2. En el anuncio, se sugieren varias cosas para distraerse (*take your mind off it*). En su opinión, ¿cuáles son las tres cosas más eficaces (*effective*)? _____

   _____

   _____

CAPÍTULO **13**

Vocabulario: Preparación

▼▼▼▼▼▼▼▼▼▼▼▼▼▼▼▼▼▼▼▼▼▼▼▼▼▼▼▼▼▼▼▼▼▼▼▼▼

Las artes; En el teatro; La expresión artística; La tradición cultural

❖**A.** **¿A quién conoce Ud.?** ¿Reconoce Ud. a estos escritores y artistas hispánicos?

		SÍ	NO
1.	Miguel de Cervantes, novelista español	☐	☐
2.	Pablo Neruda, poeta chileno	☐	☐
3.	Carmen Lomas Garza, pintora estadounidense	☐	☐
4.	Antonio Banderas, actor español	☐	☐
5.	Alicia Alonso, bailarina de ballet cubana	☐	☐
6.	Jorge Luis Borges, escritor argentino	☐	☐
7.	Fernando Carrera, tenor español	☐	☐
8.	Fernando Botero, pintor colombiano	☐	☐
9.	Pablo Picasso, pintor español	☐	☐
10.	Carlos Fuentes, novelista y ensayista (*essayist*) mexicano	☐	☐
11.	Sandra Cisneros, escritora estadounidense	☐	☐
12.	Mario Vargas Llosa, novelista peruano	☐	☐
13.	Celia Cruz, cantante cubana	☐	☐
14.	Luis Buñuel, director de cine español	☐	☐

❖**B.** **Opiniones.** ¿Qué opina Ud. de los siguientes ejemplos de expresión artística?

		ME ENCANTA(N)	NO ME AGRADA(N)	NO LO(S)/LA(S) CONOZCO
1.	la música de los cantos gregorianos	☐	☐	☐
2.	la pintura impresionista francesa	☐	☐	☐
3.	la cerámica de los indígenas de Nuevo México	☐	☐	☐
4.	los tejidos de los indios Navajo	☐	☐	☐
5.	la música de Joaquín Rodrigo	☐	☐	☐
6.	las novelas de Isabel Allende	☐	☐	☐
7.	las películas italianas	☐	☐	☐
8.	la arquitectura de Antonio Gaudí	☐	☐	☐
9.	las canciones de Gloria Estefan	☐	☐	☐
10.	la artesanía peruana	☐	☐	☐
11.	las novelas de Toni Morrison	☐	☐	☐
12.	la escultura de Miguel Ángel	☐	☐	☐

C. ¿Qué hicieron? Empareje el nombre del / de la artista con lo que hizo. Use el pretérito del verbo apropiado.

1. Gabriel García Márquez	esculpir	de Dorothy, en *El Mago de Oz*
2. Diego Rivera	escribir	óperas italianas
3. Plácido Domingo	hacer (*to play*) el papel	*El pensador*
4. Robert Rodríguez	tocar	*Cien años de soledad*
5. Andrés Segovia	pintar	*Desperado*
6. Judy Garland	cantar	la guitarra clásica
7. Augusto Rodin	dirigir	murales

1. _____

2. _____

3. _____

4. _____

5. _____

6. _____

7. _____

❖**D. Preguntas personales.** Conteste con oraciones completas.

1. ¿Cuál de las artes mencionadas en este capítulo le interesa más? ¿O le aburren todas las artes?

   _____

2. ¿Le gustan los dramas o prefiere las comedias?

   _____

3. Cuando visita un museo, ¿qué tipo de pintura o escultura le gusta más? ¿La pintura

   impresionista? ¿clásica? ¿contemporánea? ¿surrealista? _____

4. ¿Qué actividad artística le aburre más a Ud.? _____

5. ¿Tiene Ud. un(a) novelista o poeta preferido/a? ¿Cuándo leyó una de sus obras por primera vez?

   _____

Ranking Things: Ordinals

A. ¿Sabía Ud. eso? Use el número ordinal indicado para completar las siguientes oraciones.

1. Miguel de Cervantes escribió *Don Quijote de la Mancha*, considerada como la

   _____ (1ª) novela moderna.

2. El estudio de Pablo Picasso estaba en el _____ (4º) piso del edificio.

3. La catedral «La Sagrada Familia» de Antonio Gaudí está en su _____ (2º) siglo (*century*) de construcción.

4. El rey Carlos _____ (1º) de España fue al mismo tiempo Carlos

   _____ (5º) de Alemania.

5. Francisco de Goya pintó retratos (*portraits*) muy realistas de los reyes Carlos

_____ (3º) y Carlos _____ (4º) de España.

6. Enrique _____ (8º) de Inglaterra hizo decapitar a sus esposas

_____ (2ª) y _____ (5ª), Ana Bolena y Catalina Howard,

respectivamente.

7. El papa (*Pope*) León _____ (10º), Juan de Médicis, fue un gran protector de las artes, las letras y las ciencias en el siglo XV.

8. El _____ (1er) escritor centroamericano que ganó el Premio Nobel de Literatura fue Miguel Ángel Asturias, de Guatemala.

9. El _____ (9º) presidente de los Estados Unidos fue William Henry Harrison, pero gobernó solamente por 31 días. Se resfrió durante la inauguración y nunca se recuperó.

B. De esto y aquello. Complete las oraciones con el adjetivo ordinal apropiado.

1. Este es mi _____ semestre de español.

2. Mi _____ (1ª) clase es a las _____ (hora).

3. El domingo es el _____ día de la semana en el calendario hispánico; el viernes es el _____ día.

4. Franklin Delano Roosevelt murió durante su _____ (4º) término presidencial.

Minidiálogos y gramática

38. Expressing Feelings • Use of the Subjunctive: Emotion

A. Comentarios de Miguel Ángel. Escriba oraciones completas según el modelo. (Todas tienen que ver con [*have to do with*] la famosa Capilla Sixtina.)

MODELO: es lástima / no me pagan más → Es lástima que no me paguen más.

1. me alegro mucho / el papa (*Pope*) me manda más dinero

_____

2. a los artesanos no les gusta / yo siempre estoy aquí

_____

3. temo mucho / no podemos terminar esta semana

_____

4. es mejor / nadie nos visita durante las horas de trabajo

_____

5. espero / esta es mi obra suprema

_____

B. Reacciones personales. Express your personal reaction to the following statements. Begin your reactions with an appropriate form of one of the verbs or phrases below.

> es lástima, es increíble, esperar, me sorprende, sentir

> MODELO: Vamos a México este verano. → Espero que vayamos a México este verano.

1. Mis amigos no pueden salir conmigo esta noche.

   _____

2. Los boletos para el «show» se han agotado (*have sold out*).

   _____

3. No vas nunca al teatro.

   _____

4. Sabes dónde está el cine.

   _____

5. ¡Las entradas son tan caras!

   _____

C. Sentimientos. React to the following circumstances by completing the sentences according to the cues. Make any necessary changes. Remember that an infinitive phrase is generally used when there is no change of subject.

> MODELOS: Siento: Uds. / no / poder / venir →
>   Siento que Uds. no puedan venir. (*two clauses*)
>   Siento: (yo) no / poder / ir → Siento no poder ir. (*infinitive phrase*)

1. Es lástima: Jon Secada / no / cantar / esta noche

   _____

2. Es absurdo: las películas / costar / tanto dinero

   _____

3. Es increíble: (tú) no / conocer / novelas / Stephen King

   _____

4. Sentimos: (nosotros) no / poder / ayudarlos a Uds.

   _____

5. Me molesta: haber / tanto / personas / que / hablar / durante / función (*performance*)

   _____

6. Me sorprende: Madonna / hacer (*to play*) el papel / de / Evita Perón

   _____

D. Una excursión a México. Imagínese que sus padres van a regalarle un viaje a México por su graduación en la universidad. ¿Qué desea ver y hacer en México? Use **ojalá** y haga todos los cambios necesarios.

> MODELO: (yo) poder / ver / ruinas / maya → Ojalá que pueda ver las ruinas mayas.

1. (yo) ver / mi / amigos / en / Guadalajara

    _____

2. (nosotros) ir / juntos / Mérida

    _____

3. (nosotros) llegar / Chichén Itzá / para / celebración / de / solsticio de verano

    _____

4. (yo) encontrar / uno / objeto / bonito / artesanía / para / mi / padres

    _____

5. (yo) tener / suficiente / tiempo / para ver / Museo de Antropología en el D.F.

    _____

39. Expressing Uncertainty • Use of the Subjunctive: Doubt and Denial

A. ¿Lo cree o lo duda Ud.? Vuelva a escribir las oraciones a la derecha, combinándolas con las frases a la izquierda. ¡OJO! No todas las oraciones requieren el subjuntivo.

1. Dudo que...   A mis amigos les encanta el jazz.

    _____

2. Creo que...   El museo está abierto los domingos.

    _____

3. No estoy seguro/a de que...   Todos los niños tienen talento artístico.

    _____

4. No es cierto que...   Mi profesora va a museos todas las semanas.

    _____

5. No creo que...   Mi profesor siempre expresa su opinión personal.

    _____

B. En una librería. Imagínese que Ud. y un amigo están buscando libros en una librería en México. Escriba sus comentarios según el modelo. Empiece sus comentarios con una de las siguientes expresiones.

> MODELO: Esta librería tiene las obras completas de Shakespeare. →
> *Dudo que* esta librería *tenga* las obras completas de Shakespeare.

(No) Es verdad que...	Es imposible que...	Es probable que...
(No) Creo que...	Dudo que...	(No) Estoy seguro/a de que...

1. A mi profesor le gusta este autor.

   _____

2. Este libro tiene magníficas fotos de las ruinas incaicas.

   _____

3. Las novelas de García Márquez se venden aquí.

   _____

4. Esta es la primera edición de esta novela.

   _____

5. No aceptan tarjetas de crédito en esta librería.

   _____

6. Hay mejores precios en otra librería.

   _____

C. En el Museo del Prado. Haga oraciones completas según las indicaciones. Añada (*Add*) palabras cuando sea necesario.

1. creo que / hoy / (nosotros) ir / visitar / Museo del Prado

   _____

2. es probable que / (nosotros) llegar / temprano

   _____

3. estoy seguro/a de que / hay / precios especiales para estudiantes

   _____

4. es probable que / (nosotros) tener que / dejar / nuestro / mochilas / en / entrada del museo

   _____

5. dudo que / (nosotros) poder / ver / todo / obras / de Velázquez

   _____

6. creo que / los vigilantes (*guards*) / ir / insistir en / que / no / (nosotros) sacar / fotos

   _____

7. ¿es posible que / (nosotros) volver / visitar / museo / mañana?

   _____

40. Expressing Influence, Emotion, Doubt, and Denial • The Subjunctive: A Summary

A. En la galería de arte. Complete las oraciones con el presente de subjuntivo de los verbos entre paréntesis.

1. Es preciso que _____ (ir: *nosotros*) a una galería de arte que ofrezca buenos precios.

2. Temo que aquí los precios _____ (ser) muy altos.

3. Me alegro de que _____ (saber: *tú*) tanto de pintura.

4. El vendedor (*salesperson*) duda que _____ (haber) una copia mejor que esta.

5. ¡Qué bueno que _____ (permitir: *ellos*) que _____ (pagar: *nosotros*) con tarjeta de crédito!

6. Quiero que ellos la _____ (empaquetar [*to pack*]) bien para llevarla en el avión.

B. Situaciones. Complete las oraciones con el subjuntivo, el indicativo o el infinitivo del verbo entre paréntesis.

1. Es mejor que _____ (apagar: *tú*) las luces al salir (*upon leaving*) del cuarto. Nuestra última cuenta fue altísima y no me gusta _____ (pagar) tanto.

2. Es verdad que David _____ (ser) inteligente, pero dudo que _____ (saber) resolver este problema con la computadora. Insiste en que el problema no _____ (ser) tan complicado.

3. Siento que _____ (estar: *tú*) enfermo. Ojalá que _____ (sentirte) mejor mañana.

4. Nuestro profesor nos prohíbe que _____ (hablar) en inglés en esta clase. Insiste en que _____ (tratar) de expresarnos en español pero a veces es difícil _____ (hacerlo).

5. Pablo, es imposible que _____ (estudiar: *tú*) con tanto ruido. ¿Cómo es posible que te _____ (gustar) escuchar esa música tan fuerte? Además, temo que te _____ (hacer) daño a los oídos.

6. Prefiero que te _____ (estacionar [*to park*]) cerca del cine. Prefiero no _____ (caminar) mucho porque me duelen los pies.

7. Creo que la película _____ (empezar) a las 6:30, pero es posible que yo no _____ (recordar) la hora exacta.

C. ¿Qué va a pasar en clase? Express your reaction to the following scenarios. Use expressions of emotion, doubt, certainty, or influence. ¡OJO! Examine the model carefully and notice that *if* the sentence requires the subjunctive, you must change the infinitive, not the form of **ir**.

MODELO: Va a haber examen mañana. → Dudo que haya examen mañana.
(Espero que no haya examen mañana. Dicen que va a haber examen mañana; etcétera.)

1. Todos vamos a sacar (*get*) una «A» en el próximo examen.

   _____

2. El profesor / La profesora va a olvidarse de venir a clase mañana.

   _____

3. No vamos a tener tarea para mañana.

   _____

4. Vamos a saberlo todo en clase.

   _____

5. Vamos a divertirnos mucho.

   _____

6. El profesor / La profesora va a darnos una fiesta.

   _____

Un poco de todo

▼▼▼▼▼▼▼▼▼▼▼▼▼▼▼▼▼▼▼▼▼▼▼▼▼▼▼

A. ¡Problemas y más problemas! Los señores Castillo son muy conservadores y a veces no están de acuerdo con lo que hacen sus hijos, Carlitos, Jaime y Luisa. Exprese esto según el modelo.

MODELO: Jaime fuma delante de ellos. → No les gusta que *fume* delante de ellos.

1. Luisa desea estudiar para ser doctora.

   Les sorprende que _____.

2. Jaime y Luisa vuelven tarde de sus fiestas.

   No les gusta que _____.

3. Carlitos juega en la calle con sus amigos.

   Le prohíben a Carlitos que _____.

4. Jaime va de viaje con su novia y otros amigos.

   No les agrada que _____.

5. Luisa busca apartamento con otra amiga.

   Les molesta que _____.

6. Carlitos quiere ser músico.

   Temen que _____.

7. Los amigos de sus hijos son una influencia positiva.

   Dudan que _____.

B. El arte se hace (*becomes*) **realidad.** Observe lo que hace Cándido y conteste las preguntas.

Palabras útiles: asombrado (*astonished*), de verdad (*real*), esculpir, la escultura, el mármol (*marble*), rajarse (*to crack*), la yema (*yolk*)

1. ¿Qué está haciendo Cándido?

_____

2. ¿Qué empieza a pasar en el tercer cuadro?

_____

3. ¿Qué pasa al final y qué descubre (*discovers*) Cándido?

_____

4. ¿Cómo se siente Cándido en el tercer cuadro? ¿Y al final?

_____

❖ ¡Repasemos!

▼▼▼▼▼▼▼▼▼▼▼▼▼▼▼▼▼▼▼▼▼▼▼▼▼▼▼▼▼▼▼▼▼▼

A. Hablando de aprender francés. Form complete sentences, using the words provided in the order given. Make any necessary changes, and add other words when necessary.

1. si / (tú) querer / aprender / hablar / francés, / (tú) deber / practicar más

_____

_____

2. profesor / dudar / que / (nosotros) poder / hablar bien / antes / terminar / tercero / año

_____

_____

3. (nosotros) acabar / tomar / nuestro / segundo / examen / / ahora / ir / celebrar

_____

_____

4. ¿(tú) acordarse / lo fácil / que / ser / el / primero / examen? / / ¡este / ser / dificilísimo!

_____

_____

5. profesor Larousse / insistir (*pres.*) / que / (nosotros) empezar / estudiar más / / (yo) tener / ir / laboratorio / todo / días

_____

_____

6. ¿por qué / (tú) no pedirle (*pres.*) / Marcel Dupont / que / ayudarte?

_____

7. ¿es cierto / que / (tú) pensar / tomar / quinto / semestre / francés?

_____

8. ¡ahora / (yo) querer / olvidarse / de / estudios y / de / universidad!

_____

B. La antropología y la cultura

Paso 1. Lea la inscripción que se encuentra en la entrada del Museo de Antropología de la Ciudad de México. Luego complete las oraciones que siguen.

El hombre creador[a] de la cultura ha dejado[b] sus huellas[c] en todos los lugares por donde ha pasado.[d] La antropología, ciencia del hombre que investiga e interpreta esas huellas... nos enseña la evolución biológica del hombre, sus características y su lucha por el dominio de la naturaleza.[e] Las cuatro ramas[f] de esa ciencia única —antropología física, lingüística, arqueología y etnología— nos dicen que... todos los hombres tienen la misma capacidad para enfrentarse a[g] la naturaleza, que todas las razas son iguales, que todas las culturas son respetables y que todos los pueblos[h] pueden vivir en paz.

[a]*creator* [b]*ha... has left* [c]*traces* [d]*ha... he has passed* [e]*nature* [f]*branches* [g]*enfrentarse... confront* [h]*peoples*

Según esta inscripción...

1. las cuatro ramas de la antropología son _____, _____,

   _____ y la etnología.

2. el antropólogo investiga e _____ la cultura del hombre.

3. todos los hombres tienen _____ para enfrentarse a la naturaleza.

4. todas las razas son _____.

5. todas las culturas son _____.

6. todos los pueblos pueden _____.

Paso 2. Ahora comente sobre tres puntos de esta inscripción usando algunas de las siguientes frases.

Dudo que... , Espero que... , (No) Es posible que... , Ojalá que... , Es cierto que...

1. _____

2. _____

3. _____

❖ Mi diario

▼▼▼▼▼▼▼▼▼▼▼▼▼▼▼▼▼▼▼▼▼▼▼▼▼▼▼▼▼▼▼

Escriba sobre una experiencia cultural que Ud. tuvo. Por ejemplo, una visita a un museo, a una galería de arte, a un teatro o incluso (*even*) un recital de poesía o un concierto de música. Mencione dónde y cuándo fue, qué vio u oyó y cómo le afectó. Al final, mencione si le gustaría repetir esa experiencia o no y por qué.

Prueba corta

▼▼▼▼▼▼▼▼▼▼▼▼▼▼▼▼▼▼▼▼▼▼▼▼▼▼▼▼▼▼▼

A. Escriba oraciones completas según las indicaciones. Haga todos los cambios necesarios.

1. Me alegro: Uds. / ir / con nosotros / al concierto

   _____

2. Es lástima: Juan / no poder / acompañarnos

   _____

3. Es probable: Julia / no / llegar / a tiempo / / acabar / llamar / para decir / que / tener / trabajar

   _____

   _____

4. Ojalá: (tú) conseguir / butacas (*seats*) / cerca / orquesta

   _____

5. Es cierto: Ceci y Joaquín / no / ir / sentarse / con nosotros

   _____

6. Me sorprende: otro / músicos / no estar / aquí / todavía

   _____

7. Es extraño: nadie / saber / quién / ser / nuevo / director (*conductor*)

   _____

B. Los números ordinales. Escriba la forma apropiada del número ordinal indicado.

1. el _____ (*third*) hombre   4. el _____ (*seventh*) día
2. la _____ (*first*) vez   5. el _____ (*fifth*) grado
3. su _____ (*second*) novela

CAPÍTULO **14**

Vocabulario: Preparación

▼▼▼▼▼▼▼▼▼▼▼▼▼▼▼▼▼▼▼▼▼▼▼▼▼▼▼▼▼▼▼▼▼

El medio ambiente

❖**A.** **Ud. y el medio ambiente.** ¿Qué hace Ud. para proteger los recursos naturales y el medio ambiente?

	SÍ	NO
1. Reciclo papel.	☐	☐
2. Reciclo botellas y latas (*cans*) de aluminio.	☐	☐
3. Cierro el grifo (*tap*) cuando me cepillo los dientes.	☐	☐
4. Trato de limitar mis duchas a tres minutos.	☐	☐
5. Camino o voy en bicicleta a la universidad.	☐	☐
6. Uso un transporte colectivo (*carpool*) cuando es posible.	☐	☐
7. Llevo mi propia bolsa al mercado para no usar bolsas de plástico o papel.	☐	☐

B. **El reciclaje.** Lea el siguiente anuncio público y conteste las preguntas.

> **Palabras útiles:** aparecer (*to appear*), el aporte (la contribución), impresas (*printed*), perdurar (*to last a long time*)

1. ¿Cuánto papel de periódicos fue reciclado en los Estados Unidos el año pasado?

   _____

   _____

2. Según este anuncio, ¿cómo podemos contribuir a la preservación del medio ambiente?

ESTAMOS INTERESADOS EN LAS NOTICIAS DE AYER.

Las noticias aparecen un día y desaparecen al siguiente. Pero el papel en que están impresas puede y debe perdurar.

El año pasado más de la tercera parte del papel de periódicos de los E.U. fue reciclado. Y esa proporción aumenta cada día.

Reciclar es la única forma de hacer nuestro aporte a la conservación del medio ambiente.

Lea y recicle.

_____

_____

❖¿Y Ud.? ¿Recicla sus periódicos, botellas y latas de aluminio?

_____

C. **Una sequía** (*drought*) **en California.** Lea la siguiente narración e indique si las declaraciones al final son ciertas o falsas.

Hace más de diez años que el sur de California sufre de una escasez de agua. Muchos científicos creen que la sequía y el alza[a] de temperaturas en todo el mundo se debe en gran parte a la destrucción de los bosques[b] tropicales del Amazonas.

[a]*rising* [b]*forests*

Se sabe que estos bosques tropicales contienen muchas plantas medicinales, además del[c] 50 por ciento de las especies[d] de plantas que existen en la tierra[e] y que producen el 40 por ciento del oxígeno que respiramos. Si se permite la desforestación al paso[f] que vamos, las consecuencias serán desastrosas[g] no sólo para el Brasil sino[h] para todo el mundo.

[c]además... *in addition to*   [d]*species*   [e]*Earth*   [f]al... *at the rate*   [g]serán... *will be disastrous*   [h]*but*

	C	F
1. Hay insuficiencia de agua en California desde hace más de diez años.	☐	☐
2. La destrucción de los bosques en la región del Amazonas no afecta al resto del mundo.	☐	☐
3. Cuando se destruyen los bosques, se pierden plantas medicinales que pueden ayudar a la humanidad.	☐	☐
4. Necesitamos proteger los densos bosques amazónicos porque producen gran parte del oxígeno del mundo.	☐	☐

❖**D. En mi ciudad.** ¿Cómo es su vida en la ciudad donde reside? Lea las siguientes declaraciones e indique si son ciertas o falsas para Ud.

	C	F
1. En mi ciudad tengo miedo de salir a la calle por la noche porque hay muchos delitos y violencia.	☐	☐
2. La falta de viviendas adecuadas para la gente de pocos recursos económicos es un problema.	☐	☐
3. El transporte público (los trenes y/o autobuses) es bueno.	☐	☐
4. Hay muchos árboles y zonas verdes en mi ciudad.	☐	☐
5. Se construyen constantemente nuevos centros comerciales.	☐	☐

E. ¿La ciudad o el campo? A Guillermo le parece que la vida en la ciudad causa muchos problemas. Por eso se ha mudado (*he has moved*) al campo. Para él es un lugar casi ideal. Complete las opiniones de Guillermo con la forma apropiada de las palabras de la lista.

1. A mí me gusta el campo. Aquí en mi finca el aire es más

   _____ y la naturaleza más _____.

2. El gran número de personas, de coches y de _____ en los

   centros urbanos contamina el _____.

3. Prefiero el _____ de vida más tranquilo del campo a la

   vida agitada de la ciudad.

4. La _____ de viviendas adecuadas para los pobres es un

   problema serio en las ciudades. Casi siempre hay más delitos en los

   barrios de _____ densa.

5. Los _____ públicos en la ciudad no son muy buenos; los trenes llegan

   atrasados y se necesitan más autobuses.

bello
desarrollar
destruir
escasez
fábrica
medio ambiente
población
proteger
puro
ritmo
transporte

6. Cada año en la ciudad se _____ edificios históricos para construir más rascacielos.

7. Es importante que cada generación _____ los recursos naturales para que no se

acaben. Al mismo tiempo es necesario buscar y _____ nuevos métodos de energía.

En la gasolinera Gómez; Los coches

❖**A. Los coches y Ud.** ¿Qué tipo de conductor(a) es Ud.? Si Ud. no maneja, evalúe (*evaluate*) los hábitos de otra persona.

☐ Yo me evalúo a mí mismo/a.   ☐ Yo evalúo a _____.

	C	F
1. Siempre llevo mi licencia de manejar cuando conduzco.	☐	☐
2. Sé cambiar una llanta desinflada (*flat*).	☐	☐
3. Sé cambiar el aceite de un coche.	☐	☐
4. Cuando llego a un semáforo en amarillo, paro el coche.	☐	☐
5. Si llego a una esquina y no estoy seguro/a por dónde ir, sigo todo derecho, sin preguntar.	☐	☐
6. Reviso el aceite y la batería una vez por mes.	☐	☐
7. Nunca me han puesto una multa (*I've never gotten a ticket*) por infracciones de tránsito.	☐	☐
8. Tampoco me han puesto ninguna multa por estacionarme en zonas prohibidas.	☐	☐

B. Necesito un servicio completo. Tell the attendant to perform the necessary service on the indicated parts of your car. Refer to the two lists if necessary.

arreglar   aceite
cambiar   batería
lavar   coche
limpiar   frenos
llenar   llanta
revisar   parabrisas
tanque

MODELO: 1.   Lave el coche.

2. _____
3. _____
4. _____
5. _____
6. _____
7. _____

C. Consejos. Déle consejos a un amigo que acaba de recibir su licencia de manejar. Llene los espacios con la forma apropiada de las palabras de la lista.

1. Es muy peligroso _____ si los frenos no _____ bien porque es difícil _____ el coche.

2. Si necesitas un buen taller, tienes que _____ a la izquierda y luego _____ todo derecho hasta llegar a la gasolinera Yáñez. Allí los mecánicos son honrados y atentos.

3. Es mejor comprar un coche pequeño; es más económico porque _____ poca gasolina.

4. Se prohíbe _____ el coche en esta calle durante las horas de trabajo.

5. No manejes sin _____ porque es ilegal.

6. Si la batería no está cargada (*charged*), tu coche no va a _____.

7. ¡Cuidado! Si _____ en el lado izquierdo de la _____, vas a _____ con alguien.

8. Debes ir por la Segunda Avenida; allí la _____ es más rápida y no hay tantos _____ para controlar el tráfico.

9. En muchas _____ la velocidad máxima es ahora de 65 millas por hora. No debes manejar más rápido.

arrancar
autopista
carretera
chocar
circulación
conducir
doblar
estacionar
funcionar
gastar
licencia
manejar
parar
seguir
semáforo

Minidiálogos y gramática

▼▼▼▼▼▼▼▼▼▼▼▼▼▼▼▼▼▼▼▼▼▼▼▼▼▼▼▼▼▼▼▼▼

41. Más descripciones • Past Participle Used as an Adjective

A. Problemas del medio ambiente. ¿Cuánto sabe Ud. de los problemas del medio ambiente?

	C	F
1. El agua de muchos ríos está contaminada.	☐	☐
2. La capa del ozono está completamente destruida.	☐	☐
3. Hay algunas especies de pájaros que no están protegidas.	☐	☐
4. El agujero (*hole*) de ozono abierto sobre el Polo Sur está aumentando.	☐	☐
5. Los problemas sobre cómo proteger los recursos naturales ya están resueltos.	☐	☐

B. Los participios pasados. Escriba el participio pasado.

1. preparar _____   6. decir _____

2. salir _____   7. poner _____

3. correr _____   8. morir _____

4. abrir _____   9. ver _____

5. romper _____   10. volver _____

C. Preparativos para una fiesta. Imagínese que Ud. va a dar una fiesta esta noche.

MODELO: planes / hacer → Los planes están hechos.

1. invitaciones / escribir _____

2. comida / preparar _____

3. muebles / sacudir _____

4. mesa / poner _____

5. limpieza (*cleaning*) / hacer _____

6. puerta / abrir _____

7. ¡yo / morir de cansancio (*dead tired*)! _____

42. ¿Qué has hecho? • Perfect Forms: Present Perfect Indicative and Present Perfect Subjunctive

❖**A. Hasta ahora...** Indique si las siguientes oraciones son ciertas o falsas para Ud.

	C	F
1. He tenido sólo un auto.	☐	☐
2. Nunca me han gustado las ostras (*oysters*).	☐	☐
3. He conocido a una persona famosa.	☐	☐
4. Nunca he estado aburrido en mis clases.	☐	☐
5. He hecho un viaje a Ixtapa, México.	☐	☐
6. He vivido en una finca.	☐	☐
7. Me he roto el brazo una vez.	☐	☐
8. He aprendido a hablar bien el francés.	☐	☐
9. Nunca me he olvidado de pagar el alquiler.	☐	☐

B. ¿Qué han hecho? ¿Qué han hecho estas personas para ser famosas? Siga el modelo.

MODELO: Jimmy Carter: (ser) → *Ha sido* presidente de los Estados Unidos.

1. Neil Armstrong _____ (caminar) en la luna (*moon*).

2. Michael Jordan _____ (jugar) al basquetbol.

3. Florence Griffith-Joyner _____ (correr) 100 metros en 10,49 segundos.

4. Rosie O'Donnell _____ (decir) muchas cosas divertidas.

5. el Dr. Mario Molina _____ (ganar) el Premio Nobel en ciencias ambientales.

6. Bill Gates _____ (hacerse: *to become*) rico vendiendo programas para computadoras.

C. ¿Qué has hecho últimamente? Write the questions you would use to ask a friend if he or she has done any of the following things lately (*últimamente*).

MODELO: ir al cine → ¿Has ido al cine últimamente?

1. tener un accidente

_____

2. acostarte tarde

_____

3. hacer un viaje a México

_____

4. ver una buena película

_____

5. volver a ver al médico

_____

6. romper un espejo (*mirror*)

_____

D. Las sugerencias de Raúl. Imagínese que Tina lo/la llama a Ud. por teléfono para decirle lo que su amigo Raúl quiere que Ud. haga. Use complementos pronominales cuando sea posible. Siga el modelo.

MODELO: (arreglar el coche) → TINA: Raúl quiere que arregles el coche.
UD.: Ya lo he arreglado.

1. (ir al centro) TINA: _____

UD.: _____

2. (hacer las compras) TINA: _____

UD.: _____

3. (abrir las ventanas) TINA: _____

UD.: _____

4. (darle la dirección de Bernardo) TINA: _____

UD.: _____

5. (escribir el informe) TINA: _____

UD.: _____

E.   ¿Qué dice la gente? Complete las oraciones con el presente perfecto de subjuntivo de los verbos indicados. Use complementos pronominales cuando sea posible. Siga el modelo.

MODELO: Roberto dice que *ha hecho* toda su tarea. → Me alegro que la *haya hecho*.

1.   Dicen que la población de Nevada *ha bajado* (*has gone down*).

     No puede ser. No creo que _____.

2.   Dicen que el precio de los servicios públicos *ha subido* (*has gone up*).

     Es terrible que _____ tanto.

3.   Dicen que el hijo del presidente *ha cometido* (*has committed*) un delito.

     No creo que lo _____.

4.   *Hemos visto* todo el país en tres semanas.

     Es increíble que Uds. lo _____ en tan poco tiempo.

5.   Muchos políticos dicen que el problema de la contaminación ya *se ha resuelto*.

     Francamente yo dudo que _____.

6.   Sí, es cierto. *Me he roto* el brazo derecho.

     Es lástima que (tú) _____.

F.   Las noticias. When your friend tells you the latest news, respond with an appropriate comment, using the cues provided. Use the present perfect subjunctive of the verbs in italics. Use object pronouns to avoid unnecessary repetition.

1.   Por fin *arreglaron* la autopista 91. (Dudo que) _____

     _____.

2.   *Construyeron* otro rascacielos en el centro. (Es increíble) _____

     _____.

3.   *Plantaron* veinte árboles en el parque. (Es bueno) _____

     _____.

4.   *Cerraron* el tráfico en la autopista. (Es terrible) _____

     _____.

5.   Nuestros mejores amigos *se fueron* a vivir en el campo. (Es lástima) _____

     _____.

6.   Jorge Romero *perdió* su finca. (Siento) _____

     _____.

7.   Su esposa *consiguió* un buen trabajo. (Me alegro) _____

     _____.

❖**G.** **¿Y Ud.?** Ahora escriba las tres cosas más interesantes que Ud. ha hecho en su vida. Use el presente perfecto de indicativo.

1. _____

2. _____

3. _____

H. Antes de 1995. ¿Qué cosas había hecho —o *no* había hecho— Ud. antes de 1995? Dé oraciones nuevas según las indicaciones.

   MODELO: (nunca) pensar en... → Antes de 1995 (nunca) había pensado seriamente en el futuro.

1. (nunca) tener _____

   _____

2. (nunca) aprender a _____

   _____

3. (nunca) escribir _____

   _____

4. (nunca) hacer un viaje a _____

   _____

5. (nunca) estar en _____

   _____

6. ¿ ? _____

   _____

LECTURA: ANÉCDOTAS DE DOS CICLISTAS DISTINGUIDOS

El automóvil es el medio de transporte más popular del mundo, pero también hay millones de personas, desde las más humildes[a] hasta las más famosas, que tienen una afición especial por otros medios. Entre ellos están el rey Juan Carlos de España, un ávido motociclista, y el ex presidente de Costa Rica, José Figueres, que era un entusiasta de la bicicleta. Aquí se le ofrecen anécdotas sobre estos dos ciclistas distinguidos.

• Cuentan que un día, el rey Juan Carlos se puso el casco,[b] montó en[c] su moto favorita y salió a toda velocidad del Palacio de la Zarzuela (residencia de la familia real) hacia[d] una de las autopistas que cruzan[e] Madrid. De repente vio a un hombre, parado a la orilla[f] de la auto-pista, esperando ayuda con una lata vacía[g] en las manos. El Rey paró. «Se me acabó la gasolina», le dijo el hombre. El rey le hizo montar detrás de él y lo llevó a la gasolinera más cercana. Cuando llegaron, el hombre le preguntó a su benefactor quién era porque quería agradecerle. El rey no quería revelar su identidad pero, a insistencias del hombre, Juan Carlos se quitó el casco, le dio la mano[h] y le dijo simplemente: «Soy Juan Carlos.» El hombre, muy sorprendido, le dio las gracias y el rey volvió a montar en su motocicleta y continuó su paseo.

[a]desde... *from the most humble* [b]*helmet* [c]montó... *got on* [d]*toward* [e]*cross* [f]parado... *standing at the edge* [g]lata... *empty can* [h]le... *shook hands with him*

- A los costarricenses les gusta contar algo que le ocurrió hace años al presidente José Figueres. El presidente vivía modestamente en la misma casa donde había vivido desde antes de ser presidente. Un día iba en bicicleta, como lo hacía con frecuencia, de su casa a las oficinas presidenciales, pedaleando por las calles de San José, sin ningún guardia. No se sabe exactamente si lo atropelló un coche o si simplemente se cayó porque había llovido y el pavimento estaba resbaladizo.[i] Pero lo cierto es que cayó bruscamente en un charco[j] de agua. Las personas que vieron el accidente le ayudaron a levantarse, le limpiaron la cara y vieron con gran sorpresa que era el presidente. En realidad no se había hecho daño y solamente tenía la ropa toda sucia. El presidente agradeció a los peatones, volvió a montar en su bicicleta y regresó a casa. Se lavó, se cambió de ropa y salió otra vez para su oficina... montado en su bicicleta.

[i]*slippery*   [j]*puddle*

❖Escoja (*Choose*) la respuesta correcta.

1. _____ ¿Qué hizo el rey de España cuando vio a un peatón que necesitaba ayuda?
   a. Le dio gasolina.   b. No quiso parar.   c. Lo llevó a una gasolinera.

2. _____ ¿Por qué no reconoció el peatón al rey?
   a. El hombre no era de Madrid.   b. El rey llevaba casco.   c. El rey no reveló su identidad.

3. _____ ¿Qué le pasó al presidente Figueres cuando iba a su oficina?
   a. Lo atropelló un coche.   b. Se hizo daño cuando se cayó.   c. Se cayó de la bicicleta.

4. _____ ¿Qué hizo el presidente después del accidente?
   a. Regresó a casa.   b. Siguió directamente a su oficina.   c. Llamó a uno de sus guardias.

Un poco de todo

▼▼▼▼▼▼▼▼▼▼▼▼▼▼▼▼▼▼▼▼▼▼▼▼▼▼▼▼▼▼▼▼▼▼▼▼

A. Una artista preocupada por el medio ambiente. Complete la siguiente selección con la forma apropiada de las palabras entre paréntesis.

No sólo los científicos[a] sino[b] también los artistas están _____[1] (preocupar) por

los _____[2] (diverso) aspectos del medio ambiente en Latinoamérica.

La pintora _____[3] (puertorriqueño) Betsy Padín muestra _____[4]

(este) preocupación en sus cuadros. En una entrevista _____[5] (hacer) en San Juan,

Puerto Rico, nos ha _____[6] (decir) que ella ha _____[7] (pintar) una

serie[c] de cuadros sobre las urbanizaciones puertorriqueñas actuales.

En estos cuadros Padín ha _____[8] (incluir) imágenes de edificios

_____[9] (construir) de bloques de cemento, edificios que ella llama «ruinas del

futuro». Ella se ha _____[10] (inspirar) en sus visitas a las ruinas mayas e incas.

También, motivada por su preocupación por el medio ambiente, ha _____[11]

(tratar) de preservar en sus pinturas los campos _____[12] (verde), los árboles

retorcidos[d] y las costas solitarias _____[13] (cubrir) de enormes rocas.

[a]*scientists* [b]*but*   [c]*series* [d]*twisted*

B. **¿Qué han hecho estas personas?** Use los verbos indicados para describir la situación que se presenta en cada dibujo. En la oración **a** use el presente perfecto de indicativo, y en la oración **b** comente Ud. la situación, usando el presente perfecto de indicativo o de subjuntivo según el significado.

MODELO: a. comer
b. probable / tener hambre →
a. El niño ha comido mucho.
b. Es probable que haya tenido mucha hambre.

1.

a. escribirle / novio
b. posible / no verlo / mucho tiempo

2.

a. volver / de un viaje
b. pensar / perder / llave

3.

a. acabársele / cigarrillos
b. lástima / fumar / tanto

4.

a. comer / restaurante / elegante
b. posible / no / traer / bastante / dinero

5.

a. llamar / la policía
b. terrible / robarle / cartera

6.

a. romperse / pierna
b. posible / caerse por / escalera

1. a. _____
   b. _____
2. a. _____
   b. _____
3. a. _____
   b. _____
4. a. _____
   b. _____
5. a. _____
   b. _____
6. a. _____
   b. _____

C. ¡Qué descuidado eres! Complete la siguiente narración con las palabras apropiadas para formar un resumen del diálogo que está en la página 428 del libro de texto.

Rigoberto dice que le parece que debe _____[1] el coche al _____[2] porque hace _____[3] días que tiene una lucecita encendida, y no sabe lo que es.

Margarita observa que él es muy _____[4] con esas cosas y que seguramente un día va _____[5] tener una _____[6] desagradable.

Cuando llega _____[7] taller, el mecánico le informa que la luz es la del _____[8] y le pregunta cuánto tiempo _____[9] que no lo _____.[10] Cuando Rigoberto confiesa que no recuerda, el mecánico le pide que _____[11] el coche allí y que _____[12] en dos horas.

Después _____[13] dos horas Rigoberto regresa y el mecánico le dice que todos los niveles _____[14] bajos y que tuvo _____[15] ponerle agua en el depósito del limpiaparabrisas y cambiarle el filtro _____[16] aceite. Le advierte[a] que si no _____[17] mejor el auto, un día va a quemar el _____.[18] También le aconseja que _____[19] las llantas porque ya no tienen dibujo y es _____[20] manejar así.

[a]*He warns*

❖ ¡Repasemos!

▼▼▼▼▼▼▼▼▼▼▼▼▼▼▼▼▼▼▼▼▼▼▼▼▼▼▼▼▼▼▼▼▼▼▼▼

Cambie los verbos en cursiva (*italics*) al pasado, usando el pretérito, el imperfecto o el pluscuamperfecto (*past perfect*). Lea toda la narración antes de empezar a escribir. La primera oración ya se ha hecho.

Durante la Segunda Guerra Mundial, Marcelo *es*[1] estudiante interno[a] en Bélgica.[b] Cuando *se anuncia*[2] que los alemanes *han cruzado*[3] la frontera, él y dieciséis otros jóvenes *se escapan*[4] en bicicleta en dirección a Francia. *Viajan*[5] principalmente de noche y por fin *llegan*[6] a París, donde él *tiene*[7] que abandonar su bicicleta. En París *toma*[8] un tren para el sur del país, con muchísima otra gente que *ha venido*[9] del norte. Marcelo *pasa*[10] casi tres años en un pueblo pequeño de la costa mediterránea hasta que *puede*[11] regresar a Bélgica, donde *empieza*[12] a buscar a sus padres, que *están*[13] entre los muchos que *han desaparecido*[14] durante la ocupación alemana. Aunque mucha gente *muere*[15] sin dejar rastro,[c] él *tiene*[16] suerte en encontrar vivos a sus padres, quienes *piensan*[17] que Marcelo *ha desaparecido*[18] para siempre.

[a]*boarding*   [b]*Belgium*   [c]*a trace*

1. ___era___   7. _____   13. _____
2. _____   8. _____   14. _____
3. _____   9. _____   15. _____
4. _____   10. _____   16. _____
5. _____   11. _____   17. _____
6. _____   12. _____   18. _____

❖ Mi diario

▼▼▼▼▼▼▼▼▼▼▼▼▼▼▼▼▼▼▼▼▼▼▼▼▼▼▼▼▼▼▼▼▼▼▼▼

En este capítulo Ud. ya ha escrito las tres cosas más interesantes que ha hecho en su vida. Ahora describa con detalles una de estas cosas. O, si prefiere, puede describir cualquier (*any*) incidente, bueno o malo, que haya tenido importancia en su vida. Mencione:

- cuándo ocurrió
- dónde estaba Ud.
- con quién(es) estaba
- por qué estaba Ud. allí
- lo que pasó

Incluya todos los detalles interesantes que pueda. Al final, describa las consecuencias que esta experiencia ha tenido en su vida.

Prueba corta

▼▼▼▼▼▼▼▼▼▼▼▼▼▼▼▼▼▼▼▼▼▼▼▼▼▼▼▼▼▼▼▼

A. Escriba la forma adjetival del participio pasado para cada sustantivo.

     MODELO: pájaros / proteger → los pájaros protegidos

    1. capa del ozono / destruir _____

    2. luces / romper _____

    3. energía / conservar _____

    4. montañas / cubrir de nieve _____

    5. flores / morir _____

B. Seleccione la forma verbal apropiada para completar cada oración lógicamente.

    1. Dudo que Juan _____ en el campo toda su vida.
        a. vive   b. haya vivido   c. ha vivido

    2. Estoy seguro de que _____ este libro con papel reciclado.
        a. hayan hecho   b. han hecho   c. hacían

    3. Dicen que ya _____ gran parte de los bosques amazónicos.
        a. han destruido   b. destruían   c. hayan destruido

    4. Tú _____ tres viajes a Europa, ¿verdad?
        a. haces   b. hayas hecho   c. has hecho

    5. No. Yo _____ a Europa sólo una vez.
        a. haya ido   b. voy   c. he ido

CAPÍTULO 15

Vocabulario: Preparación

▼▼▼▼▼▼▼▼▼▼▼▼▼▼▼▼▼▼▼▼▼▼▼▼▼▼▼▼▼▼▼▼▼

Las relaciones sentimentales

❖**A. El amor y el matrimonio.** ¿Está Ud. de acuerdo con las siguientes ideas sobre el amor, el noviazgo y el matrimonio?

		SÍ	NO
1.	Uno puede enamorarse apasionadamente sólo una vez en la vida.	☐	☐
2.	Las personas que se casan pierden su libertad.	☐	☐
3.	La familia de la novia debe pagar todos los gastos de la boda.	☐	☐
4.	Las bodas grandes son una tontería porque cuestan demasiado.	☐	☐
5.	La luna de miel es una costumbre anticuada.	☐	☐
6.	La suegra siempre es un problema para los nuevos esposos.	☐	☐
7.	Cuando una mujer se casa, debe tomar el apellido de su esposo.	☐	☐
8.	El hombre debe ser el responsable de los asuntos económicos de la pareja.	☐	☐
9.	Si una mujer rompe con su novio, ella debe devolverle (*give him back*) el anillo de compromiso (*engagement ring*).	☐	☐

B. La vida social. Complete las oraciones con las palabras apropiadas del Vocabulario.

1. María tiene una _____ con Carlos para ir al cine mañana.

2. La _____ es una ceremonia religiosa o civil en que se casan dos personas.

3. Blanco es el color tradicional para el vestido de la _____.

4. Muchas personas creen que los _____ deben ser largos para evitar problemas

   después del _____.

5. Después de la boda los novios son _____.

6. Una persona que no demuestra cariño (*affection*) no es _____.

7. Un hombre _____ es una persona que no se ha casado.

8. Cuando un matrimonio no se _____ bien, debe tratar de solucionar sus proble-

   mas antes de _____.

9. Entre los novios hay amor; entre los amigos hay _____.

10. En los Estados Unidos, Hawai y las Cataratas del Niágara son dos lugares favoritos para pasar

    la _____.

C. Una carta confidencial. Lea la siguiente carta de «Indignada» y la respuesta de la sicóloga María Auxilio. Luego conteste las preguntas.

Querida María Auxilio:

Hace poco, mi novio decidió acabar con nuestro noviazgo y yo tuve que cancelar los planes para la boda para la cual ya habíamos invitado a muchas personas. Por supuesto, mis padres perdieron una buena cantidad de dinero en contratos con el Country Club, la florista, etcétera. Pero lo peor para mí es que mi ex novio demanda que le devuelva el anillo de compromiso[a] que me dio hace dos años.

Yo se lo devuelvo sin protestar, pero mis padres insisten en que el anillo es mío[b] y que me debo quedar con él. En verdad, es un anillo precioso, con un brillante de casi un quilate.[c] ¿Qué me aconseja Ud. que haga?

Indignada

Querida «Indignada»:

Sus padres tienen razón. Legalmente el anillo es de Ud. y yo le recomiendo también que no se lo devuelva, y si él insiste, le puede decir que Ud. consideraría[d] hacerlo si él reembolsara[e] a sus padres todos los gastos que ellos hicieron en los preparativos para la boda.

María Auxilio

[a]anillo... *engagement ring*   [b]*mine*   [c]brillante... *diamond of almost one carat*   [d]*you would consider*   [e]*he repaid*

Comprensión

1. ¿Cuándo rompió el novio con «Indignada»?

   _____

2. ¿Qué preparativos habían hecho ya la novia y sus padres?

   _____

   _____

3. ¿Qué pide el novio que haga ahora «Indignada»?

   _____

4. Según Doña Auxilio, ¿debe «Indignada» guardar o devolver el anillo?

   _____

5. Según la sicóloga,

   a. lealmente el anillo es de _____.

   b. el ex novio debe reembolsar a _____ los _____.

❖¿Y Ud.? ¿Está Ud. de acuerdo con la recomendación de María Auxilio? Conteste brevemente.

_____

_____

_____

Etapas de la vida

A. Familias de palabras. Complete las oraciones con el sustantivo sugerido por la palabra indicada.

1. Los *jóvenes* sufren de problemas sentimentales durante su _____.

2. Los *adolescentes* pueden causarles muchos dolores de cabeza a sus padres durante la

   _____.

3. El _____ (acto de *nacer*) y la _____ (acto de *morir*) forman el círculo de la vida.

4. Durante su _____ el *infante* depende de sus padres para todo.

5. Se cree que una persona *madura* tiene mejor juicio (*judgment*) en la _____ que en la juventud.

6. Muchos *viejos* se quejan de muchos dolores y problemas de salud cuando llegan a la

   _____.

7. Es importante que los *niños* tengan una _____ segura.

B. Palabras de amor y desengaño (*disillusionment*). ¿Cree Ud. en el amor a primera vista? ¿Ha tenido alguna vez un gran desengaño amoroso? Los tres primeros poemas a continuación son de *Rimas*, del gran poeta español del romanticismo, Gustavo A. Bécquer (1836–1870). La cuarta selección contiene dos estrofas (*stanzas*) del poema «Canción de otoño en primavera» del libro *Cantos de vida y esperanza*, del famoso poeta del modernismo, Rubén Darío, de Nicaragua (1867–1916).

Paso 1. Lea los cuatro poemas (¡preferiblemente en voz alta [*aloud*]!).

1. **LXXVII**

   Dices que tienes corazón, y sólo
   lo dices porque sientes sus latidos[a]
   Eso no es corazón... es una máquina
   que al compás que se mueve[b] hace ruido.

   [a]*beats*   [b]*al... as it keeps time*

2. **XVII**

   Hoy la tierra y los cielos[a] me sonríen;
   hoy llega al fondo de mi alma[b] el sol;
   hoy la he visto... la he visto y me ha mirado...
   ¡Hoy creo en Dios!

   [a]*tierra... earth and the heavens*   [b]*al... to the depth of my soul*

3. **XXXVIII**

   Los suspiros[a] son aire y van al aire
   Las lágrimas[b] son agua y van al mar.
   Dime, mujer: cuando el amor se olvida,
   ¿sabes tú adónde va?

   [a]*sighs*   [b]*tears*

   de *Rimas*, de Gustavo A. Bécquer

4. **Canción de otoño en primavera**

> Juventud, divino tesoro,[a]
> ¡ya te vas para no volver!
> Cuando quiero llorar, no lloro...
> y a veces lloro sin querer...
>
> . . .
>
> Mas a pesar del tiempo terco,[b]
> mi sed de amor no tiene fin;
> con el cabello[c] gris me acerco[d]
> a los rosales[e] del jardín...

[a]*treasure* [b]*Mas... But in spite of relentless time* [c]*chair* [d]*me... I approach* [e]*rosebushes*

de *Cantos de vida y esperanza*, de Rubén Darío

Paso 2. Ahora identifique con números el poema que mejor coincide con las descripciones que siguen.

a. _____ Describe los sentimientos del amor a primera vista.

b. _____ Habla con tristeza (*sadness*) del amor perdido.

c. _____ Parece ser escrito por una persona en la madurez de su vida.

d. _____ Desengañado, le habla con sarcasmo a la persona amada.

43. ¿Hay alguien que... ? ¿Hay un lugar donde... ? • Subjunctive After Nonexistent and Indefinite Antecedents

A. En la playa. Mire Ud. la siguiente escena e indique si las declaraciones son ciertas o falsas.

	C	F			C	F
1. No hay nadie que juegue al béisbol.	☐	☐	5. No hay nadie que lea una revista.		☐	☐
2. Hay personas que juegan al vólibol.	☐	☐	6. Hay personas que corren.		☐	☐
3. Hay alguien que nada en el océano.	☐	☐	7. No hay nadie que practique deportes.		☐	☐
4. Hay alguien que llora.	☐	☐	8. No hay nadie que esté enamorado.		☐	☐

B. Todos buscan lo que no tienen. Complete las oraciones con la forma apropiada del subjuntivo de los verbos entre paréntesis.

1. Los Vásquez viven en un apartamento en el centro. Quieren una casa que

    _____[1] (ser) más grande, que _____[2] (estar) en la costa, que

    _____[3] (tener) vista a la playa y que no _____[4] (costar) un

    millón de dólares. Francamente dudo que la _____[5] (encontrar).

2. En nuestra oficina necesitamos un secretario que _____[1] (saber) lenguas

    extranjeras, que _____[2] (poder) escribir a máquina más de cincuenta palabras

    por minuto, que no _____[3] (fumar), que no _____[4] (pasar) todo

    el día hablando por teléfono, que _____[5] (llegar) a tiempo, que no

    _____[6] (ponerse) irritado con los clientes y que no _____[7]

    (enfermarse) cada lunes.

3. No conozco a nadie en esta universidad. Busco amigos que _____[1] (practicar)

    deportes, que _____[2] (jugar) al ajedrez, que _____[3] (escuchar)

    jazz, que _____[4] (hacer) *camping* y a quienes les _____[5] (gustar)

    ir al cine.

C. Situaciones. Complete las oraciones según las indicaciones. Use el subjuntivo o el indicativo, como sea necesario. ¡OJO! ¡Cuidado con la concordancia (*agreement*) de los adjetivos y con las preposiciones!

1. Tenemos unos amigos que _____ (vivir / playa), pero no

    conocemos a nadie que _____ (vivir / montañas).

2. Luisa quiere conocer a alguien que _____ (enseñarle /

    hablar) francés porque tiene un primo francés que _____

    (venir / visitar) a su familia durante el verano.

3. Elena tiene unos zapatos que _____ (ser / bonito) pero que

    _____ (hacerle) daño a los pies. Por eso está buscando unos que

    _____ (ser / cómodo), que _____ (estar /

    moda) y que _____ (ir bien / falda / rosado). Aquí no ve

    nada que _____ (gustarle).

4. Aquí no hay ningún apartamento más barato que _____ (poder:

    nosotros / alquilar) para el verano, pero en Lake Champlain siempre se encuentran uno o dos

    que _____ (ser / razonable) y que no

    _____ (estar / lejos / centro).

44. Lo hago para que tú... • Subjunctive After Conjunctions of Contingency and Purpose

A. De viaje. Mario y su esposa Elsa van de vacaciones. Vuelva a escribir lo que dicen, reemplazando la frase preposicional por una cláusula con el subjuntivo del verbo indicado.

1. Llama a tus padres *antes de salir*.

   Llama a tus padres *antes de que* (nosotros) _____.

2. Cierra las maletas con llave *antes de irte*.

   Cierra las maletas con llave *antes de que* (nosotros) _____.

3. Escribe la dirección *para no equivocarte*.

   Escribe la dirección *para que* (nosotros) no _____.

4. Vamos al hotel *para descansar*.

   Vamos al hotel *para que* (tú) _____.

B. Los planes de Berti y Carla. Berti y Carla están haciendo planes para ir a esquiar la semana que viene. Complete lo que dicen, según las indicaciones. **¡OJO!** Fíjese en (*Note*) las conjunciones en letra cursiva que introducen los verbos que siguen.

1. Llama a Eva *en caso de que*

   a. _____ (querer: *ella*) acompañarnos.

   b. no _____ (saber) nuestra dirección.

   c. _____ (estar) en casa.

2. Eva dice que no puede ir con nosotros *a menos que*

   a. _____ (volver: *nosotros*) antes del sábado.

   b. su madre _____ (prestarle) dinero.

   c. ella _____ (conseguir) un par de esquís.

3. Vamos a salir por la mañana *antes de que*

   a. _____ (llover).

   b. _____ (haber) mucho tráfico.

   c. _____ (empezar) a nevar.

C. Hablando de ir a la playa. Complete los comentarios con la preposición o conjunción apropiada de la lista.

   antes de (que), en caso de (que), para (que), sin (que)

1. Vamos a la playa _____ jugar al vólibol.

2. Vamos a salir temprano _____ no tengas que manejar cuando hay mucho tráfico.

3. Todos siempre quieren nadar _____ comer.

4. Vamos a comer _____ sea muy tarde.

5. No salgas _____ llevar bastante dinero.

6. Lleva tu suéter _____ haga frío por la noche.

D. **«¡Antes que te cases, mira lo que haces!»*** Un amigo está hablando de casarse y Ud. le recomienda que haga algunas cosas antes de tomar esa decisión.

> **Palabras útiles:** casarse, conocerse, enfermarse o haber una emergencia, amarse y llevarse bien, tener un buen trabajo

1. No te cases a menos que _____.

2. Debes tener ahorros (*savings*) suficientes en caso de que _____
_____.

3. Debes hacer que las dos familias se reúnan para que los parientes _____
_____.

4. No te preocupes si todos no se llevan bien con tal de que tú y tu novia _____
_____.

5. Si tienes algún problema, habla con tu novia antes de (que) _____
_____.

Un poco de todo
▼▼▼▼▼▼▼▼▼▼▼▼▼▼▼▼▼▼▼▼▼▼▼▼▼▼▼▼▼▼▼▼▼▼▼▼▼▼

¡Otra versión de Romeo y Julieta! Complete esta versión nueva de la historia con el presente de indicativo y subjuntivo, según sea necesario. Cuando se ofrecen dos posibilidades, escoja la correcta.

En Sevilla, nadie sabe por qué, las familias de Romeo y Julieta no _____[1] (llevarse) bien. En verdad, _____[2] (odiarse) y (por / para) _____[3] eso viven en barrios diferentes, separados por el río Guadalquivir. No hay nadie que no _____[4] (saber) que la mala sangre _____[5] (haber) existido entre las dos familias (por / para) _____[6] mucho tiempo. Las dos familias han _____[7] (hacer) todo lo posible para que sus hijos no _____[8] (conocerse). Desafortunadamente, los dos jóvenes _____[9] (encontrarse) un día en la universidad, se hacen[a] amigos y luego _____[10] (enamorarse) locamente.

Para que sus padres no _____[11] (verlos), ellos _____[12] (encontrarse) en secreto en la biblioteca, en el parque ¡y hasta[b] en la catedral! (Por / Para) _____[13] fin, las familias lo _____[14] (descubrir) todo e insisten en que los novios _____[15] (romper) sus relaciones. El padre de Julieta, enojadísimo, le dice que en caso de que ella no _____[16] (obedecerle), él la va a sacar de la universidad y la _____[17] (ir) a mandar a vivir con su abuela en las Islas Canarias.

Confrontados con la terrible realidad de sus vidas, los enamorados dejan la universidad antes de que _____[18] (terminarse) el curso y _____[19] (escaparse) a Cancún, (lejos / cerca) _____[20] de la tiranía de sus familias. Cuando los padres descubren lo que _____[21] (haber) hecho, les piden que _____[22] (volver) a Sevilla y les prometen que les van a permitir que se casen con tal que _____[23] (acabar) sus estudios universitarios.

[a]se... *they become* [b]*even*
_____
*Popular saying (**dicho**) that is equivalent to "Look before you leap."

❖ ¡Repasemos!

▼▼▼▼▼▼▼▼▼▼▼▼▼▼▼▼▼▼▼▼▼▼▼▼▼▼▼▼▼▼▼▼▼▼▼

Otra carta confidencial. Lea la siguiente carta de «Confundido» y la respuesta de la sicóloga María Auxilio. Luego conteste las preguntas.*

Querida doctora Auxilio:

Tengo un problema grave, y espero que Ud. me pueda ayudar. Soy un chico joven y tengo una novia que vive muy lejos de mí. Como^a vive tan lejos, no nos podemos ver con frecuencia, pero todavía nos escribimos a menudo^b y nos queremos mucho. Otra chica quiere que yo salga con ella, pero cuando le digo que tengo novia, se ríe y me dice que no le parece que dos personas puedan ser novios de verdad^c si viven tan lejos el uno del otro. Me dice que yo le gusto y, a decir verdad, ella me gusta a mí también. Es bien^d guapa e inteligente. Me gustaría salir con ella, pero no quiero traicionar^e a mi novia. ¿Qué puedo hacer?

Confundido

Querido Confundido:

Creo que tu problema es algo especial. Mi consejo es que analices tus sentimientos hacia tu enamorada^f y si la quieres de verdad, entonces no la traiciones. Pero eso no quiere decir^g que no puedas salir con amigas y pasarlo bien sanamente.^h Eres joven y a veces es bueno comparar y no atarse^i a sus propios sentimientos. Si de verdad no te interesa ninguna otra mujer más que tu novia, entonces recuerda que cuando hay amor todo se supera.^j Gracias por escribirme y ¡ojalá todo te salga bien!

^a*Since*   ^ba... frecuentemente   ^cde... realmente   ^dmuy   ^e*to betray*   ^f hacia... *toward the woman you love*
^g*no... it doesn't mean*   ^h*safely*   ^i*tie oneself down*   ^j*se... can be resolved*

Comprensión

1. ¿Qué espera «Confundido» que haga la doctora Auxilio?

   _____

2. ¿Cuál es el problema del joven?

   _____

3. ¿Qué dice «la otra chica» de las personas que viven lejos el uno del otro?

   _____

4. ¿Qué no desea hacer «Confundido»?

   _____

5. Complete las siguientes oraciones para dar un resumen de la respuesta de la doctora Auxilio.

   La doctora Auxilio le recomienda a «Confundido» que _____^1 sus sentimientos

   y que no _____^2 a su novia si _____^3 de verdad. Pero también le

   dice que _____^4 con la otra chica porque así puede comparar sus sentimientos

   hacia las dos.

---

*Dos estudiantes de cuarto semestre escribieron estas cartas: Keith Olsen y Patricia Castro. Las cartas han sido un poco modificadas.

❖ Mi diario

▼▼

Primero describa Ud. cómo era su vida social en la escuela secundaria. (Use el imperfecto de indicativo.) Luego, escriba sobre sus actividades sociales como estudiante universitario. (Use el presente de indicativo o subjuntivo). Haga referencias a sus amistades, noviazgos, diversiones y problemas que tenía / tiene con sus compañeros. Finalmente, haga una comparación entre su vida social en las dos etapas de su vida. Puede usar la siguiente lista de palabras útiles.

> **Palabras útiles:** pero, también, a diferencia de (*unlike*), en cambio (*on the other hand*), a pesar de (*in spite of*)

Prueba corta

▼▼

A. Complete las oraciones con la forma apropiada del indicativo o del subjuntivo del verbo entre paréntesis, según el contexto.

1. Estoy buscando a alguien que _____ (querer) viajar a Europa este invierno.

2. No conozco a nadie que _____ (ir) de vacaciones en invierno, pero tengo varios amigos que siempre _____ (viajar) en verano.

3. Hoy día no hay muchos bebés que _____ (nacer) en casa.

4. Conozco a alguien que _____ (acabar) de tener una boda grande.

5. Algunos muchachos sólo quieren encontrar una novia que _____ (ser) rica y bonita.

B. Complete las oraciones con la forma apropiada del subjuntivo o con el infinitivo, según el contexto.

1. Uds. deben conocerse bien antes de _____ (casarse).

2. Los recién casados tienen que trabajar para que _____ (poder) comprar una casa.

3. En caso de que me _____ (necesitar: *tú*), llámame.

4. No debes salir a menos que _____ (haber) estudiado para el examen.

5. ¡Voy contigo a la ópera con tal que (tú) me _____ (conseguir) una entrada!

6. Por favor, dales dinero antes de que _____ (irse: *ellos*).

El mundo hispánico de cerca 5

▼▼▼▼▼▼▼▼▼▼▼▼▼▼▼▼▼▼▼▼▼▼▼▼▼▼▼▼▼▼▼▼

Las naciones del Cono Sur

A. ¿Cierto o falso?

		C	F
1.	El tango es de origen internacional.	☐	☐
2.	Un cimarrón es un mate sin azúcar.	☐	☐
3.	El español porteño (de Buenos Aires) tiene influencia italiana.	☐	☐
4.	Francisco Méndez es un pintor de la generación argentina de los 40.	☐	☐
5.	El libro *Paula*, de Isabel Allende, describe la clase media chilena.	☐	☐
6.	Gabriela Mistral, antes de ganar el Premio Nobel, fue maestra rural.	☐	☐

B. Misceláneo. Empareje los elementos de las dos columnas.

1. _____ Hay pinturas murales en los muros de los edificios.
2. _____ Viven en las pampas.
3. _____ Desempeñó varios cargos consulares.
4. _____ Es una novela de Isabel Allende.
5. _____ Es una música folklórica de las pampas.

a. Gabriela Mistral
b. *La casa de los espíritus*
c. los gauchos
d. la milonga
e. «el Museo de cielo abierto»
f. la Argentina

C. Preguntas. Conteste brevemente, con una palabra o frase corta.

1. ¿Qué grupo humano ha sido muy importante en la formación de la población de la Argentina y el Uruguay? _____

2. ¿Cuál es uno de los cuatro estilos de las pinturas murales que se encuentran en Valparaíso? _____

3. ¿Cuál es uno de los temas de la poesía de Gabriela Mistral? _____

4. ¿Qué destruyó la democracia chilena en 1973? _____

5. ¿Quién fue el más famoso intérprete de tangos? _____

REPASO **5**

A. Situaciones. Complete las oraciones según las indicaciones. Use el presente de indicativo, de subjuntivo o el infinitivo.

1. Hoy encontramos un apartamento que _____ (estar / centro). Ahora, mi esposa _____ (poder / llegar) más rápido al trabajo.

2. ¿Dónde puedo encontrar algo que _____ (gustarle) a mi papá? No veo ninguna cosa que _____ (interesarme). Creo que él _____ (preferir) una camisa azul o una que _____ (poder / llevar) con su traje gris.

3. Julia quiere _____ (ir) con nosotros a la función de las 8:00, pero dice que no _____ (esperarla: *nosotros*) en caso de que _____ (llegar: *ella*) tarde al teatro. Ella _____ (poder) recoger su entrada en la taquilla (*box office*) y _____ (encontrarnos) adentro.

4. Andrés no debe _____ (ir / nadar) si sus padres no _____ (darle) permiso. Por eso, es importante que él _____ (hablar) con ellos antes de _____ (salir).

B. Minidiálogos. En español, por favor.

MODELO: —Have they finished their work yet? $\rightarrow$ —¿Ya han terminado su trabajo?
—Yes, they've just finished it. (¡OJO!) —Sí, acaban de terminarlo.

1. —Have you (**Uds.**) sent the letter to her yet?
   —Yes, we've just sent it to her.

   —_____

   —_____

2. —Have you (**tú**) written the check (**el cheque**) yet?
   —Yes, I've just written it.

   —_____

   —_____

3. —Have the others returned yet?
   —Yes, they've just returned.

   —_____

   —_____

C. ¿Lo cree o lo duda Ud.? Escriba su reacción, empezando con una de estas expresiones.

(No) Es verdad que...   Dudo que...   Es probable que...
Es posible que...   (No) Creo que...   (No) Niego que...

1. Se venden muchos coches japoneses en los Estados Unidos.

   _____

2. Los vendedores (*salespeople*) de coches siempre dicen la verdad.

   _____

3. Hay más accidentes cuando llueve.

   _____

4. Los hombres saben manejar mejor que las mujeres.

   _____

5. Es una tontería (*foolish thing*) usar casco (*helmet*) cuando uno pasea en bicicleta.

   _____

6. Todos los coches usados están siempre en buenas condiciones.

   _____

D. Más minidiálogos. Complete los minidiálogos entre Ud. y un amigo u otro miembro de su familia.

    MODELO: —Ya cerraste la puerta, ¿verdad? →
                —No, no la he cerrado todavía.
                —Pues, ciérrala. Yo creí que ya la habías cerrado.

1. —Ya compraste más café, ¿verdad?

   —_____

   —_____

2. —Ya les escribiste a tus abuelos, ¿verdad?

   —_____

   —_____

3. —Ya abriste las ventanas, ¿verdad?

   —_____

   —_____

E. ¿Cómo se dice en español? Siga el modelo.

    MODELO: Díganle que me llame.

1. Tell (**Uds.**) her to write me. _____

2. Tell them to look for me. _____

3. Tell them to wait for me. _____

4. Tell her not to get angry. _____

5. Tell him to behave well. _____

6. Tell him not to go to bed late. _____

CAPÍTULO **16**

Vocabulario: Preparación

▼▼▼▼▼▼▼▼▼▼▼▼▼▼▼▼▼▼▼▼▼▼▼▼▼▼▼▼▼▼

Profesiones y oficios

A. ¿Qué oficio o profesión tienen? Vea la lista abajo si necesita ayuda.

1. Es dueño/a de una compañía que produce y vende ciertos productos o servicios.
    _____

2. Es un trabajador sin especialización. _____

3. Va a las casas para arreglar o instalar aparatos que usan agua. _____

4. Generalmente tiene un almacén donde se venden artículos de varias clases. _____

5. Ayuda al doctor en su consultorio o en el hospital. _____

6. Prepara documentos legales para sus clientes.

7. Es un médico que ayuda a las personas que tienen problemas mentales o sicológicos.
    _____

8. Enseña en una escuela primaria o secundaria. _____

9. Ayuda a construir casas, edificios, calles, etcétera. Debe ser un buen matemático.
    _____

10. Trabaja en un hospital o en su consultorio privado. Gana mucho dinero. _____

11. Escribe las noticias que se publican en el periódico. _____

12. Trabaja en una biblioteca. _____

> abogado, bibliotecario, comerciante, enfermero, hombre/mujer de negocios, ingeniero,
> maestro, médico, obrero, periodista, plomero, siquiatra

B. Oficios y profesiones. Lea la siguiente anécdota y conteste las preguntas.

Dos hombres viajaban en autobús de Guayaquil a Quito. Iban
sentados juntos y pronto empezaron a conversar de sus familias.
Uno de ellos dijo:
   —Yo solamente tengo tres hijos. Todos ya mayores... y
profesionales. Los tres son intelectuales. Mi hija es profesora y un
hijo es abogado y el otro, arquitecto.
   —¡Qué bueno, hombre! Y Ud., ¿qué hace? —le preguntó curioso
el otro viajero.

—¿Yo?... Pues... yo soy comerciante. Tengo una tienda de abarrotes^a en Guayaquil. No es un gran negocio pero me permite ganar lo suficiente para poder mantener^b a mis tres hijos y a sus familias.

^atienda... *grocery store*   ^b*to support*

1. ¿Cómo y adónde viajan los dos hombres?

   _____

2. ¿Cómo son los hijos y qué profesiones tienen?

   _____

3. ¿Cuál es el oficio del padre?

   _____

4. Siendo profesionales los hijos, ¿ganan lo suficiente para mantener a sus familias?

   _____

5. Según esta anécdota, ¿cuál es el problema de algunos profesionales en Hispanoamérica?

   _____

El mundo del trabajo; Una cuestión de dinero

A. Consejos para encontrar empleo. Déle consejos a su hermana menor. Complete las oraciones con la forma apropiada de las palabras de la lista. Use el mandato familiar cuando sea necesario.

1. Prepara tu _____ con cuidado, incluyendo todos los empleos y experiencia que has tenido.

2. No lo escribas a mano; _____ o con computadora y ten cuidado que no haya errores.

3. Ve a la oficina de _____ de la universidad y busca anuncios en el periódico.

4. Llama a todas las oficinas que ofrezcan posibilidades; no te limites a

   sólo una. Pide una _____ con el _____.

5. Ve a la biblioteca e infórmate sobre la _____: su

   historia, dónde tiene _____, qué tipo de trabajo hacen, etcétera.

6. Si te llaman para entrevistarte, vístete como mujer de negocios. Si quieres _____ al director de personal, lleva ropa que te dé aspecto profesional.

7. _____ la _____ con bolígrafo; no uses lápiz.

8. Si te dan el puesto, ¡magnífico! Pero, si después de algún tiempo no ves oportunidades de

   avanzar en la empresa, piensa en _____ al puesto, pero no lo

   _____ antes de conseguir otro empleo.

caerle bien
currículum
dejar
director de personal
empleo
empresa
entrevista
escribirlo a máquina
llenar
renunciar
solicitud
sucursal

B. Situaciones. Conteste las preguntas según los dibujos.

1.
2.
3.

1. a. ¿Qué busca el joven a quien están entrevistando? _____

   b. ¿Duda él mucho de poder colocarse allí? ¿O parece que tiene enchufe (*connections*)?

   _____
   _____

2. a. ¿El jefe está despidiendo o empleando (*hiring*) al joven?

   _____
   _____

   b. ¿Qué es necesario que haga el joven para obtener otro puesto?

   _____
   _____

3. a. ¿Qué está haciendo esta aspirante? _____

   b. Durante la entrevista, ¿qué espera? _____

❖**C. El dinero y yo.** Indique lo que Ud. hace con su dinero según las siguientes declaraciones.

	C	F
1. Si quiero comprar algo y no tengo suficiente dinero, espero hasta ahorrar lo suficiente.	☐	☐
2. Si quiero comprar algo y no tengo suficiente dinero, se lo pido prestado a alguien.	☐	☐
3. No me gusta ir solo/a al cajero automático por la noche.	☐	☐
4. Tengo una cuenta corriente.	☐	☐
5. Casi siempre tengo problemas para balancear mi cuenta corriente.	☐	☐
6. Prefiero pagar al contado para controlar mejor mis gastos.	☐	☐
7. Uso mucho la tarjeta de crédito y casi siempre tengo que pagar intereses.	☐	☐
8. Cuando pido un préstamo a un amigo, siempre se lo devuelvo en la fecha prometida.	☐	☐
9. Hacer un presupuesto es una pérdida de tiempo.	☐	☐
10. Estoy comprando un coche a plazos.	☐	☐

D. Roberto y Elena. Roberto y su esposa Elena están hablando de su presupuesto mensual (*monthly*). Complete el diálogo con la forma apropiada de las palabras de la lista.

ROBERTO: En los últimos dos meses hemos _____[1] tanto dinero que no hemos podido _____[2] nada. Debemos economizar más.

ELENA: Es cierto, pero es difícil seguir nuestro _____[3] mensual con el constante aumento de gastos.

ROBERTO: Hoy es el primero de abril y tenemos que pagar el _____[4] de la casa.

ELENA: Si no depositamos más dinero en nuestra cuenta _____,[5] no vamos a poder pagar nuestras _____.[6]

ROBERTO: Realmente creo que debes _____[7] esos dos vestidos de Gucci que compraste ayer, ¿no te parece?

ELENA: ¡Tú siempre _____[8] de mis gastos pero no dejas de manejar tu Porsche!

> ahorrar
> alquiler
> corriente
> devolver
> factura
> gastar
> presupuesto
> quejarse

E. En la agencia de automóviles. Carlos está comprando un coche de segunda mano y habla con el agente. Complete el diálogo con la forma apropiada de las palabras de la lista.

CARLOS: Me gustaría comprar el coche _____[1] para ahorrar los intereses, pero no tengo suficientes ahorros.

AGENTE: No hay ningún problema. Ud. puede pagarlo _____.[2] Y si necesita un _____,[3] se lo damos a sólo el diez por ciento.

CARLOS: Es una buena idea. Puedo usar mi _____[4] para hacer el primer pago, ¿verdad?

AGENTE: ¡Cómo no! Pase a la oficina. La _____[5] le va a dar el recibo (*receipt*).

> a plazos
> al contado
> cajera
> préstamo
> tarjeta de crédito

F. Finanzas creativas. Lea la tira cómica y conteste las preguntas.

ᵃgastar con exceso   ᵇdinero... *cash*

1. ¿Qué ha decidido hacer la pareja que gasta demasiado?

   _____

2. ¿Qué tipo de fondos (*funds*) les pide el cajero para abrir la cuenta?

   _____

3. ¿Qué quiere usar la pareja?

   _____

4. ¿Qué muestra este chiste con respecto al uso de la tarjeta de crédito?

   _____

❖**¿Y Ud.?** ¿Cómo es Ud. con respecto al uso de las tarjetas de crédito? ¿Cuántas tiene? ¿Con qué frecuencia las usa? ¿En qué circunstancias?

_____

_____

_____

Minidiálogos y gramática

▼▼▼▼▼▼▼▼▼▼▼▼▼▼▼▼▼▼▼▼▼▼▼▼▼▼▼▼▼▼▼▼▼▼▼▼▼▼▼

45. Talking About the Future • Future Verb Forms

❖**A.** **¿Cómo será mi vida el próximo año?** Indique lo que Ud. piensa que hará o le pasará a Ud.

1. ☐ Estaré en el segundo año de español.
2. ☐ Tendré un nuevo apartamento o una nueva casa.
3. ☐ Haré un viaje a Europa.
4. ☐ Me enamoraré otra vez.
5. ☐ Volveré a vivir con mis padres / Viviré con mis hijos.
6. ☐ Conseguiré un buen puesto / un puesto mejor.
7. ☐ Seguiré estudiando en la universidad.
8. ☐ Podré ahorrar más dinero.
9. ☐ Me compraré ropa nueva.

B. **¿Qué pasará este verano?** Complete las oraciones con el futuro de los verbos.

1. Yo _____ (buscar) otro trabajo que me pague más y _____ (comprar) un coche nuevo.

2. Tú _____ (hacer) un viaje a Francia y _____ (vivir) con una familia allí.

3. Mi primo Miguel _____ (venir) a visitarnos y _____ (estar) un mes con nosotros.

4. Nosotros _____ (ir) de excursión y _____ (divertirse).

5. Patricia y Antonio _____ (tener) que mudarse (*move*) a fines de junio y por eso

no _____ (poder) acompañarnos.

6. Nosotros _____ (salir) para México en julio y no _____ (volver)
hasta fines de agosto.

C. El viernes por la noche. Imagínese que Ud. conoce bien a sus parientes y amigos y sabe lo que
harán o *no* harán el viernes después de clases. Complete las oraciones con el futuro de los verbos entre
paréntesis.

1. Mi hermano _____ (cobrar) su cheque y _____ (ponerlo) todo en
su cuenta de ahorros.

2. Mis padres no _____ (querer) hacer nada y _____ (sentarse) a
mirar la televisión.

3. Mi hermana Julia no _____ (saber) qué hacer y también _____
(quedarse) en casa.

4. Tito _____ (decirles) a todos que tiene que estudiar.

5. Andrés y yo _____ (tener) que trabajar, pero a las once _____ (ir)

a una discoteca y _____ (bailar) hasta las dos.

D. ¿Qué pasará si... ? Complete las oraciones lógicamente con el futuro de los verbos entre paréntesis.

1. Si ahorro mi dinero, pronto (poder) _____.

2. Si vamos en la autopista a estas horas, (haber) _____.

3. Si no llamo a Anita esta noche, ella (ponerse) _____.

4. Si no me das un mapa, (yo) no (saber) _____.

E. Especulaciones. ¿Qué harán sus compañeros de la escuela secundaria? Haga especulaciones
acerca de (*about*) lo que hacen ellos *ahora*, según las indicaciones. Use el futuro de probabilidad.

MODELO: A Pepe le gustaban los coches. (trabajar / taller de automóviles) →
Ahora trabajará en un taller de automóviles.

1. A Mario le gustaban las matemáticas. (estudiar / ingeniería)

_____

2. A Bárbara le encantaban las computadoras. (ser / programadora)

_____

3. Julia sólo pensaba en casarse. (estar / casada)

_____

4. Tito jugaba muy bien al basquetbol. (jugar / equipo profesional)

_____

46. Expressing Future or Pending Actions • Subjunctive and Indicative After Conjunctions of Time

A. ¿Cuándo hace Ud. estas cosas? Indique la mejor manera de completar las siguientes oraciones. Luego indique si se refiere a un acto habitual (el indicativo) o a un acto futuro (el subjuntivo).

1. Siempre le pido un préstamo a mi hermano cuando...   HABITUAL   FUTURO

   a. me falta dinero   b. me falte dinero   ☐   ☐

2. Depositaré mi cheque en cuanto...

   a. salgo del trabajo   b. salga del trabajo   ☐   ☐

3. Firmaré los cheques después de que...

   a. llego al banco   b. llegue al banco   ☐   ☐

4. El cajero siempre me da un recibo (*receipt*) después de que...

   a. deposito mi dinero   b. deposite mi dinero   ☐   ☐

5. Pienso cobrar mi cheque tan pronto como...

   a. se abra el banco   b. se abre el banco   ☐   ☐

B. ¿Cómo se dice en español? ¡RECUERDE! The use of the subjunctive or the indicative, *after conjunctions of time*, is entirely dependent on whether you are talking about a present, habitual action (use present indicative), a past action (use preterite, imperfect, and so on), or a future action (use present subjunctive).

1. (cuando / casarse)

   a. When I got married . . . _____

   b. When I get married (*future*) . . . _____

2. (tan pronto como / volver)

   a. As soon as I return (*habitual, present*) . . . _____

   b. As soon as I returned (*last night*) . . . _____

   c. As soon as I return (*future*) . . . _____

3. (hasta que / llamarnos)

   a. . . . until they call us (*habitual, present*) _____

   b. . . . until they called us (*habitual, past*) _____

   c. . . . until they call us (*future*) _____

4. (después de que / irnos)

   a. After we leave (*habitual, present*) . . . _____

   b. After we left (*last night*) . . . _____

   c. After we leave (*future*) . . . _____

C. Cambiando dinero en México. Restate the following narrative to tell what *will* happen. Remember to use the subjunctive in the dependent clause after conjunctions of time that introduce *future* events.

MODELO: Salí en cuanto me llamaron. → Saldré en cuanto me llamen.

1. Cuando viajé a México, llevé solamente dólares y tuve que cambiarlos a pesos. _____
_____

2. Fui a la Casa de Cambio Génova, en el Paseo de la Reforma. _____
_____

3. Firmé los cheques de viajero (*traveler's checks*) en cuanto entré en el banco.

_____

_____

_____

Casa de Canmbio de Moneda Génova, S.V. de C.V.

SUCURSAL GENOVA   GENOVA N° 2 Local N-bits

Paseo de la Reforma N° 284   Col. Juárez
06600 México, D.F.   Tels. 528-5414
R. F. C. CCM-8507111A3   Ced. Emp. 1394652
                                    Autorización 299097

DE DOCUMENTOS Y TRANSFERENCIA

CANTIDAD	DIVISA	TIPO	IMPORTE
Situaciones A deducir (domumentos foraneos)			
Otros			
Impuesto			
Total a deducir			
		A PAGAR	

4. Hice cola hasta que fue mi turno.

_____

_____

5. Le di mi pasaporte al cajero tan pronto como me lo pidió.

_____
_____

6. Después de que le di 40 dólares, él mi dio un recibo (*receipt*). _____
_____

7. Me devolvieron el pasaporte cuando me dieron el dinero. _____
_____

8. Fui al restaurante Delmónico's en la Zona Rosa en cuanto salí de la Casa de Cambio.
_____

D. ¿Qué harán? Tell what the following people will do when the conditions are ideal.

MODELO: yo / estudiar / cuando / tener tiempo → Yo estudiaré cuando tenga tiempo.

1. Elena / hacer su viaje / en cuanto / recibir / pasaporte _____
_____

2. ellos / no casarse / hasta que / encontrar casa _____
_____

3. Roberto / llamarnos / tan pronto como / saber los resultados _____
_____

4. Mario / venir a buscarnos / después de que / volver su hermano _____

_____

5. mi hermana y yo / ir a México / cuando / salir de clases _____

_____

LOS HISPANOS HABLAN

Siempre les piden a los niños que completen la siguiente frase: «Cuando yo sea grande... »
Lea la respuesta de un niño mexicano.

Gustavo Ignacio Mayoral Romero, Bahía de Tortugas, Baja California Sur, 10 años

Cuando yo sea grande me compraré un carro último modelo, haré una casa junto al mar y con un cerco[a] grande de material. Me pasearé en mi carro cuando salga del trabajo. Buscaré una compañera que me haga de comer, me lave y me planche; pero nunca la dejaré que nomás[b] esté lavando y planchando y haciendo comida: la voy a sacar a pasear en el coche. La llevaré a los mejores restaurantes, para que nunca tengamos disgustos entre ella y yo, para que siempre haya felicidad y mucha alegría en mi casa y, por supuesto, de ella también. Y cuando tengamos hijos seré el hombre más feliz del mundo. Viajaremos a Ensenada y a Disneylandia y a México y a otros lugares del mundo. Iré a ver a mi madre, mis hermanos y mis abuelitos, y a mis tíos y tías, y haré feliz a mi esposa y a mis hijos e hijas.

[a]*fence*   [b]solamente

❖¿Y Ud.? Complete brevemente la siguiente oración:

Cuando yo sea mayor, _____

_____

_____

_____.

Un poco de todo

▼▼▼▼▼▼▼▼▼▼▼▼▼▼▼▼▼▼▼▼▼▼▼▼▼▼▼▼▼▼▼▼▼▼

A. ¿Qué traerá el futuro? Form complete sentences using the words provided in the order given. Make any necessary changes, and add other words when necessary. Give the future of verbs unless another tense (or the subjunctive mood) is required.

MODELO: (nosotros) ir / Guatemala / próximo / primavera →
Iremos a Guatemala la próxima primavera.

1. en / año / 2050 / ya / no / haber / guerras

_____

2. en dos años / (yo) saber / hablar español / bastante bien

_____

3. ojalá que Uds. / venir / verme / año que viene (¡OJO!)

_____

4. próximo / año / (yo) poder / comprar / mi / propio / computadora

_____

5. (nosotros) comprar / coche / rojo / descapotable / cuando / ganar / lotería (¡OJO!)

_____

_____

6. jubilarme (jubilarse = *to retire*) / cuando / tener /65 años / a menos que / ganar / lotería / antes (¡OJO!)

_____

_____

B. El Banco Hispano Americano. Lea el anuncio del Banco Hispano Americano y conteste las preguntas.

Los clientes del Hispano tienen la clave de todas las ventajas.

Rapidez

El Sr. Díaz dice que no tiene precio el tiempo que le ahorra su 4B del Hispano. Sin colas y sin esperas, realiza sus operaciones bancarias de camino a la oficina. Y cuando viaja, su 4B del Hispano le ahorra el mismo tiempo en cualquier ciudad, con sus 750 telebancos.

Facilidad

A doña Mercedes le parece maravilloso poder sacar dinero con sólo mover un dedo. Y todavía le parece más maravilloso que una tarjeta con tantas ventajas sea gratis.

Comodidad

Paco y Marta piensan que la tarjeta 4B del Hispano es el invento del siglo. Sobre todo cuando les apetece ir a cenar y al cine, y su 4B del Hispano les proporciona dinero a cualquier hora.

Tranquilidad

Y José Miguel, que es un despistado, valora especialmente la seguridad de la 4B del Hispano. Si se pierde, nadie más que él la puede usar, porque sólo él conoce su número clave.

Pida su Tarjeta 4B al Hispano. Y, si ya la tiene, disfrútela. Sus ventajas son clave.

☰ Banco Hispano Americano

1. ¿Cuáles son las cuatro ventajas de la Tarjeta 4B? Para contestar, identifique los sustantivos derivados de estos adjetivos:

   rápido _____   fácil _____

   cómodo _____   tranquilo _____

2. ¿Qué le ahorra la tarjeta al Sr. Díaz?

   _____

3. ¿Cuántos telebancos (*automatic teller machines*) tiene el Banco Hispano Americano? (Escriba el número en palabras.)

   _____

4. ¿Qué es lo más maravilloso de esta tarjeta para doña Mercedes?

   _____

5. Para Paco y Marta, ¿qué es lo mejor de tener esta tarjeta?

_____

6. Y para el distraído José Miguel, ¿cuál es la ventaja?

_____

❖7. ¿Tiene Ud. una tarjeta bancaria (*ATM card*)? ¿Con qué frecuencia la usa?

_____

❖8. ¿Siempre paga Ud. sus cuentas lo más rápido posible o con frecuencia acaba Ud. pagando intereses?

_____

❖**C. Comentarios de un viajero** (*traveler*). Complete las oraciones lógicamente.

1. No fui a _____ hasta que _____

_____.

2. No iré a Europa hasta que _____.

3. Ayer volví a casa en cuanto _____.

4. Saldré para Acapulco en cuanto _____.

5. Me quedé en un hotel muy barato cuando _____

_____.

6. Me quedaré en un hotel elegante cuando _____

❖ ¡Repasemos!

▼▼▼▼▼▼▼▼▼▼▼▼▼▼▼▼▼▼▼▼▼▼▼▼▼▼▼▼▼▼▼

Padres e hijos. Escriba una composición de dos párrafos comparando sus ideas con las de sus padres. Use las preguntas como guía.

PÁRRAFO 1

1. Cuando Ud. estaba en la escuela secundaria, ¿qué tipo de hijo/a era Ud.? (¿rebelde, obediente, cariñoso/a, desagradable, quieto/a, egoísta, comprensivo/a, etcétera?)
2. ¿Se llevaban bien Ud. y sus padres o discutían mucho?
3. A Ud., ¿qué cosas no le gustaba hacer para sus padres? ¿Protestaba mucho o los obedecía por lo general sin protestar?
4. ¿Era fácil o difícil hablar con sus padres?
5. ¿A quién le confesaba sus problemas más íntimos?

PÁRRAFO 2

1. ¿Piensa Ud. casarse y tener hijos? (¿Ya se ha casado? ¿Tiene hijos?)
2. ¿Qué es importante en cuanto a las relaciones entre padres e hijos?
3. ¿Qué querrá Ud. que hagan sus hijos? (¿Qué quiere que hagan sus hijos?)
4. ¿Qué tipo de padre/madre será (ha sido) Ud.?

❖ Mi diario

Escriba en su diario sobre las ventajas y desventajas de la profesión u oficio que piensa seguir. Recuerde usar palabras conectivas.

> **Frases útiles:** en cambio (*on the other hand*), por otra parte (*on the other hand*), sin embargo (*however*), de todas maneras (*anyway*)

Considere los siguientes puntos:

- la satisfacción personal
- las ventajas o desventajas económicas
- las horas de trabajo
- el costo del equipo profesional cuando empiece a trabajar
- la posible necesidad de mudarse para encontrar empleo o para establecer su propia oficina

Si Ud. no ha decidido todavía qué carrera va a seguir, escriba sobre alguien que Ud. conoce (puede entrevistarlo/la), pero haga referencia a los mismos puntos.

Prueba corta

A. Complete las oraciones con el futuro del verbo entre paréntesis.

1. Mañana, si tengo tiempo, _____ (ir) a la biblioteca.

2. Elena va a comprar una casa y el lunes _____ (hacer) el primer pago.

3. No quiero ir a ese café. Allí _____ (haber) mucha gente.

4. Cuando reciba mi cheque, lo _____ (poner) en el banco.

5. No le prestes dinero a Enrique. No te lo _____ (devolver) nunca.

B. Complete las oraciones con el indicativo o el subjuntivo del verbo entre paréntesis, según el contexto.

1. Pagaremos la factura tan pronto como la _____ (recibir: *nosotros*).

2. Te daré un cheque después de que _____ (depositar: *yo*) dinero en mi cuenta corriente.

3. No podré comprar un coche hasta que _____ (poder: *yo*) ahorrar más dinero.

4. En el banco me pidieron la licencia de manejar cuando _____ (ir) a cobrar un cheque.

5. Viajaremos a Madrid en cuanto se _____ (terminar) las clases.

6. El verano pasado yo siempre iba a la playa en cuanto _____ (tener) tiempo.

7. Me graduaré cuando _____ (pasar) todos mis exámenes.

CAPÍTULO **17**

Vocabulario: Preparación

▼▼▼▼▼▼▼▼▼▼▼▼▼▼▼▼▼▼▼▼▼▼▼▼▼▼▼▼▼▼▼▼▼▼

Las noticias; El gobierno y la responsabilidad cívica

❖**A.** **¿Cómo se entera Ud. de las noticias?** Indique con qué frecuencia hace Ud. las siguientes cosas.

	SIEMPRE	A VECES	NUNCA
1. Escucho las noticias en el radio.	☐	☐	☐
2. Miro el noticiero de las 6:00 de la tarde en la televisión.	☐	☐	☐
3. Leo periódicos extranjeros.	☐	☐	☐
4. Veo programas en la Televisión Pública.	☐	☐	☐
5. Leo una revista como *Time* o *Newsweek*.	☐	☐	☐
6. Leo un periódico local.	☐	☐	☐
7. Miro un noticiero en español.	☐	☐	☐
8. Me comunico con amigos por el *Internet*.	☐	☐	☐

B. **Definiciones.** Complete las definiciones con la forma apropiada de las palabras de la lista.

asesinato
ciudadano
derecho
dictador
discriminación
ejército
guerra
huelga
prensa
reina
rey

1. Un _____ es algo que garantizan la Constitución y las leyes a todos los _____.

2. La libertad de _____ es el derecho de publicar libremente periódicos, revistas y libros.

3. Una _____ es un conflicto armado entre dos o más naciones o grupos.

4. Una _____ es la acción de dejar de trabajar para protestar por algo.

5. Un _____ es un jefe supremo que tiene poder (*power*) absoluto.

6. Un _____ es un crimen violento en que muere la víctima.

7. El _____ / La _____ es jefe de una monarquía.

8. El _____ es una organización militar que defiende el país.

9. La _____ es el trato (*treatment*) desigual que se le da a una persona.

❖C. **Ud. y las noticias.** ¿Está Ud. de acuerdo o no con las siguientes declaraciones?

	ESTOY DE ACUERDO	NO ESTOY DE ACUERDO
1. No hay más desastres naturales hoy día que hace 50 años. La diferencia es que los medios de comunicación traen las noticias más rápidamente hoy.	☐	☐
2. Prefiero enterarme de las noticias por la televisión porque no tengo tiempo para leer el periódico.	☐	☐
3. Seleccionan a los reporteros de la televisión por su apariencia física y no por su habilidad analítica.	☐	☐
4. En este país se da poca importancia a los acontecimientos que ocurren en Latinoamérica.	☐	☐
5. Prefiero no mirar las noticias porque siempre son malas.	☐	☐

❖D. **Preguntas personales.** Conteste con oraciones completas.

1. ¿Votó Ud. en las últimas elecciones?

   _____

2. ¿Obedece Ud. la ley de manejar a 65 millas por hora?

   _____

3. ¿Ha sido Ud. alguna vez testigo o víctima de un crimen violento?

   _____

4. ¿Cree Ud. que la libertad de prensa incluye también el derecho de distribuir material pornográfico en el *Internet*?

   _____

5. ¿Cree Ud. que el servicio militar debe ser obligatorio en este país?

   _____

E. **Las últimas noticias.** Complete con las palabras apropiadas del Vocabulario. Algunas palabras se repiten.

Buenas noches. El Canal 25 les ofrece el _____[1] (*news broadcast*) de las ocho, con

nuestros_____[2] (*reporters*) Teresa Frías y Jaime Cienfuegos.

   Teresa: París. El _____[3] (*event*) más notable del día es la _____[4]

(*strike*) iniciada por los _____[5] (*workers*) de los transportes públicos que ha

paralizado casi por completo la vida en la capital francesa. La huelga incluye a los trabajadores de

los ferrocarriles[a] y por esta razón, los viajeros[b] a muchas ciudades francesas han perdido la

_____[6] (*hope*) de llegar hoy día a su destino.[c] El Ministro del Interior ha declarado

en una rueda[d] de _____[7] (*press*) que la huelga significa un _____[8]

(*disaster*) económico de grandes proporciones; espera que no dure más de tres o cuatro días.

   Cuando el jefe del Sindicato[e] de Trabajadores de Transporte _____[9] (*found out*) de lo

[a]*railroads* [b]*travelers* [c]*destination* [d]*conference* [e]*Union*

que había dicho el Ministro, él comentó: —La huelga va a durar hasta que se resuelva la

_____ [10] (*inequality*) de salarios ahora existente. Como es de esperar[f] en estos casos,

ha habido algunos incidentes de violencia, y Jaime Cienfuegos nos _____ [11] (*informs*)

de lo que pasó esta mañana.

Jaime: Unos obreros en huelga atacaron esta mañana a tres camiones[g] de la Compañía

Francesa de Petróleo cerca de la Estación de San Lázaro. Según varios _____ [12]

(*witnesses*) los camiones fueron detenidos[h] cuando cruzaban las vías[i] del ferrocarril y fueron

incendiados[j] por tres obreros mientras que _____ [13] (*the others*) aplaudían. El

embotellamiento de tráfico[k] que se produjo causó varios _____ [14] (*collisions*) de

automóviles. Felizmente no hubo daños personales serios. El público espera que la

_____ [15] (*peace*) se restablezca pronto entre los trabajadores y los dueños...

Teresa: ¡Últimas _____ [16] (*news*)! Acabamos de enterarnos del

_____ [17] (*assassination*) del último _____ [18] (*dictator*) de Maldivia.

No hay detalles todavía pero se teme que este _____ [19] (*event*) precipite una

_____ [20] (*war*) civil entre los militares que apoyaban[l] al _____ [21]

(*dictator*) y los izquierdistas radicales.

[f]Como... *As might be expected* [g]*trucks* [h]*detained* [i]*tracks* [j]*set on fire* [k]embotellamiento... traffic jam [l]*supported*

Minidiálogos y gramática

▼▼▼▼▼▼▼▼▼▼▼▼▼▼▼▼▼▼▼▼▼▼▼▼▼▼▼▼▼▼

47. ¡Ojalá que pudiéramos hacerlo! • Past Subjunctive

A. Formas verbales. Escriba la tercera persona plural (*ellos*) del pretérito y la forma indicada del imperfecto de subjuntivo.

	PRETÉRITO		IMPERFECTO DE SUBJUNTIVO
hablar →	hablaron	→ yo	hablara
1. aprender	_____	yo	_____
2. decidir	_____	yo	_____
3. sentar	_____	tú	_____
4. jugar	_____	tú	_____
5. querer	_____	tú	_____
6. hacer	_____	Ud.	_____
7. tener	_____	Ud.	_____
8. poner	_____	Ud.	_____
9. traer	_____	nosotros	_____
10. venir	_____	nosotros	_____

	PRETÉRITO		IMPERFECTO DE SUBJUNTIVO
11. seguir	_____	nosotros	_____
12. dar	_____	Uds.	_____
13. ser	_____	Uds.	_____
14. ver	_____	Uds.	_____

❖**B. De niño/a.** Ahora Ud. puede tomar sus propias decisiones, pero cuando era niño/a, casi todo lo que hacía dependía de la voluntad de sus padres. Indique si a Ud. le pasaba o no lo siguiente cuando era niño/a.

		SÍ	NO
1.	Era necesario que tomara el autobús para ir a la escuela.	☐	☐
2.	Mis padres insistían en que hiciera mis tareas antes de salir a jugar.	☐	☐
3.	Mi madre insistía en que limpiara mi alcoba antes de acostarme.	☐	☐
4.	Era obligatorio que ayudara con los quehaceres de la casa.	☐	☐
5.	No me permitían que saliera de noche.	☐	☐
6.	A veces permitían que mis amigos pasaran la noche en mi casa.	☐	☐
7.	Mi madre siempre me decía que dijera «Gracias» cuando alguien me regalaba algo.	☐	☐

C. ¿Qué querían todos? Complete las oraciones con la forma apropiada del imperfecto de subjuntivo de los verbos entre paréntesis.

1. Enrique quería que yo...
   a. _____ (aprender) todo.
   b. _____ (almorzar) con él.
   c. _____ (empezar) la cena.
   d. _____ (hacer) el café.

2. Ellos esperaban que tú...
   a. _____ (poder) ir.
   b. _____ (recordar) la fecha.
   c. _____ (estar) allí.
   d. _____ (venir) hoy.

3. Ellos nos pidieron que...
   a. los _____ (despertar: *nosotros*).
   b. _____ (poner) la mesa.
   c. _____ (sentarnos).
   d. _____ (ir) a verlos.

4. Pepe dijo que no iría (*wouldn't go*) a menos que ellos...
   a. le _____ (ofrecer) más dinero.
   b. le _____ (dar) otro empleo.
   c. le _____ (decir) la verdad.
   d. le _____ (conseguir) otro coche.

D. Más deseos. Escriba lo que cada persona quería que la otra hiciera. Siga el modelo.

MODELO: LUISA: Enrique, cómprame una botella de vino. →
Luisa quería que Enrique le comprara una botella de vino.

1. PEPE: Gloria, tráeme las llaves.

   _____

2. ANA: Carla, dime la verdad.

   _____

3. DAVID: Miguel, acuéstate temprano.

   _____

4. RITA: Ernesto, no te enojes tanto y sé más paciente.

   _____

E. Hablando con su profesor de español. Write the following sentences in Spanish. Use the past subjunctive to express these softened requests and statements. Then add one of your own invention.

1. I would like to see you in your office. _____

2. Could I see all my grades (**notas**)? _____

3. Could I take my last exam again (**otra vez**) please? _____

   _____

4. Yes, you're right. I really should study more. _____

   _____

❖5. _____

❖**F. ¡Ojalá!** Complete las oraciones según sus propios deseos.

1. ¡Ojalá que yo pudiera _____!

2. ¡Ojalá que mis amigos y yo pudiéramos _____!

3. ¡Ojalá que tuvieras _____!

4. ¡Ojalá que hoy fuera _____!

❖**G. Antes de empezar mi primer año en la universidad...** Haga por lo menos tres oraciones sobre los consejos que le dieron sus padres antes de que Ud. empezara su primer semestre/trimestre en la universidad. O, si quiere, puede dar los consejos que Ud. le(s) dio a su(s) hijo(s) en la misma situación.

> Mis padres me dijeron/pidieron que...   Insistían en que...
> Esperaban/Dudaban/Temían que...   (No) Querían que...
>
> **Frases útiles:** buscar un apartamento bueno pero económico, cuidarse mucho, empezar a fumar / beber alcohol, escribirles dos veces al mes, estudiar mucho, gastar dinero en ropa, tener problemas serios con las clases, volver a casa los fines de semana

1. _____

2. _____

3. _____

   _____

Adjetivos posesivos

¿Cómo se dice en español?

1. **esperanza**   our hope _____

   my hopes _____

2. **huelga**   their strikes _____

   their strike _____

3. **derecho**   our rights _____

   your (*informal*) right _____

4. **ley**   our laws _____

   their laws _____

48. More About Expressing Possession • Stressed Possessives

A. Con un grupo de viajeros (*travelers*)**.** Trate de identificar de quién(es) son las siguientes cosas. Cambie el adjetivo a la forma apropiada. Siga el modelo.

MODELO: ¿Es de Ud. esta maleta? (pequeño) → No, no es mía. La mía es más pequeña.

1.   ¿Son de Ud. estos zapatos de tenis? (viejo)

   _____

2.   ¿Es de Beatriz esta cartera? (negro)

   _____

3.   ¿Son de Uds. estas llaves? (grande)

   _____

4.   ¿Es de Pablo esta cámara? (nuevo)

   _____

5.   ¿Son de Ud. estas botas? (alto)

   _____

B. ¿Quién lo hizo? Vuelva a escribir las respuestas usando la forma tónica del adjetivo posesivo (*stressed possessive adjective*).

MODELO: —¿Quién te prestó el coche?
                   —Me lo prestó mi amigo. → Me lo prestó un amigo mío.

1.   —¿Quiénes vinieron?
     —Vinieron tus amigos. _____

2.   —¿Quién se quejó al profesor?
     —Se quejaron sus estudiantes. _____

3.   —¿Quién les trajo esa raqueta?
     —Nos la trajo nuestra vecina. _____

4.   —¿Quién me llamó?
     —Te llamó tu amigo. _____

C. Lectura. Lea la breve lectura y conteste las preguntas.

Noticias de última hora   24 de junio

Los Ángeles. Pepe Crow, artista ecuatoriano, residente en los Estados Unidos desde hace muchos años, lamentaba hoy que la Cámara de Comercio de Hollywood no le haya dado —por enésima[a] vez— una estrella en el Paseo de la Fama a Carlos Gardel, compositor e intérprete de tangos argentinos.

Para protestar, y conmemorar al mismo tiempo el aniversario de la muerte de Gardel, Crow y los miembros de su comité —y todo el público que quiera asistir— se reunirán hoy lunes, 24 de junio, en la esquina del Bulevar Hollywood y Vine, para manifestar su desacuerdo con la decisión de la Cámara de Comercio.

Artistas de origen latino como la puertorriqueña Rita Moreno, el cubano Andy García y el mexicano Ricardo Montalbán ya tienen su estrella en la famosa avenida de las estrellas.

México, D.F. Miles de estudiantes, candidatos al nivel de bachillerato[b] en la Ciudad de México, se presentaron en las instalaciones de la Alberca[c] Olímpica de la capital para tomar el examen único que es requisito para los candidatos. Los estudiantes dijeron que en la zona metropolitana no hay suficientes escuelas preparatorias, colegios de bachilleres y colegios vocacionales para los 262.000 solicitantes que necesitan cumplir estos estudios para entrar en la universidad.

---

[a]11ª   [b]*bachelor's degree*   [c]Piscina

Comprensión

1. ¿Por qué protestan hoy Pepe Crow y otros residentes hispánicos de Los Ángeles?

   _____

2. ¿Qué se conmemora hoy?

   _____

3. ¿Cuántas veces ha pedido Pepe Crow a la Cámara de Comercio de Hollywood que honre a Gardel?

   _____

4. ¿Quiénes son algunos de los artistas latinos que ya tienen una estrella en el Paseo de la Fama?

   _____

5. ¿Dónde se presentaron miles de estudiantes para tomar el examen para empezar el bachillerato?

   _____

6. ¿Es obligatorio o electivo este examen?

   _____

7. ¿Cuál es el problema que tienen los estudiantes del D.F. que quieren entrar en la universidad?

   _____

8. ¿Es obligatorio que todos los estudiantes en los Estados Unidos tomen un examen para entrar en la universidad?

   _____

Un poco de todo

▼▼▼▼▼▼▼▼▼▼▼▼▼▼▼▼▼▼▼▼▼▼▼▼▼▼▼▼▼▼▼▼▼▼▼▼

A. Repaso de las noticias. Vuelva a leer «Las últimas noticias» en las páginas 228–229 de este cuaderno y conteste las preguntas con oraciones completas.

1. ¿A qué hora ofrece un noticiero el Canal 25? _____

   _____

2. ¿De qué trata (*deals*) la noticia que viene de París? _____

   _____

3. ¿Qué temen muchos viajeros franceses a causa de la huelga? _____

4. Económicamente, ¿qué significa la huelga para el país? _____

   _____

5. ¿Qué dice el Ministro del Interior acerca del (*about the*) fin de la huelga? _____

   _____

6. Y ¿qué comenta el Jefe del Sindicato cuando se entera de lo que ha dicho el Ministro?

   _____

   _____

7. ¿Qué acontecimiento violento ocurrió cerca de la Estación de San Lázaro? _____

   _____

8. ¿Qué hicieron los obreros con los camiones? _____

   _____

9. ¿Qué ocurrió como resultado de la congestión de tráfico? _____

   _____

10. ¿Qué acaba de pasar en la nación de Maldivia? _____

    _____

11. ¿Qué dice la reportera en cuanto a la posibilidad de una guerra en ese país? _____

    _____

B. Situaciones. Complete las oraciones con la forma apropiada del verbo entre paréntesis. Use el presente o el pasado (pretérito o imperfecto) de indicativo o el presente o el presente perfecto o el imperfecto de subjuntivo.

1. (llegar)   ¿Por qué te pones tan enojado? Antes, nunca te importaba que nosotros

   _____ tarde. Ahora siempre te enojas cuando _____ atrasados. Si

   insistes en que _____ a tiempo, lo vamos a hacer.

2. (ir)   De niño/a, (yo) siempre _____ con mis padres a visitar a mis parientes los domin-

   gos. Siempre insistían en que _____ con ellos aunque no me gustaba mucho. Cuando

   yo sea padre/madre, no voy a insistir en que mis hijos _____ conmigo de visita.

3. (conocer) —Ayer (yo) _____ al hermano de tu novia. ¡Qué simpático es!

—¿Ah, sí? Me alegro que lo _____ (haber) conocido, por fin. Yo quería que (tú)

lo _____ en la última fiesta que dimos pero no pudiste venir.

C. Una fiesta de sorpresa. Complete la narración con la forma apropiada de los verbos en el pretérito, el imperfecto o el imperfecto de subjuntivo.

Enrique _____[1] (llamar) a Elena para que lo _____[2] (ayudar) con una

fiesta de cumpleaños para su hermano Jorge. Le _____[3] (pedir) que ella

_____[4] (hacer) una ensalada de frutas y que _____[5] (traer) unas sillas.

Esperaba que su hermano no _____[6] (saber) que iba a venir mucha gente porque

_____[7] (querer) darle una sorpresa. Les _____[8] (recomendar) a todos

que _____[9] (venir) temprano para que así _____[10] (poder) estar todos

reunidos antes de que Jorge _____[11] (volver) de la oficina.

❖ ¡Repasemos!

▼▼▼▼▼▼▼▼▼▼▼▼▼▼▼▼▼▼▼▼▼▼▼▼▼▼▼▼▼▼▼

¿Democracias o dictaduras? Lea el artículo y conteste las preguntas.

En la década de los 70 muchos países del mundo hispanoamericano, asiático y africano, y aun europeo, estaban gobernados por dictadores militares y, en algunos casos, civiles. Sin embargo,[a] a fines de la década de los 80 comenzó un cambio radical en favor de la democracia en todo el mundo.

En la China comunista, desafortunadamente, los esfuerzos[b] de los estudiantes acabaron con la violenta masacre de la Plaza de Tiananmen, pero en países como Polonia, Hungría, Checoslovaquia, Rumania, Alemania Oriental, Chile y Nicaragua, las dictaduras fueron reemplazadas por gobiernos democráticos.

A mediados de 1990, la noticia más sorprendente fue, sin duda, el cambio radical en la estructura política y económica de Alemania Oriental, que empezó con la destrucción de la odiada[c] Muralla de Berlín y culminó con la reunificación de las dos Alemanias. De igual importancia ha sido la disolución de la Unión Soviética.

Sin embargo, a pesar de[d] los avances hacia la implantación de gobiernos elegidos por la voluntad[e] popular, todavía existe el temor[f] a las intervenciones militares que tradicionalmente han frustrado los derechos de la gente y han destruido, a través de los siglos,[g] a muchos gobiernos democráticos.

[a]Sin... *However* [b]*efforts* [c]*hated* [d]a... *in spite of* [e]*will* [f]*miedo* [g]a... *throughout the centuries*

Comprensión

1. ¿Qué cambios han ocurrido en el mundo desde los últimos años de la década de los 80?

    _____

    _____

2. ¿Qué recuerda Ud. de los acontecimientos que tuvieron lugar en la Plaza de Tiananmen en mayo y junio de 1989? _____

    _____

3. ¿Conoce Ud. a alguien que haya sido afectado personalmente por los eventos tan extraordinarios en la antigua (*former*) Unión Soviética?

_____

4. ¿Qué dos eventos han ocurrido en Alemania desde fines de 1989?

_____

_____

5. ¿Qué sugiere el dibujo?

_____

_____

_____

EN CASO DE DEMOCRACIA ROMPASE EL VIDRIO^a

^aEn... *In case of democracy break glass*

❖ Mi diario

▼▼▼▼▼▼▼▼▼▼▼▼▼▼▼▼▼▼▼▼▼▼▼▼▼▼▼▼▼▼▼▼

Escriba en su diario sobre alguna noticia que le haya afectado profundamente a Ud. (o a su familia o amigos). Describa el acontecimiento y los efectos que tuvo sobre Ud. (sobre su familia o amigos). Mencione si este acontecimiento fue reportado en algún medio de información. Puede comenzar de la siguiente manera:

Un acontecimiento que me ha afectado profundamente ha sido...

Prueba corta

▼▼▼▼▼▼▼▼▼▼▼▼▼▼▼▼▼▼▼▼▼▼▼▼▼▼▼▼▼▼▼▼

A. Complete las oraciones con el imperfecto de subjuntivo.

1. El gobierno quería que todos _____ (obedecer) la ley.

2. Perdón, ¿_____ (poder) Ud. decirme a qué hora sale el autobús para Teotihuacán?

3. Era necesario que los reporteros _____ (dar) más importancia a los problemas de los jóvenes.

4. Mis padres siempre insistían en que _____ (decir: *yo*) la verdad.

5. El rey Juan Carlos I prefería que la gente lo _____ (tratar) como a cualquier otro ciudadano.

6. Pedro, ¿_____ (querer: *tú*) acompañarme a la estación de policía?

B. Complete las oraciones con la forma tónica del adjetivo posesivo.

1. Yo sólo quiero defender mis derechos. ¿Por qué no defiendes _____?
   (*yours*)

2. Pedro encontró sus llaves, pero Mario no pudo encontrar _____.
   (*his*)

3. Oye, ¿pudieras prestarme tu computadora portátil? _____ no funciona.
   (*Mine*)

4. Tus noticias no son muy buenas. Afortunadamente, _____ son mejores.
   (*ours*)

CAPÍTULO **18**

Vocabulario: Preparación

▼▼▼▼▼▼▼▼▼▼▼▼▼▼▼▼▼▼▼▼▼▼▼▼▼▼▼▼▼▼▼

Lugares y cosas en el extranjero

A. Consejos a un turista americano en España. Complete las oraciones con la forma apropiada de las palabras de la lista. A veces hay más de una respuesta posible.

1. Si Ud. necesita comprar sellos o sobres, los puede comprar en un

   _____ o en el _____.

2. El jabón, la pasta dental y el _____ los puede comprar en una

   _____.

3. Aquí en España es necesario comprar fósforos; no se dan gratis (*free*) cuando

   se compran cigarrillos, como en los Estados Unidos. Si se le acaban los

   cigarrillos, los puede conseguir en un _____.

4. Si Ud. quiere tomar un trago o una _____ de vino, vaya a un

   _____ o a un _____.

5. Si Ud. necesita enviar (*to send*) una carta o un _____, tiene que

   llevarlos al correo.

6. Si Ud. necesita comprar un periódico o una revista, vaya a un _____.

7. Si Ud. tiene ganas de unos pastelitos o un batido, irá a una _____.

8. Para tomar el metro, hay que ir a la _____ del metro; para tomar el autobús, hay

   que ir a la _____ del autobús.

bar
café
champú
copa
correo
estación
estanco
farmacia
papelería
paquete
parada
pastelería
quiosco
sello

En un viaje al extranjero; El alojamiento

A. Viajando por el extranjero. Indique si las siguientes declaraciones son ciertas o falsas. Si Ud. nunca ha viajado, consulte con alguien que lo haya hecho.

	C	F
1. Cuando se hace un viaje al extranjero, hay que llevar pasaporte.	☐	☐
2. Siempre es necesario tener visa para entrar en otro país.	☐	☐
3. Hay que declarar en la aduana todas las compras hechas en el extranjero.	☐	☐
4. El inspector de aduanas siempre pide el pasaporte (u otro documento de identificación).	☐	☐
5. Si se declaran menos de $400, no es necesario presentar las facturas.	☐	☐

B. **Cruzando la frontera.** Complete la narración con la forma apropiada de las palabras de la lista.

Ayer (yo) _____¹ la frontera yendo de España a Francia. El
inspector de _____² primero me pidió el _____³ y
luego me preguntó si tenía algo que declarar. Yo le dije que no y naturalmente
no tuve que pagar _____.⁴ También me preguntó cuánto tiempo
iba a quedarme en Francia. Le contesté que seis semanas. Debo tener cara[a] de
persona honesta porque él apenas[b] examinó mis maletas. Sin embargo,[c] una
_____⁵ de _____⁶ francesa que volvía a su país tuvo
muchos problemas. Después de _____le⁷ el pasaporte, el agente le
hizo abrir una maleta y empezó a _____la⁸ cuidadosamente.[d] Cuando encontró
unos artículos que ella seguramente no había declarado en su _____,⁹ le puso una
_____¹⁰ que ella pagó muy descontenta.

aduanas
cruzar
derechos
formulario
multa
nacionalidad
pasaporte
pedir
planilla
preguntar
registrar
viajero

[a]*face*   [b]*scarcely*   [c]*Sin... However*   [d]*carefully*

❖C. **Buscando alojamiento.** Indique Ud. con qué frecuencia hace Ud. las siguientes cosas.

	SIEMPRE	A VECES	NUNCA
1. Cuando viajo, me quedo en un hotel de lujo.	☐	☐	☐
2. Hago reservas con anticipación.	☐	☐	☐
3. Prefiero alojarme en una pensión porque son más baratas que los hoteles.	☐	☐	☐
4. Le doy una buena propina al botones que me ayuda con las maletas.	☐	☐	☐
5. Me gusta conocer a los otros huéspedes y conversar con ellos.	☐	☐	☐
6. Si no me gusta la habitación, me quejo en la recepción y pido que me cambien a otra.	☐	☐	☐

D. **Viajando por el extranjero.** Complete la narración con la forma apropiada de las palabras de la lista.

Antes, cuando viajaba por el extranjero siempre me quedaba en una
_____,¹ nunca en un hotel _____.² La última vez
que fui a Bogotá, le escribí primero al dueño de la pensión Monte Carlo para
reservar una habitación con pensión _____.³ Desgraciada-
mente no había ninguna habitación libre para la fecha que yo la necesitaba.
Entonces mandé un *fax* al Hotel Internacional para ver si tenían una
habitación _____.⁴ Muy pronto me contestaron del hotel para
_____⁵ mi reservación para el 18 de agosto.

alojarse
botones
completo
con anticipación
confirmar
de lujo
desocupado
ducha
huésped
pensión
propina
recepción

Cuando llegué al hotel había varios empleados en la _____.[6] Me dieron una buena habitación porque lo reservé _____.[7] El _____[8] llevó mis maletas a mi habitación y le di una _____.[9] Felizmente mi cuarto tenía un baño privado con _____[10] y una vista preciosa de la ciudad. En la recepción conocí a varios _____[11] del hotel que eran estudiantes chilenos.

Después de _____[12] en ese hotel, creo que prefiero un hotel de lujo a una simple pensión.

Minidiálogos y gramática

▼▼▼▼▼▼▼▼▼▼▼▼▼▼▼▼▼▼▼▼▼▼▼▼▼▼▼▼▼▼▼▼

49. Expressing What You Would Do • Conditional Verb Forms

A. ¿Qué haría Ud.? Si Ud. pudiera hacer un viaje a la Península de Yucatán, ¿cuáles de estas actividades son lógicas y posibles de hacer?

1. ☐ Iría en avión.
2. ☐ Practicaría mi español.
3. ☐ Visitaría las ruinas incaicas.
4. ☐ Nadaría en el Océano Pacífico.
5. ☐ Escucharía tangos en los clubes nocturnos.
6. ☐ Saldría de noche y me divertiría mucho.
7. ☐ Llevaría ropa de invierno porque haría frío.
8. ☐ Sacaría fotos de Chichén Itzá.

B. Formas verbales. Cambie al condicional.

MODELO: ver: yo → vería

1. bajar: yo _____
2. saber: tú _____
3. querer: Ud. _____
4. poder: Jorge _____
5. hacer: nosotros _____
6. ser: nosotros _____
7. decir: Uds. _____
8. poner: ellas _____

C. Si fuera al mar Caribe... Forme oraciones para describir lo que Ud. haría si fuera al Caribe. Haga todos los cambios necesarios.

Yo...

1. salir / en / crucero (*cruise ship*) / desde / Ft. Lauderdale

   _____

2. ir / Puerto Rico / y / visitar / parque / nacional / El Yunque

   _____

3. (no) gastar / todo / mi / dinero / en / casinos / de San Juan

   _____

4. poder / practicar / francés / Martinique

_____

5. mandarles / tarjetas postales / mi / amigos

_____

6. hacer / mucho / compras / en / St. Thomas / porque / no / tener / pagar / derechos de
aduana

_____

_____

D. Hablando por teléfono con Rafael. Dígale a Ana lo que Rafael acaba de decir, según el modelo.
Cuidado con los complementos pronominales.

> MODELO: RAFAEL: Los llevaré al cine mañana.
> ANA: ¿Qué dijo?
> UD.: Dijo que nos llevaría al cine mañana.

1. RAFAEL: Saldré del trabajo a las siete.
   ANA: ¿Qué dijo?

   UD.: _____

2. RAFAEL: Tendré que volver a casa antes de buscarlos (a Uds.).
   ANA: ¿Qué dijo?

   UD.: _____

3. RAFAEL: Pasaré por Uds. a las ocho.
   ANA: ¿Qué dijo?

   UD.: _____

4. RAFAEL: Llegaremos al cine a las ocho y media.
   ANA: ¿Qué dijo?

   UD.: _____

5. RAFAEL: No habrá ningún problema en buscarlos (a Uds.).
   ANA: ¿Qué dijo?

   UD.: _____

50. Hypothetical Situations • *What if . . . ?;* **Si** Clause Sentences

¡RECUERDE!
Circle the correct answer.
If the statement is *contrary to fact*, the **si** clause uses . . .
a. the present subjunctive   b. the imperfect subjunctive   c. the imperfect indicative
and the subordinate clause uses . . .
a. the present subjunctive   b. the future   c. the conditional

❖**A.** **¿Qué haría Ud.?** Complete las oraciones con información verdadera para Ud.

1. Si yo hiciera un viaje a Latinoamérica, iría a _____.

2. Si yo fuera mi hermano/a, iría de vacaciones a _____.

3. Si estuviera en España, sacaría fotos de _____.

4. Si tuviera suficiente dinero, compraría _____.

5. Si pudiera quedarme en cualquier hotel, haría reservas en _____.

6. Si quisiera ir al cine, vería _____.

B. **¿Adónde iría Ud. si estuviera en España?** Complete las oraciones con el lugar apropiado.

1. Si quisiera comprar aspirinas, las compraría en _____.

2. Si tuviera ganas de tomar un batido, iría a _____.

3. Si necesitara jabón o champú, los encontraría en _____.

4. Si quisiera comprar una revista o un periódico, los conseguiría en _____.

5. Si tuviera que tomar el autobús, lo esperaría en _____.

6. Si necesitara sellos, me los venderían en _____ o en _____.

C. **Consejos apropiados.** ¿Qué consejos les daría Ud. a estas personas famosas? Complete Ud. las oraciones con la forma apropiada del condicional del verbo indicado.

1. A Jodie Foster: Si yo fuera Ud., no _____ (aceptar) una invitación para cenar con Anthony Hopkins.

2. A Michael Douglas: Si yo fuera Ud., no _____ (querer) conocer ni a Glenn Close ni a Sharon Stone.

3. A Robin Williams: Si yo fuera Ud., _____ (jugar) a Jumanji.

4. A Gloria Estefan: Si yo fuera Ud., _____ (dejar) de viajar en autobús.

5. A Geena Davis: Si yo fuera Ud., no _____ (manejar) con Susan Sarandon.

6. A Janet Leigh: Si yo fuera Ud., no _____ (ducharse) en el Motel Bates.

D. **Situaciones.** ¿Qué haría Ud. si estuviera en estas situaciones? Complete las oraciones con la forma apropiada del verbo entre paréntesis.

1. Si _____ (ser) testigo de un robo (*robbery*)...

    a. _____ (tratar: *to try*) de parar al criminal

    b. no _____ (decir) nada

    c. _____ (llamar) a la policía

2. Si _____ (haber) un terremoto (*earthquake*)...

    a. me _____ (sentar) debajo de la mesa del comedor

    b. no _____ (saber) qué hacer

    c. no me _____ (mover)

3. Si _____ (ser) presidente/a del país...

   a. _____ (cortar) relaciones con todas las dictaduras del mundo

   b. _____ (ayudar) a los pobres

   c. _____ (tratar) de eliminar la desigualdad

   d. _____ (hacerme) millonario/a

E. ¿Qué quería hacer? Imagínese que Ud. pensaba hacer algunas cosas hoy y mañana, pero las circunstancias no se lo permiten. Cambie según el modelo. ¡OJO! Observe que las cláusulas con **pero** cambian a cláusulas con **si**.

> MODELO: Pensaba *divertirme* esta noche, pero *tenemos* un examen mañana. →
> *Me divertiría* esta noche *si no tuviéramos* un examen mañana.

1. Pensaba *salir* esta noche, pero no *me siento* bien. _____

   _____

2. Me gustaría *terminar* este trabajo, pero *me duelen* los ojos. _____

   _____

3. Quisiera *guardar* cama mañana, pero el profesor nos *da* un examen. _____

   _____

4. Quisiera *hacer* ejercicio, pero no *tengo* tiempo. _____

   _____

5. Pensaba *ponerme* este traje, pero *está* sucio. _____

   _____

❖**F. Preguntas personales.** Conteste con oraciones completas.

1. Si Ud. pudiera vivir en cualquier ciudad del mundo, ¿dónde viviría? ¿Por qué?

   _____

   _____

2. Si Ud. recibiera una herencia (*inheritance*) de 25.000 dólares, ¿qué haría con el dinero? (Mencione por lo menos dos cosas.)

   _____

   _____

Un viaje inolvidable

Clara López Rubio, España, 16 años

La Semana Santa[a] pasada fui a pasar unos días con mi padre en Fez (Marruecos[b]). Él se fue una semana antes y yo tuve que viajar sola, y además hacer transbordo[c] en Tánger, pues no había lugar en un vuelo directo. Mi padre me escribió en un papel todo lo que debía hacer para llegar a Fez sin ningún problema.

El viaje de Madrid a Tánger fue muy fácil, pero una vez en la segunda ciudad me encontré totalmente perdida. El aeropuerto tenía todo el aspecto de una vieja estación de trenes de un pueblo perdido. Los vuelos estaban anunciados en una pizarra y ¡el mío no estaba! Y yo no hablaba árabe, ni tampoco francés. Conseguí hablar en español con un hombre que me dio una tarjeta de embarque.[d] Había una sola sala de espera para tres diferentes vuelos. Una asistente llegaba, gritaba en francés o árabe el destino y los pasajeros la seguían. Pasé toda la hora preocupada por si perdía[e] el avión. Por eso busqué a todas las personas que llevaban el mismo color que yo en las tarjetas y decidí seguirlas.

Nos pusieron en un avión que tenía todo el aspecto de los de las películas de la Segunda Guerra Mundial. Veíamos la cabina del piloto, se movía con hélices[f] y hacía muchísimo ruido. Era además muy pequeño. ¡¡Me senté al lado de un hombre que tenía aspecto de Indiana Jones!!

Ya en Fez, cuando llegamos a la puerta de salida, un policía me paró y me dijo, en español bastante mal hablado, que no había pasado la aduana porque no tenía el sello[g] de ningún sitio. Aunque[h] me dijeron que era algo sin importancia, mis nervios estaban a punto de estallar,[i] y además ¡mi padre no llegaba todavía! Quería llamarlo, ¡y no tenía el teléfono! En ese momento lo vi llegar. ¡Nunca recuerdo haberme sentido tan alegre de verle como en aquel momento!

[a]Semana... *Holy Week* [b]*Morocco* [c]*change of planes* [d]tarjeta... *boarding pass* [e]*por... about possibly losing* [f]*propellers* [g]*stamp* [h]*Although* [i]*explode*

*Comprensión

1. ¿Por qué tuvo que hacer Clara transbordo?

_____

2. ¿Cómo era el aeropuerto de Tánger?

_____

3. ¿Qué problema tuvo Clara en el aeropuerto para comunicarse?

_____

4. ¿Qué hizo Clara para estar segura de tomar el vuelo correcto?

_____

5. ¿Cómo era el avión en que viajó a Fez?

_____

6. ¿Se sintió tranquila Clara una vez que llegó a Fez?

_____

Un poco de todo

▼▼▼▼▼▼▼▼▼▼▼▼▼▼▼▼▼▼▼▼▼▼▼▼▼▼▼▼▼▼

A. Situaciones. Complete este resumen de dos situaciones que tratan de (*deal with*) viajes. Use el pasado (pretérito, imperfecto o imperfecto de subjuntivo). Cuando se dan dos posibilidades, escoja la correcta.

En la aduana argentina

En la aduana una viajera colombiana le _____[1] (entregar) su pasaporte al inspector

y le aseguró que su maleta _____[2] (contener) sólo objetos de uso personal y que no

_____[3] (tener) _____[4] (nada / algo) que declarar. De todos modos,ª él

le _____[5] (pedir / preguntar) que _____[6] (abrir) su maleta. Como no

encontró nada ilegal, el inspector le permitió _____[7] (salir).

En la fila de inmigraciones, Uruguay

El inspector le _____[8] (preguntar / pedir) a un viajero argentino cuánto tiempo

_____[9] (pensar) quedarse. Cuando el viajero le dijo que dos semanas, el inspector le

_____[10] (dar) un mes.

ªDe... *Nevertheless*

❖**B. ¿Dónde se alojaría Ud.?** Lea los tres anuncios y conteste las preguntas. Note Ud. que los hoteles en España están clasificados de una a cinco estrellas, cinco siendo la categoría superior.

```
┌─────────────────────────────────────────────────────┐
│  ♔♔♔                                                  │
│  ┌─┐   HOTEL   CARLTON                                │
│  │H│   TODAS LAS HABITACIONES CON BAÑO, RADIO Y TELEFONO. │
│  └─┘   SELECTA COCINA ESPAÑOLA E INTERNACIONAL        │
│        AIRE ACONDICIONADO·MODERNO Y CONFORTABLE · SCNACK-BAR-CAFETERIA· │
│               PASEO DE LAS DELICIAS, 26               │
│  ****  TELEFONOS ·2397100 ~2309200· 20 LINEAS · MADRID -7- │
└─────────────────────────────────────────────────────┘
```

1. Si Ud. fuera a Madrid, ¿en cuál de los tres hoteles se quedaría?

   _____

2. ¿De cuántas estrellas es el hotel que Ud. eligió en el número 1? _____

3. Dé por lo menos tres razones para explicar por qué se quedaría en ese hotel.

   _____

   _____

   _____

C. **¿Cómo se dice en español?** Siga las indicaciones.

      tener tiempo / leer el periódico

1. If I have time, I'll read the newspaper.

   _____

2. If I had time (but I don't), I would read the newspaper.

   _____

3. If I had time, I used to read the newspaper.

   _____

      poder / ir por la noche

4. If I can, I'll go at night.

   _____

5. If I could (but I can't), I would go at night.

   _____

6. If I could, I used to go at night.

   _____

D. **Diálogo.** Complete este diálogo entre un inspector de aduanas y Ud.

INSPECTOR: ¿Su nacionalidad?

UD.: _____

INSPECTOR: Déme su pasaporte, por favor.

UD.: _____

INSPECTOR: ¿Tiene Ud. algo que declarar?

UD.: _____

INSPECTOR: ¿Qué trae Ud. en esa maleta pequeña?

UD.: _____

INSPECTOR: ¿Me hace el favor de abrirla?

UD.: _____

INSPECTOR: Todo está en orden. Muchas gracias.

❖ ¡Repasemos!

▼▼▼▼▼▼▼▼▼▼▼▼▼▼▼▼▼▼▼▼▼▼▼▼▼▼▼▼▼▼▼▼▼▼

Planes frustrados. Complete la narración con la forma apropiada de los verbos indicados. Use el presente o el pasado de indicativo o de subjuntivo, o el condicional.

Ayer unos amigos me llamaron para preguntarme si _____[1] (tener) tiempo para ir con ellos a un restaurante argentino y luego al cine. Yo les dije que yo _____[2] (hacer) todo lo posible para terminar mi trabajo antes de que _____[3] (ser) hora de salir. Les pedí que _____[4] (pasar) por mi casa, pues era probable que _____[5] (acabar: *yo*) a tiempo. Desgraciadamente no pude hacerlo, y cuando _____[6] (tocar) el timbre,[a] todavía me faltaba mucho que hacer.[b] Yo les prometí que _____[7] (ir) en mi propio coche más tarde y que los _____[8] (encontrar) después para ir juntos al cine. Cuando finalmente yo _____[9] (terminar) mi trabajo, _____[10] (ser) tan tarde que _____[11] (decidir) quedarme en casa. _____[12] (Llamar: *yo*) al restaurante para avisarles[c] que no _____[13] (poder) ir. Les dije que sería mejor que yo _____[14] (salir) con ellos otro día.

Mis amigos son personas muy interesantes y si yo no _____[15] (tener) que trabajar tanto, me _____[16] (encantar) pasar más tiempo con ellos.

[a]tocar... *they rang the doorbell*   [b]me... *I had a lot left to do*   [c]*tell them*

❖ Mi diario

▼▼▼▼▼▼▼▼▼▼▼▼▼▼▼▼▼▼▼▼▼▼▼▼▼▼▼▼▼▼▼▼▼▼

Imagínese que Ud. es uno de «los ricos y famosos» y le gustaría hacer un viaje espléndido. Planee su viaje incluyendo los siguientes datos:

- adónde iría
- a quién invitaría
- cómo viajaría

- dónde se alojaría
- la ropa que llevaría
- las cosas que haría en ese lugar

Prueba corta

▼▼▼▼▼▼▼▼▼▼▼▼▼▼▼▼▼▼▼▼▼▼▼▼▼▼▼▼▼▼

Complete las oraciones con el indicativo (el futuro y el condicional están incluidos también) o el subjuntivo.

1. Si él tenía tiempo, _____ (ir) al cine.

2. Si tengo dinero el verano próximo, _____ (viajar) al Ecuador.

3. Visitarían la Florida si allí no _____ (hacer) tanto calor.

4. Si viviera en San Diego, yo _____ (tener) un apartamento en la playa.

5. Si yo fuera ella, _____ (escribir) una novela sobre mi vida.

6. Si ellos tuvieran interés en trabajar, _____ (conseguir) cualquier tipo de trabajo.

7. Si estoy cansado/a, no _____ (hacer) ejercicio.

8. Si estudiaran más, _____ (salir) mejor en los exámenes.

El mundo hispánico de cerca 6

▼▼▼▼▼▼▼▼▼▼▼▼▼▼▼▼▼▼▼▼▼▼▼▼▼▼▼▼▼▼

España

A. ¿Cierto o falso?

	C	F
1. Sólo el 20% de los españoles cree que el trabajo produce satisfacción.	☐	☐
2. Las tapas son una especialidad de los bares españoles.	☐	☐
3. En 1993, sólo una minoría de españoles se sentía optimista.	☐	☐
4. El flamenco no ha influido mucho en el arte español.	☐	☐
5. La Dama de Elche es una señora madrileña.	☐	☐

B. Misceláneo. Empareje los elementos de las dos columnas.

1. _____ presidente del gobierno español en 1976

2. _____ *Mujeres al borde de un ataque de nervios*

3. _____ para muchos españoles la felicidad resulta de esto

4. _____ Juan Fresán

5. _____ chorizo, queso manchego y aceitunas

6. _____ Federico García Lorca

a. la buena salud
b. tapas
c. *Bodas de sangre*
d. Adolfo Suárez
e. Pedro Almodóvar
f. «Spanish Souvenirs»

C. Preguntas. Conteste brevemente con una palabra o frase corta.

1. ¿Quién fue designado heredero al trono español en 1969? _____

2. ¿Qué actitudes satiriza Pedro Almodóvar en sus películas? _____

3. ¿De qué forma presenta Juan Fresán sus «Spanish Souvenirs»? _____

4. ¿Qué ganó Juan Carlos de Borbón cuando desarmó al líder de un golpe de estado?

   _____

5. ¿Cuáles son los tres elementos que han usado los gitanos en la evolución de la música flamenca?

   _____

REPASO 6

A. Comentarios de algunos viajeros. Complete las oraciones con la forma apropiada del verbo entre paréntesis. Use el presente o el pasado de indicativo o de subjuntivo.

1. ¿Por qué no me llamaste cuando _____ (llegar: *tú*)?

2. Ud. podrá salir después de que la inspectora le _____ (revisar) su equipaje.

3. Nos quedaríamos en la Pensión Cortés si _____ (saber) la dirección.

4. Podemos ir al hotel en autobús a menos que _____ (preferir: *tú*) ir en taxi.

5. Mis primos querían que los _____ (esperar: *nosotros*) enfrente de la aduana.

6. Te espero en la recepción en una hora con tal que no _____ (haber) mucho tráfico.

7. Siempre pido la sección de no fumar cuando _____ (viajar: *yo*) en un vuelo internacional.

B. ¿Qué les dijo Ud. a sus amigos? En español, por favor.

MODELO: I said I would study. → Dije que estudiaría.
I told you (*fam.*) to study. → Te dije que estudiaras.

1. I said I would go. _____

   I told you (*fam.*) to go. _____

2. I said we would do it. _____

   I told them to do it. _____

3. I told her I would vote. _____

   I told her to vote. _____

4. I told them I would return soon. _____

   I told them to return soon. _____

C. Tina, la californiana. Complete la narración con la forma apropiada de los verbos indicados. Use el infinitivo o el tiempo apropiado de indicativo o de subjuntivo.

Tina ha llegado a Los Ángeles después de _____[1] (terminar) sus estudios en South

Dakota. _____[2] (Pensar: *pres.*) vivir con sus tíos hasta que _____[3]

(conseguir) trabajo, y luego _____[4] (ir) a alquilar un apartamento con Paula, una

chica que _____[5] (haber) conocido en casa de unos amigos. Ellas _____[6]

(esperar) conseguir un apartamento que _____[7] (estar) cerca de la playa para que no

_____[8] (tener) que sufrir la contaminación y el ruido de la ciudad. Tina ha

_____[9] (decidir) que se _____[10] (mudar) en cuanto

_____¹¹ (ahorrar) suficiente dinero para _____¹² (pagar) el alquiler.

Aunque Tina _____¹³ (ser: *pres.*) de South Dakota, en poco tiempo se

_____¹⁴ (haber) acostumbrado muy bien a California.

D. Hueso y Pellejo (*Bones and Skin*). Lea el siguiente cuento folklórico hispanoamericano. Vuelva a escribir el cuento en el pasado usando el pretérito y el imperfecto de indicativo. Escriba en otro papel. ¡OJO! No cambie lo que dice la viejita.

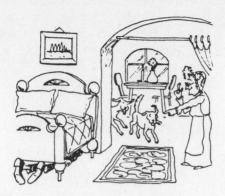

En una casa de campo vive una viejita que tiene dos perros que se llaman Hueso y Pellejo. Un día ella sale de su casa con Hueso y Pellejo porque tiene que comprar carne en el pueblo. Mientras está afuera, un ladrón entra en la casa para robarle a la viejita. De repente, el ladrón oye los pasos[a] de la viejita que vuelve del pueblo. El ladrón no tiene tiempo de escaparse y se mete[b] debajo de la cama.

Cuando entra en la casa, le viejita ve los pies del ladrón y se da cuenta[c] de que ella está en peligro.[d] Siendo una viejita muy sabia,[e] ella empieza a gritar: «¡Pobre de mí! ¡Qué vieja estoy! Estoy muy flaca[f]... sólo hueso y pellejo.» Y sigue repitiendo en voz cada vez más alta:[g] «¡Hueso y pellejo! ¡Hueso y pellejo!» Los perros la oyen y vienen corriendo a toda prisa. La viejita les indica con el dedo dónde está el ladrón y Hueso y Pellejo se echan[h] sobre el infeliz ladrón y lo hacen salir corriendo aterrorizado.

[a]*footsteps* [b]*se... he hides himself* [c]*se... she realizes* [d]*danger* [e]*wise* [f]*skinny* [g]*en... louder and louder* [h]*se... throw themselves*

❖ Mi diario

▼▼▼▼▼▼▼▼▼▼▼▼▼▼▼▼▼▼▼▼▼▼▼▼▼▼▼▼▼▼▼

Como última entrada (*entry*) en su diario, describa Ud. sus sentimientos al terminar (*upon finishing*) este curso. Mencione sus satisfacciones, pequeños triunfos, sus momentos agradables así como sus frustraciones. Luego hable de sus planes para el futuro y, si piensa seguir estudiando español, diga cómo este le va a servir en su vida profesional o personal.

Answers

ANTE TODO

Primera parte

Saludos y expresiones de cortesía **Ejercicio A.** 1. Hola. ¿Qué tal? 2. Buenas noches, señora Alarcón. 3. Buenas tardes, señor Ramírez. 4. Buenos días, señorita Cueva. **¡RECUERDE!** 1. usted 2. tú 3. ¿Cómo te llamas? 4. ¿Cómo se llama usted? **Ejercicio B.** 1. ¿Qué tal? (¿Cómo estás?) 2. ¿Y tú? 3. hasta 4. Hasta luego. (Hasta mañana.) **Ejercicio C.** 1. Buenas 2. está usted 3. gracias 4. se llama usted 5. Me llamo _____. 6. gusto 7. Mucho gusto. (Igualmente. / Encantado/a.) **Ejercicio D.** 1. Gracias. 2. Con permiso. 3. Perdón. 4. No hay de qué. (De nada.) **El alfabeto español** **Ejercicio A.** 1. rr, ñ 2. h **Ejercicio B.** 1. ge 2. ve 3. equis 4. zeta 5. ce 6. i 7. con hache **Los cognados Ejercicio B. Paso 2.** a. C b. C c. F d. F e. C **¿Cómo es usted?** **Ejercicio B.** (*Possible answers*) 1. extrovertida, importante, sincera 2. romántico, generoso, sincero 3. impulsiva, ambiciosa, extrovertida 4. serio, ambicioso, egoísta 5. cómico, extrovertido, sincero **Spanish in the United States and in the World Ejercicio A.** Northeast d; Southwest a, c; Southeast a, b

Segunda parte

Más cognados 1. es una bebida 2. es un lugar 3. es una nación 4. es una cosa 5. es un instrumento musical 6. es un animal 7. es un deporte 8. es una persona 9. es una comida 10. es una emoción **Los números 0–30; *hay* Ejercicio A.** 1. seis 3. once 3. quince 4. dieciséis (diez y seis) 5. veintidós (veinte y dos) 6. veintiséis (veinte y seis) 7. treinta **Ejercicio B.** 1. una 2. cuatro 3. siete 4. trece 5. once 6. un 7. veinte 8. veintitrés (veinte y tres) 9. veintiséis (veinte y seis) 10. veintiún (veinte y un) 11. veintiuna (veinte y una) 12. treinta **Ejercicio C.** 1. 8 / ocho 2. 11 / once 3. 5 / cinco 4. 6 / seis 5. 7 / siete 6. 22 / veintidós (veinte y dos) 7. 30 / Treinta **Gustos y preferencias** **Ejercicio A.** (*Possible answers*) 1. ¿le gusta jugar a la lotería? Sí, (No, no) me gusta. 2. ¿le gusta la música jazz? Sí (No, no) me gusta. 3. ¿te gusta esquiar? Sí, (No, no) me gusta. 4. ¿te gusta beber café? Sí (No, no) me gusta. 5. ¿Te gusta el programa «Friends»? Sí, (No, no) me gusta. 6. ¿te gusta el chocolate? Sí, (No, no) me gusta. **Lectura: El mundo hispánico (Parte 1)** **Ejercicio A.** 1. México 2. Guatemala 3. Nicaragua 4. Panamá 5. el Perú 6. Chile 7. Cuba 8. la República Dominicana 9. Colombia 10. el Uruguay 11. la Argentina 12. España **Ejercicio B.** 1. en la América Central 2. la Habana 3. Cuba y la República Dominicana 4. nueve 5. en el Brasil 6. Hay 22 millones. 7. Colombia 8. España y Portugal

Tercera parte

¿Qué hora es? **Ejercicio A.** 1. c 2. f 3. d 4. a 5. e 6. b **Ejercicio B.** 1. Son las doce y veinte. 2. Es la una y cinco de la tarde. 3. Son las dos de la mañana. 4. Son las siete y media de la noche. 5. Son las once menos diez de la mañana. 6. Son las diez menos cuarto (quince) de la noche. 7. Es la una y media de la mañana. **¡OJO!** a. 4:05 P.M. b. 8:15 P.M. c. 10:50 P.M. **Palabras interrogativas** **Ejercicio A.** 1. Cuánto 2. A qué hora (Cuándo) 3. Cómo 4. Cuál 5. Dónde 6. Quién 7. Cuándo 8. Qué **Ejercicio B.** 1. Cómo 2. Quién 3. Cómo 4. Cuánto 5. Dónde 6. A qué hora 7. Qué **Lectura: El mundo hispánico (Parte 2)** 1. a 2. c 3. b 4. e 5. d **Prueba corta** 1. ¿Cómo se llama usted? 2. ¿Cómo te llamas? 3. Gracias. 4. De nada. (No hay de qué.) 5. (*Possible answer*) Eres simpático, generoso y extrovertido. 6. ¿Le gusta el jazz? 7. ¿Te gusta el chocolate? 8. seis, doce, quince, veintiuno, treinta. 9. Son las once y cuarto (quince) de la noche.

CAPÍTULO 1

Vocabulario: Preparación ¿Dónde? Lugares en la universidad Ejercicio A. 1. el edificio 2. la librería 3. la oficina 4. la secretaria 5. el escritorio 6. el bolígrafo 7. el lápiz 8. el papel 9. el estudiante 10. la calculadora 11. el cuaderno 12. la mochila 13. la ventana 14. la clase 15. la profesora 16. la pizarra 17. la puerta 18. el libro (de texto) 19. la silla 20. la biblioteca

21. el bibliotecario 22. el diccionario 23. la mesa **Ejercicio B.** 1. La calculadora, porque es una cosa. No es una persona. 2. La mochila, porque es una cosa. No es un lugar. 3. El hombre, porque es una persona. No es una cosa. 4. El edificio, porque es un lugar. No es una cosa. 5. La bibliotecaria, porque es una persona. No es un lugar. **Ejercicio C.** 1. el lápiz (el bolígrafo) 2. la calculadora 3. la mochila 4. la pizarra 5. el escritorio (la mesa) 6. la silla 7. el libro de texto 8. el diccionario 9. el papel 10. la universidad **Las materias Ejercicio A.** 1. Cálculo 1, Trigonometría, Computación, Contabilidad 2. Gramática alemana, La novela moderna, Francés 304 3. Antropología, Sociología urbana, Sicología del adolescente 4. Astronomía, Biología 2, Química orgánica, Física **Pronunciación: Diphthongs and Linking. Ejercicio A.** 1. five 2. a, e, o 3. i, u 4. strong, weak, weak **Ejercicio B.** 1. es-tu-dian-te 2. dic-cio-na-rio 3. puer-ta 4. cua-der-no 5. bi-lin-güe 6. gra-cias 7. es-cri-to-rio 8. sie-te 9. seis **Minidiálogos y gramática Grammar Section 1. Ejercicio A.** 1. la 2. la 3. la 4. el 5. el 6. la 7. la 8. el **Ejercicio B.** 1. un 2. una 3. un 4. una 5. un 6. una 7. una 8. un **Ejercicio C.** 1. (No) Me gusta la clase de español. 2. (No) Me gusta la universidad. 3. (No) Me gusta la música de Bach. 4. (No) Me gusta el Mundo de Disney. 5. (No) Me gusta el profesor de historia. 6. (No) Me gusta la comida mexicana. 7. (No) Me gusta la física. 8. (No) Me gusta el programa «NYPD Blue». **Grammar Section 2. Ejercicio A.** 1. las amigas 2. los bolígrafos 3. las clases 4. unos profesores 5. los lápices 6. unas extranjeras 7. las universidades 8. unos programas **Ejercicio B.** 1. el edificio 2. la fiesta 3. una cliente 4. un lápiz 5. el papel 6. la universidad 7. un problema 8. una mujer **Ejercicio C.** 1. Hay unos libros. 2. Hay un cuaderno. 3. Hay unos lápices. 4. Necesita una mochila. 5. Necesita unos bolígrafos. 6. Necesita un diccionario. 7. Necesita una calculadora. **Grammar Section 3. Ejercicio A.** 1. ellas 2. él 3. yo 4. ellos 5. ellos 6. nosotros/as **Ejercicio B.** 1. tú 2. vosotros/ Uds. 3. Uds. 4. Ud. 5. tú / tú **Ejercicio C.** 1. hablo / canta / bailan / toman / paga / trabaja 2. escuchamos / busca / necesita 3. enseña / estudian / practican / regresa **Ejercicio D.** 1. Ella canta. 2. Él toca la trompeta. 3. Nosotros deseamos cantar (escuchar). 4. Yo estudio en la biblioteca (en casa). 5. Yo tomo Coca-Cola (cerveza). 6. Ellos toman Coca-Cola (cerveza) también. 7. Nosotros practicamos español. **Ejercicio E.** 1. Él no trabaja en una oficina. 2. Ella no canta en japonés. 3. No tomamos cerveza en la clase. 4. Ella no regresa a la universidad por la noche. 5. Ellos no bailan en la biblioteca. 6. No enseño español. **Nota comunicativa: The Verb** *estar.* 1. Raúl y Carmen están en la oficina. 2. Yo estoy en la biblioteca. 3. Tú estás en la clase de biología. 4. Uds. están en el laboratorio de lenguas. **Ejercicio G.** 1. estamos 2. bailan 3. cantan 4. toco 5. toma / escucha **Grammar Section 4. Ejercicio A.** 1. ¿Trabajas por la noche? 2. ¿Miras telenovelas con frecuencia? 3. ¿Tomas café por la mañana? 4. ¿Deseas tomar una Coca-Cola ahora? **Ejercicio B.** 1. (Martín) Compra libros en la librería. 2. Sí, hay libros en italiano. 3. Hay cuadernos, bolígrafos y lápices. 4. Compra dos libros. 5. No, hablan inglés. 6. No, paga veintidós dólares. **Un poco de todo Ejercicio A.** (*Possible answers*) 1. Sí, estudiamos español. 2. El Sr. (La Sra./Srta.) _____ enseña la clase. 3. Hay _____ estudiantes en la clase. 4. Sí, me gusta. 5. No, no habla inglés en la clase. 6. No, no necesitamos practicar en el laboratorio todos los días. 7. (La clase) Es a la (las) _____. **Ejercicio B.** 1. ¿Hay un programa interesante en la televisión? 2. ¿Hay unos problemas en la pizarra? 3. ¿Hay una mochila en la silla? 4. ¿Hay una residencia en la universidad? 5. (*Possible answer*) ¿Hay unos cuadernos en la mesa? **Prueba corta Ejercicio A.** 1. el 2. la 3. la 4. el 5. la 6. los 7. los **Ejercicio B.** 1. una 2. unos 3. unos 4. un 5. una 6. unas 7. una **Ejercicio C.** 1. estudian 2. practico 3. hablamos 4. Toca 5. enseña 6. Necesito 7. regresa

CAPÍTULO 2

Vocabulario: Preparación   La familia y los parientes; Las mascotas   Ejercicio A. 1. Joaquín es el abuelo de Julián. 2. Julio es el primo de Julián. 3. Miguel y Mercedes son los tíos de Julián. 4. Estela y Julio son los primos de Julián. 5. Josefina es la abuela de Julián. 6. Pedro y Carmen son los padres de Julián. 7. Chispa es el perro de Julián. 8. Tigre es el gato de Julián. **Ejercicio B.** 1. sobrino 2. tía 3. abuelos 4. abuela 5. nieta 6. parientes 7. mascota **Adjetivos Ejercicio B.** (*Possible answers*) 1. pequeño y nuevo 2. grande y viejo 3. viejo, gordo y perezoso 4. joven, moreno y trabajador **Ejercicio C.** 1. bajo, feo, listo, trabajador 2. soltero, viejo, simpático, moreno **Ejercicio D. Paso 1.** (*Possible answers*) 1. Billy Crystal es simpático, cómico, delgado y bajo. 2. Arnold Schwarzenegger es alto, grande, casado, serio y valiente. 3. Madonna es rica, rubia, extrovertida, independiente, rebelde y arrogante. 4. Gloria Estefan es morena, guapa, inteligente, delgada y rica. **Los números 31–100. Ejercicio A.** 1. cien 2. treinta y una. 3. cincuenta y siete 4. noventa y un 5. setenta y seis **Nota cultural: Hispanic Last Names** 1. c 2. b **Ejercicio C.** 1. No, Diana es joven y morena. 2. No, Luis tiene cuarenta y ocho años. 3. No, Carlos es soltero y delgado. 4. No, a Luis le gusta la música clásica. 5. No, es el siete, catorce, veintiuno, setenta y siete. **Pronunciación: Stress and Written Accent Marks (Part 1)** ¡RECUERDE¡ 1. a 2. b **Ejercicio** 1. doct_o_r 2. muj_e_r 3. moch_i_la 4. act_o_r 5. perm_i_so 6. pos_i_ble 7. gener_a_l 8. profes_o_res 9. universid_a_d 10. C_a_rmen 11. Isab_e_l 12. biblioteca 13. ust_e_d 14. libert_a_d 15. L_o_ren 16. anim_a_l **Minidiálogos y gramática Grammar Section 5. Ejercicio A.** 1. soy de Barcelona 2. son de Valencia 3. eres de Granada 4. somos de Sevilla 5. son de Toledo 6. sois de Burgos **Ejercicio C.** 1. El programa de *Weight Watchers* es para Roseanne. Es gorda. 2. La casa grande es para los señores Walker. Tienen cuatro niños. 3. El dinero es para mis padres. Necesitan comprar un televisor nuevo. 4. Los discos compactos de las sinfonías de Haydn son para mi hermano Ramón. Le gusta la música clásica. **Ejercicio D.** 1. —¿De quién son los libros? —Son de la profesora. 2. —¿De quién es la mochila? —Es de Cecilia. 3. —¿De quién son los bolígrafos? —Son del Sr. Alonso. 4. —¿De quién es la casa? —Es de los Sres. Olivera. **Grammar Section 6. Ejercicio A.** 1. bonita, grande, interesante 2. delgados, jóvenes, simpáticos 3. delgada, pequeña, trabajadora 4. altas, impacientes, inteligentes **Ejercicio B.** 1. generosos 2. simplistas 3. trabajadores 4. prácticos y realistas 5. racistas 6. materialistas **Ejercicio D.** 1. alemana 2. italiano 3. norteamericano 4. inglesa 5. mexicana 6. ingleses 7. francesas **Ejercicio E.** 1. Ana busca otro coche italiano. 2. Buscamos una motocicleta alemana. 3. Paco busca las otras novelas francesas. 4. Busco el gran drama inglés *Romeo y Julieta*. 5. Jorga busca una esposa ideal. **Grammar Section 7. Ejercicio A.** 1. Luis come mucho. 2. Gloria estudia francés. 3. José y Ramón beben Coca-Cola. 4. Inés escribe una carta. 5. Roberto mira un vídeo. 6. Carlos lee un periódico. **Ejercicio C.** 1. vivimos 2. asisto 3. hablamos 4. leemos 5. escribimos 6. aprendemos 7. abren 8. comemos 9. debemos 10. prepara **Un poco de todo   Ejercicio B.** 1. come un sándwich. 2. estudian. 3. escribe en el cuaderno. 4. lee el periódico. 5. toma (bebe) café y mira (la) televisión. 6. habla por teléfono. 7. toca la guitarra. 8. abro el refrigerador. **Prueba corta Ejercicio A.** 1. es 2. soy 3. son 4. eres 5. somos **Ejercicio B.** 1. italiano 2. francesa 3. alemán 4. inglesas **Ejercicio C.** 1. comprendemos / habla 2. Escuchas / estudias 3. lee 4. venden 5. recibe 6. bebo 7. asistimos

CAPÍTULO 3

Vocabulario: Preparación   De compras   Ejercicio A. 1. a. un traje b. una camisa c. una corbata d. unos calcetines e. unos zapatos f. un impermeable 2. a. un abrigo b. un vestido c. unas medias d. una bolsa e. un sombrero **Ejercicio B.** 1. centro 2. almacén 3. venden de todo 4. fijos 5. tiendas 6. rebajas 7. mercado 8. regatear 9. gangas **Ejercicio C.** 1. algodón 2. corbatas / seda 3. suéteres / faldas / lana **Ejercicio D.** 1. Necesitas comprar ropa nueva, ¿verdad? (¿no?) 2. Buscas una camisa de seda, ¿verdad? (¿no?) 3. No trabajas esta noche, ¿verdad? 4. No necesito llevar corbata, ¿verdad? 5. Esta chaqueta es perfecta, ¿verdad? (¿no?) **¿De qué color es?   Ejercicio A.** 1. verdes 2. verde, blanca y roja 3. roja, blanca y azul 4. anaranjada / amarillo 5. rayas 6. gris 7. morado 8. rosado 9. pardo 10. cuadros **Los números 100 y más   Ejercicio A.** 1. 111 2. 476 3. 15.714 4. 700.500 5. 1.965 6. 1.000.013 **Ejercicio B.** 1. dieciocho mil seiscientas / mil cincuenta 2. setenta y dos mil novecientas sesenta y una / cuatro mil doscientos veintiún 3. tres millones seiscientas mil quinientas / doscientos diez mil setecientos **Pronunciación: Stress and Written Accent Marks (Part 2)** ¡RECUERDE! 1. a 2. b 3. b **Ejercicio A.** 1. doct_o_r 2. muj_e_r 3. moch_i_la 4. inglés 5. act_o_r 6. perm_i_so 7. pos_i_ble 8. Tom_á_s 9. gener_a_l 10. profes_o_res 11. universid_a_d 12. Bárbara 13. l_á_pices 14. C_a_rmen 15. Isab_e_l 16. López 17. Ramírez 18. biblioteca 19. sicología 20. ust_e_d **Ejercicio B.** 3. matrícula 4. bolígrafo 7. Pérez 9. alemán **Minidiálogos y gramática Grammar Section 8.** ¡RECUERDE! 1. Es el reloj de Mario. 2. Son las botas de Gregorio. 3. Son los calcetines de José. **Ejercicio A.** (*Possible answers*) 1. Mi ropa es informal y vieja. 2. Mis zapatos son viejos y baratos. 3. Mi cartera es nueva. 4. Mis medias son nuevas. (Mis calcetines son nuevos.) 5. Mis colores favoritos son... 6. Mi traje de baño es de última moda. **Ejercicio B.** (*Possible answers*) 1. Su vestido es elegante (largo, bonito). 2. Su casa es grande. 3. Su coche es grande (nuevo). 4. Sus zapatos son nuevos (bonitos, elegantes).

5. Nuestras botas son altas y de última moda. 6. Nuestras faldas son cortas. **Grammar Section 9.**
Ejercicio A. Paso 1. 1. Quieres 2. puedo 3. tengo 4. Prefiero 5. vengo 6. quiero **Paso 2.** (*Verb forms*)
Quieren / podemos / tenemos / Preferimos / venimos por Uds. / queremos **Ejercicio B.** ¿A qué
hora vienes a la universidad mañana? MARIO: Vengo a las ocho y media. ¿Por qué? LUIS: ¿Puedo venir
contigo? No tengo coche. MARIO: ¡Cómo no! Paso por ti a las siete y media. ¿Tienes ganas de practicar
el vocabulario ahora? LUIS: No. Ahora prefiero comer algo. ¿Quieres venir? Podemos estudiar para el
examen después. MARIO: Buena idea. Creo que Raúl y Alicia quieren estudiar con nosotros. **Ejercicio C.**
1. Tengo sueño. 2. Tengo que estudiar mucho. 3. Tengo miedo. 4. Tengo prisa. 5. Tengo razón.
Grammar Section 10. **Ejercicio A.** 1. va 2. van 3. vas 4. vamos 5. voy **Ejercicio B.** 1. Eduardo y
Graciela van a buscar... 2. David y yo vamos a comprar... 3. Todos van a ir... 4. Ignacio y Pepe van a
venir... 5. Por eso vamos a necesitar... 6. Desgraciadamente Julio no va a preparar la comida.
Ejercicio C. 1. Vamos a estudiar esta tarde. 2. Vamos a mirar en el Almacén Juárez. 3. Vamos a buscar
algo más barato. 4. Vamos a descansar ahora. **Un poco de todo** **Ejercicio A.** 1. Galerías / rebajas
2. Señoras / Hombres / Juvenil / Niños / Complementos / b 3. dos mil novecientas noventa y cinco
pesetas 4. dos mil quinientas noventa y cinco pesetas 5. mil trescientas noventa y cinco pesetas
6. quinientas noventa y cinco pesetas 7. nueve mil novecientas cincuenta pesetas 8. "Run . . . because
they're going fast." **Ejercicio B.** 1. Beatriz no quiere ir a clase. Prefiere ir de compras. 2. Isabel
Suárez no puede asistir a clases por la tarde porque tiene que trabajar. 3. ¡Mi profesor siempre lleva
chaquetas de lana y calcetines rojos! 4. Marcos no es un buen estudiante. Con frecuencia no lee las
lecciones y llega tarde a clase. 5. Creo que la Sra. Fuentes es una gran profesora. **Ejercicio C.**
1. Tengo 2. ganas 3. miedo 4. razón 5. sueño **Prueba corta** **Ejercicio A.** (*Possible answers*) 1. un
abrigo, muchos suéteres de lana, botas, guantes, calcetines 2. camisas y pantalones de algodón, trajes
de baño, pantalones cortos, vestidos de seda o de algodón 3. un vestido de seda, medias, zapatos
elegantes, una chaqueta, un traje, camisa y corbata 4. *bluejeans*, una sudadera y zapatos de tenis
Ejercicio B. 1. venimos / tenemos 2. prefieres (quieres) / prefiero (quiero) 3. tiene 4. pueden
Ejercicio C. 1. Roberto va a llevar traje y corbata. 2. Voy a buscar sandalias baratas. 3. Vamos a tener
una fiesta. 4. ¿Vas a venir a casa esta noche? **El mundo hispánico de cerca 1** **Ejercicio A.** 1. f 2. a
3. e 4. b 5. c 6. d **Ejercicio B.** 1. F 1910–1925 2. F 1700–1776 3. F 1952 4. C 5. F 1960–1980
Ejercicio C. 1. 22 millones 2. John Leguizamo 3. Destruye el estereotipo de hispanos y anglosajones.
4. César Chávez 5. United Farm Workers

REPASO 1

Ejercicio A. *hablar:* hablamos / hablo / habla / hablan *aprender:* aprendemos / aprendo / aprende /
aprenden *abrir:* abrimos / abro / abre / abren *ser:* somos / soy / es / son *estar:* estamos / estoy /
está / están *querer:* queremos / quiero / quiere / quieren *venir:* venimos / vengo / viene / vienen
poder: podemos / puedo / puede / pueden *preferir:* preferimos / prefiero / prefiere / prefieren *ir:*
vamos / voy / va / van **Ejercicio C.** DIANA: ¿Quieres ir conmigo a la Casa Montaño? Este fin de
semana tienen muchas rebajas. ROSARIO: Cómo no. Pero, ¿podemos ir también al nuevo almacén
Excelsior? Allí tienen buenos precios. DIANA: Buena idea. El Excelsior está cerca del centro comercial,
¿verdad? ROSARIO: Sí. ¿Vamos ahora o comemos primero? DIANA: Yo prefiero salir ahora. Podemos
comer en la cafetería del Excelsior. Allí tienen comidas buenas y baratas. ROSARIO: De acuerdo. ¡Ah,
ahora llueve! Creo que debemos llevar el impermeable.

CAPÍTULO 4

Vocabulario: Preparación: **¿Qué día es hoy?** **Ejercicio A.** (*Possible answers*) 1. El lunes también va a
hablar (tiene que hablar) con el consejero. 2. El martes va (tiene que ir) al dentista. 3. El miércoles va a
estudiar física. 4. El jueves va (tiene que ir) al laboratorio de física. 5. El viernes tiene un examen y va
a cenar con Diana. 6. El sábado va (a ir) de compras y (por la noche) va a un concierto. 7. El domingo
va (a ir) a la playa. **Ejercicio B.** 1. fin / sábado / domingo 2. Lunes 3. miércoles 4. jueves 5. viernes
6. el / los 7. próxima **Los cuartos, los muebles y las otras partes de una casa** **Ejercicio A.** 1. la sala
2. el comedor 3. la cocina 4. la alcoba 5. el baño 6. el garaje 7. el patio 8. la piscina 9. el jardín
Ejercicio B. En la alcoba hay... 1. una cama 2. una cómoda 3. un escritorio 4. una silla 5. un estante

6. un armario. En la sala hay... 1. un sofá 2. una mesita 3. una lámpara 4. una alfombra 5. un sillón
6. un televisor **Expressing Actions:** *Hacer, poner, salir, oír,* **and** *traer* **Ejercicio A.** *hacer:* hacemos /
hago / hacen / haces *poner:* ponemos / pongo / ponen / pones *salir:* salimos / salgo / salen / sales
oír: oímos / oigo / oyen / oyes *traer:* traemos / traigo / traen / traes *ver:* vemos / veo / ven / ves
Ejercicio B. 1. pongo 2. hago 3. trae 4. salimos 5. vemos 6. salimos **¿Cuándo? Preposiciones**
1. Pongo el televisor después de regresar a casa. 2. Hago la tarea antes de ir a clase. 3. Salgo con los
amigos después de terminar mi trabajo. 4. Preparo la comida antes de comer. 5. Lavo los platos
después de comer. **Pronunciación:** *b* **and** *v* ¡RECUERDE! m/n 2. un _v_estido 4. hom_b_re 7. también
8. _b_ien 9. _B_uenos días, _V_íctor. 10. _V_ioleta baila bien, ¿_v_erdad? 11. ¡_B_ienvenido, _B_enito! **Minidiálogos**
y gramática ¡RECUERDE! *querer:* quiero / quieres / quiere / quieren *preferir:* prefiero / prefiere /
preferimos / prefieren *poder:* puedo / puedes / podemos / pueden **Grammar Section 11.**
Ejercicio B. 1. piensan / pensamos / piensas 2. volvemos / vuelve / vuelven 3. pide /piden /
pedimos **Ejercicio C.** 1. Sale de casa a las siete y cuarto. 2. Su primera clase empieza a las ocho.
3. Si no entiende la lección, hace muchas preguntas. 4. Con frecuencia almuerza en la cafetería. 5. A
veces pide una hamburguesa y un refresco. 6. Los lunes y miércoles juega al tenis con un amigo. 7. Su
madre sirve la cena a las seis. 8. Hace la tarea por la noche y duerme a las once y media. **Ejercicio D.**
(*Possible answers*) 1. ...volvemos a estudiar el vocabulario. 2. ...vuelvo a jugar (practicar) mañana.
3. ...no vuelvo a comer allí. 4. ...vuelvo a dormir. **Grammar Section 12.** **Ejercicio B.** 1. me / se
2. se 3. te 4. Se 5. nos / nos 6. te **Ejercicio C. Paso 1.** 1. despertarse 2. levantarse / afeitarse
3. ducharse / Daniel: vestirse / ponerse 4. sentarse / divertirse 5. quitarse / dormirse **Paso 2.**
(*Possible answers*) 2. Carlos se levanta de la cama y Daniel se afeita en el baño. 3. Carlos se ducha en
el baño y Daniel se viste. Se pone una camisa. 4. Daniel se sienta y se divierte en un café. 5. Daniel se
quita la chaqueta en la sala y Carlos se duerme en el sofá. **Ejercicio D.** 1. Nos despertamos... 2. Nos
vestimos después de ducharnos. 3. Nunca nos sentamos... 4. ...asistimos... y nos divertimos. 5. ...hace-
mos la tarea. 6. ...tenemos sueño, nos cepillamos los dientes y nos acostamos. 7. Nos dormimos...
¡RECUERDE! 1. Este 2. Estos 3. esta 4. estas **Grammar Section 13.** **Ejercicio A.** 1. Este 2. ese
3. aquel 4. (*possible*) este **Ejercicio B.** (*Possible answers*) 1. Estas lámparas van en la alcoba (sala).
2. Aquellas sillas van en el comedor. 3. Aquel sofá va en la sala. 4. Aquella alfombra va en la sala.
5. Estos estantes van en la sala. 6. Esas mesitas van en la alcoba. 7. Esa cama va en la alcoba. 8. Ese
sillón va en la sala. **Ejercicio C.** 1. eso / Esto 2. eso (aquello) **Un poco de todo** **Ejercicio A.**
1. estás 2. estos 3. tus 4. esos 5. nuestro 6. el 7. vas 8. voy 9. vamos 10. con nosotras 11. tu 12. esta
13. queremos 14. prisa 15. Adiós **Prueba corta** **Ejercicio A.** 1. se duermen 2. sentarme 3. me
divierto 4. levantarte 5. se pone 6. haces 7. salimos **Ejercicio B.** 1. eso 2. Este 3. Estos / esta 4. ese
(aquel)

CAPÍTULO 5

Vocabulario: Preparación **¿Qué tiempo hace hoy?** **Ejercicio A.** 1. Hace sol. 2. Hace calor. 3. Está
nublado. 4. Hace fresco. 5. Llueve. 6. Hace viento. 7. Nieva. 8. Hace frío. 9. Hay mucha contaminación. **Ejercicio B.** 1. Llueve. 2. Hace (mucho) frío. 3. Hace calor. 4. Hace fresco. 5. Hace buen
tiempo. 6. Hay mucha contaminación. **Ejercicio C.** (*Possible answers*) 1. tengo ganas de quedarme en
casa. 2. hace ejercicio. 3. vamos a la playa. 4. me pongo otro suéter. 5. tienen que agarrar el sombrero.
6. juegan en la nieve. 7. almuerzo en el parque. **Los meses y las estaciones del año** **Ejercicio A.**
1. el primero de abril 2. junio, julio y agosto 3. invierno 4. llueve 5. otoño 6. cuatro de julio 7. nieva
8. enero / mayo **Ejercicio B.** 1. el dieciséis (diez y seis) de marzo de mil novecientos treinta y tres
2. el catorce de junio de mil novecientos veinticinco (veinte y cinco) 3. el quince de septiembre de
mil quinientos sesenta y seis 4. el siete de agosto de mil novecientos noventa y ocho 5. el primero de
enero de mil setecientos setenta y siete **¿Dónde está? Las preposiciones** **Ejercicio B.** 1. entre
2. al norte 3. al sur 4. al este 5. al oeste 6. lejos 7. cerca 8. en 9. al oeste ¡RECUERDE! r / rr
Pronunciación: *r* **and** *rr* 1. _R_osa 3. pe_rr_o 4. _R_oberto 5. _r_ebelde 6. un ho_rr_ible e_rr_or 7. una persona
_r_ara 8. _R_aquel es _r_ubia. **Minidiálogos y gramática** **Grammar Section 14.** **Ejercicio A.** 1. c 2. a
3. d 4. f 5. b 6. e **Ejercicio B.** 1. durmiendo 2. pidiendo 3. sirviéndose 4. jugando 5. almorzando /
divirtiéndose **Ejercicio C.** 1. están despertándose (se están despertando) 2. está afeitándose (se está

afeitando) / está levantándose (se está levantando) 3. está poniéndose una camisa (se está poniendo una camisa) / está duchándose (se está duchando) 4. está charlando y divirtiéndose 5. está quitándose la chaqueta (se está quitando) / está durmiendo   **Ejercicio D.** 1. Mis padres están jugando al golf, pero yo estoy corriendo en un maratón. 2. Mis padres están mirando la tele, pero yo estoy aprendiendo a esquiar. 3. Mis padres están leyendo el periódico, pero yo estoy escuchando música. 4. Mis padres están acostándose (se están acostando), pero yo estoy vistiéndome (me estoy vistiendo) para salir.   **Grammar Section 15.** ¡RECUERDE! 1. estar / están 2. ser / es 3. ser / es 4. ser / son / es 5. estar / está / estás / Están 6. ser / somos / es 7. ser / Son   **Ejercicio A.** 1. eres / Soy 2. son / son 3. son / están 4. es / estar / es 5. está / Estoy / está 6. es / es   **Ejercicio B.** (*Possible answers*) 1. estoy aburrido/a 2. estoy contento/a 3. estoy nervioso/a 4. estoy preocupado/a 5. estoy furioso/a 6. estoy cansado/a 7. estoy triste   **Ejercicio C.** 1. estás 2. estoy 3. son 4. están 5. Son 6. Son 7. es 8. es 9. estar   **Grammar Section 16.**   **Ejercicio A.** 1. Ceci es más delgada que Laura. 2. Ceci es más atlética que Roberto. 3. Roberto es más introvertido que Laura. 4. Ceci es tan alta como Laura. 5. Roberto es tan estudioso como Laura. 6. Roberto es tan moreno como Ceci.   **Ejercicio C.** 1. Sí, el cine es tan alto como la tienda. 2. El café es el más pequeño de todos. 3. El hotel es el más alto (de todos). 4. No, el cine es más alto que el café. 5. No, el hotel es más grande que el cine.   **Un poco de todo   Ejercicio A.** 1. Carmen está ocupada y no puede ir al cine esta noche. 2. Esa camisa está sucia. Debes usar otra. 3. Esas tiendas están cerradas ahora. No podemos entrar. 4. Debemos llevar el paraguas. Está empezando a llover. 5. Mis primos son de Lima; ahora están aquí, en Texas. Pero su madre está enferma y ahora tienen que regresar a su país.   **Ejercicio B.** 1. Sí, uno puede nadar porque hace calor y sol. 2. Debemos llevar impermeable (y botas) porque llueve. 3. Está contaminado en México, D.F. 4. Tenemos que usar abrigo y botas porque nieva (hay nieve).   **Ejercicio C.** 1. veintiún 2. diecinueve 3. ese 4. que 5. que 6. que 7. tanto 8. como 9. de 10. ciento cincuenta dólares 11. porque 12. estar 13. de 14. cien dólares 15. pagar   **Prueba corta   Ejercicio A.** 1. Arturo tiene tantos libros como Roberto. 2. Arturo es más gordo que Roberto. 3. Roberto es más alto que Arturo. 4. Roberto tiene menos años (es menor) que Arturo. 5. Arturo tiene menos perros que Roberto. **Ejercicio B.** 1. está / Estoy 2. eres / Soy 3. están / Estamos 4. Estás / estoy 5. está

CAPÍTULO 6

Vocabulario: Preparación   La comida   Ejercicio A. 1. jugo / huevos / pan / té / leche 2. camarones / langosta 3. patatas fritas 4. agua 5. helado 6. carne / verduras 7. queso 8. lechuga / tomate 9. zanahorias 10. arroz 11. galletas 12. sed   **Ejercicio C.** 1. Torre del Oro 2. Sevilla 3. vino blanco 4. gazpacho 5. Sí (No) 6. cuatro mil cuatrocientas cincuenta y dos pesetas   **¿Qué sabe Ud. y a quién conoce?   Ejercicio B.** 1. Sabes 2. Conocemos 3. conozco 4. sé 5. sabemos 6. conocer   **Ejercicio C.** 1. conocen 2. sé 3. Sabes 4. saber 5. Conocemos / conozco 6. conocer   **Ejercicio D.** 1. al 2. a 3. A 4. a 5. Ø 6. al 7. Ø 8. a   **Pronunciación: d** 2. adónde 3. ustedes 5. Buenos días. 6. De nada. 7. venden de todo 8. dos radios 9. universidad 10. adiós 11. posibilidad 12. Perdón.   **Minidiálogos y gramática   Grammar Section 17.   Ejercicio B.** 1. Yo lo preparo. 2. Yo voy a comprarlos. / Yo los voy a comprar. 3. Dolores va a hacerlas. / Dolores las va a hacer. 4. Juan los trae. 5. Yo los invito. **Ejercicio C.** 1. Los despierta a las seis y media. 2. El padre lo levanta. 3. La madre lo baña. 4. Su hermana lo divierte. 5. Lo sienta en la silla. 6. El padre lo acuesta.   **Ejercicio D.** (*Possible answers*) 1. Acaba de cantar y bailar. 2. Acaba de jugar al basquetbol. 3. Acabamos de comer. 4. Acaba de enseñar.   **Grammar Section 18.   Ejercicio B.** 1. No, no voy a hacer nada interesante. 2. No, nunca (jamás) salgo con nadie los sábados. 3. No, no tengo ninguno (ningún amigo nuevo). 4. No, ninguna es mi amiga. 5. No, nadie cena conmigo nunca (jamás).   **Ejercicio C.** 1. Pues yo sí quiero (comer) algo. La comida aquí es buena. 2. Pero aquí viene alguien. 3. Yo creo que siempre cenamos en un restaurante bueno. 4. Aquí hay algunos platos interesantes.   **Grammar Section 19.   Ejercicio A.** 1. empiécenla ahora. 2. no la sirvan todavía. 3. llámenlo ahora. 4. no lo hagan todavía. 5. tráiganlas ahora. 6. no la pongan todavía.   **Ejercicio B. Paso 1.** Título: acostumbre 1. compruebe 2. encargue 3. no lo haga / déjelas 4. no comente / deje 5. no los deje   **Paso 2.** 1. your house is well locked 2. your mail 3. someone you know 4. when you will return 5. in your house   **Ejercicio C.** (*Possible answers*) 1. Entonces, coman algo. 2. Entonces, beban (tomen) algo. 3. Entonces, estudien.

4. Entonces, ciérrenlas. 5. Entonces, lleguen (salgan) (más) temprano. **Un poco de todo Ejercicio A.** 1. conoces 2. al 3. lo 4. conozco 5. sé 6. siempre 7. tampoco 8. El **Ejercicio B.** (*Possible answers*) 1. Voy a darla (La voy a dar) este sábado. 2. Sí, pienso invitarlos (los pienso invitar). 3. Sí, puedes llamarlas (las puedes llamar) si quieres. 4. Sí, me puedes ayudar (puedes ayudarme). 5. Sí, las necesito. **Prueba corta Ejercicio A.** 1. conozco 2. conoces 3. sé 4. sabe **Ejercicio B.** 1. Quiero comer algo. 2. Busco a alguien. 3. Hay algo para beber. 4. —Conozco a algunos de sus amigos. —Yo también. **Ejercicio C.** 1. Sí, voy a pedirla (la voy a pedir). 2. Sí, las quiero. 3. No, no lo tomo. 4. (*Possible answers*) Yo la preparo. / Mi mamá la prepara. **Ejercicio D.** 1. Compren 2. No hagan 3. Traigan 4. No tomen 5. Llámenlo 6. No lo sirvan **El mundo hispánico de cerca 2 Ejercicio A.** 1. C 2. F 3. F 4. F 5. F **Ejercicio B.** 1. d 2. e 3. f 4. c 5. a **Ejercicio C.** 1. La Violencia 2. Ernesto Cardenal 3. El dolor físico y tortura emocional de la pintora 4. El congestionamiento de las calles y la contaminación del aire

REPASO 2

Ejercicio A. *almorzar:* almuerzo / almuerza / almorzamos / almorzáis *cerrar:* cierro / cierra / cerramos / cerráis *conocer:* conozco / conoce / conocemos / conocéis *hacer:* hago / hace / hacemos / hacéis *oír:* oigo / oye / oímos / oís *pedir:* pido / pide / pedimos / pedís *poner:* pongo / pone / ponemos / ponéis *saber:* sé / sabe / sabemos / sabéis *traer:* traigo / trae / traemos / traéis *ver:* veo / ve / vemos / veis **Ejercicio B.** 1. cerca de 2. durante 3. antes de 4. delante del 5. encima de (en) 6. delante de (al lado de) 7. Después de 8. lejos de **Ejercicio C.** 1. Esa camisa blanca está tan sucia como la amarilla. ¿No tienes otra? 2. Esa playa es más bonita que esta, pero está lejos de nuestra casa. 3. Necesito ciento cincuenta dólares para mis libros y acabo de gastar más de cien (dólares) en un vestido. 4. ¿Dónde están todos? No veo a nadie. **Ejercicio D.** 1. acaba de entrar 2. volver a estudiar 3. sabemos 4. Nadie 5. tiene ganas de abrir 6. hacer 7. antes de venir **Ejercicio E.** 1. LUISA: ¡Laven los platos! UD.: Ya estamos lavándolos. 2. LUISA: ¡Hagan la ensalada! UD.: Ya estamos haciéndola. 3. LUISA: ¡Preparen las verduras! UD.: Ya estamos preparándolas. 4. LUISA: ¡Empiecen la paella! UD.: Ya estamos empezándola.

CAPÍTULO 7

Vocabulario: Preparación ¡Buen viaje! Ejercicio B. 1. boleto 2. ida y vuelta 3. asiento / fumar 4. bajar / escala 5. equipaje 6. pasajeros 7. guarda 8. vuelo / demora 9. salida / cola / subir 10. asistentes **Ejercicio C.** (*Possible answers*) 1. En la sala de espera (En la sección de no fumar) un hombre está durmiendo; en la sección de fumar dos pasajeros están fumando y una mujer está leyendo el periódico. 2. Los pasajeros están haciendo cola para facturar su equipaje. El vuelo 68 a Madrid hace una parada en Chicago. 3. Está lloviendo. Un hombre está corriendo porque está atrasado. Los otros pasajeros están subiendo al avión. 4. Los asistentes de vuelo están sirviendo algo de beber. Los pasajeros están mirando una película. **Other Uses of *se*.** 1. c 2. b 3. c 4. b 5. a **Pronunciación: *g*, *gu*, and *j*** 1. [x] 2. [x], [g] 3. [x] 4. [x] 5. [g] 6. [x], [g] 7. [g] 8. [x], [g] **Minidiálogos y gramática Grammar Section 20. Ejercicio A.** *dar:* 1. damos 2. da 3. dan 4. das 5. doy *decir:* 1. digo 2. dice 3. dicen 4. dices 5. decimos **Ejercicio C.** 1. Te compro regalos. 2. Te mando tarjetas postales. 3. Te invito a almorzar. 4. Te explico la tarea. **Ejercicio D.** 1. ¿Le presto el dinero? 2. ¿Le digo la verdad? 3. ¿Les doy una fiesta? 4. ¿Le pido ayuda al profesor? 5. ¿Les doy más? **Grammar Section 21. Ejercicio A.** 1. te gusta 2. les gusta 3. me gustan 4. nos gusta / le gusta 5. les gusta **Ejercicio B. Paso 1.** 1. A su padre le gustan las vacaciones en las montañas. 2. A su madre le encantan los cruceros. 3. A sus hermanos les gustan los deportes acuáticos. 4. A nadie le gusta viajar en autobús. 5. A Ernesto le gusta sacar fotos. **Grammar Section 22. Ejercicio C.** *hablar:* hablaste / habló / hablamos / hablaron *volver:* volví / volvió / volvimos / volvieron *vivir:* viví / viviste / vivimos / vivieron *dar:* di / diste / dio / dieron *hacer:* hice / hiciste / hizo / hicimos *ser/ir:* fuiste / fue / fuimos / fueron *jugar:* jugué / jugó / jugamos / jugaron *sacar:* saqué / sacaste / sacamos / sacaron *empezar:* empecé / empezaste / empezó / empezaron **Ejercicio D.** *yo:* 1. volví 2. Me hice 3. comí 4. Recogí 5. metí 6. di *tú:* 1. asististe 2. Te acostaste 3. empezaste 4. fuiste 5. Saliste 6. volviste *Eva:* 1. se casó 2. fue 3. se matriculó 4. empezó 5. regresó 6. viajó 7. vio 8. pasó *Mi amiga y yo:*

1. pasamos 2. Vivimos 3. asistimos 4. hicimos 5. Visitamos 6. caminamos 7. comimos 8. vimos *Dos científicos:* 1. fueron 2. Salieron 3. llegaron 4. viajaron 5. vieron 6. tomaron 7. gustaron 8. volvieron **Un poco de todo   Ejercicio A.** (*Possible answers*) 1. Les mandé tarjetas postales a mis abuelos. (No le mandé tarjetas postales a nadie. / Nadie me mandó tarjetas postales a mí.) 2. Le regalé flores a mi madre. (No le regalé flores a nadie. / Nadie me regaló flores a mí.) 3. Les recomendé un restaurante a mis amigos. (No le recomendé un restaurante a nadie. / Nadie me recomendó un restaurante a mí.) 4. Le ofrecí ayuda a una amiga. (No le ofrecí ayuda a nadie. / Nadie me ofreció ayuda a mí.) 5. Le presté una maleta a mi hermano. (No le presté una maleta a nadie. / Nadie me prestó una maleta a mí.) 6. Le di direcciones a mi casa a un amigo. (No le di direcciones a nadie. / Nadie me dio direcciones a mí.)   **Ejercicio B.** 1. Salí / me quedé / Almorcé / fui / Volví / Cené / miré / subí / me quejé / hice / dormí 2. fueron / hicieron / dio / fue / hizo / escribieron / volvieron 3. Busqué / dieron / perdí / pagaron / gasté / hice / descansé 4. Pasamos / Comimos / vimos / jugamos **Prueba corta   Ejercicio A.** 1. le 2. nos 3. les 4. me 5. te **Ejercicio B.** 1. les gustan 2. le gusta 3. me gusta 4. nos gustan 5. te gusta   **Ejercicio C.** 1. mandaste 2. empecé 3. hizo 4. Fueron 5. Oíste 6. volvieron 7. dio

CAPÍTULO 8

Vocabulario: Preparación   Los días festivos y las fiestas   Ejercicio B. 1. el Día de Año Nuevo 2. la Navidad 3. la Pascua 4. la Nochebuena 5. el Cinco de Mayo   **Ejercicio C.** 1. Es el primero de abril. 2. Les hace bromas. 3. Significa *lion*.   **Emociones y condiciones.** (*Possible answers*)   **Ejercicio A.** 1. me pongo avergonzado/a 2. se enojan (se ponen irritados) 3. se enferman / se quejan 4. se portan 5. discutir   **Ejercicio B.** 1. Sí, me parece larguísima. 2. Sí, son riquísimos. 3. Sí, me siento cansadísimo/a. 4. Sí, es carísima. 5. Sí, fueron dificilísimas.   **Ejercicio C.** (*Possible answers*) 1. Me enojo. 2. Me río. 3. Me pongo avergonzado/a. 4. Lloro. 5. Me quejo. 6. Sonrío y me pongo contentísimo/a. 7. Me enojo.   **Minidiálogos y gramática.   Grammar Section 23.   Ejercicio A. Paso 1.** 1. C 2. F 3. C 4. F 5. F 6. C 7. F 8. F 9. F   **Paso 2.** 2. La Unión Soviética puso un satélite antes que los Estados Unidos. 4. En 1492... 5. Hitler sí quiso dominar Europa. 7. Los españoles llevaron el maíz y el tomate a Europa. 8. John Kennedy dijo: «Yo soy un berlinés.» 9. Muchos inmigrantes irlandeses vinieron en el siglo XIX.   **Ejercicio B.** *estar:* estuve / estuvo / estuvimos / estuvieron *tener:* tuvo / tuvimos / tuvieron *poder:* pude / pudimos / pudieron *poner:* puse / puso / pusieron *querer:* quise / quiso / quisimos *saber:* supe / supo / supimos / supieron *venir:* vino / vinimos / vinieron *decir:* dije / dijimos / dijeron *traer:* traje / trajo / trajeron   **Ejercicio C.** *Durante la Navidad:* 1. tuvo 2. estuvieron 3. Vinieron 4. trajeron 5. dijeron 6. fueron 7. comieron 8. pudieron *Otro terremoto...* 1. supimos 2. hubo 3. oí 4. leí 5. se rompieron 6. hizo 7. dijo 8. fue   **Ejercicio D.** 1. estuvo 2. pude 3. tuve 4. viniste 5. Quise 6. estuve 7. hizo 8. Supiste 9. tuvo 10. vino 11. dijo 12. puse 13. trajiste 14. traje **Grammar Section 24.   Ejercicio A.** *divertirse:* me divertí / te divertiste / se divirtió / nos divertimos / se divirtieron *sentir:* sentí / sentiste / sintió / sentimos / sintieron *dormir:* dormí / dormiste / durmió / dormimos / durmieron *conseguir:* conseguí / conseguiste / consiguió / conseguimos / consiguieron *reír:* reí / reíste / rió / reímos / rieron *vestir:* vestí / vestiste / vistió / vestimos / vistieron   **Ejercicio B.** 1. me senté / me dormí 2. se sentaron / nos dormimos 3. se durmió 4. nos reímos / se rió 5. sintieron / se sintió   **Ejercicio C.** 1. entró 2. se sentó 3. Pidió 4. sirvió 5. se sintió 6. se levantó 7. se despidió 8. Volvió 9. durmió 10. entré 11. me senté 12. Pedí 13. me la sirvió 14. me sentí 15. me levanté 16. me despedí 17. Volví 18. dormí   **Ejercicio D.** 1. ¿Adónde fueron? 2. ¿Consiguieron un hotel cerca de la playa? 3. ¿Se divirtieron mucho? 4. ¿Jugaron al tenis y nadaron? 5. ¿Cuánto tuvieron que pagar por la habitación? 6. ¿Cómo estuvo la comida? 7. ¿Conocieron a alguien interesante? 8. ¿A qué hora volvieron hoy? 9. No durmieron mucho anoche, ¿verdad? **¡RECUERDE!** 1. Yo le traigo el café. (O.I.) 2. Yo lo traigo ahora. (O.D.) 3. Ellos nos compran los boletos. (O.I.) 4. Ellos los compran hoy. (O.D.) 5. No les hablo mucho. (O.I.) 6. No las conozco bien. (O.D.) 7. Queremos darles una fiesta. (O.I.) 8. Pensamos darla en casa. (O.D.)   **Grammar Section 25.** **Ejercicio B.** 1. ¿El dinero? Te lo devuelvo mañana. 2. ¿Las fotos? Te las traigo el jueves. 3. ¿La sorpresa? Nos la van a revelar después. 4. ¿Los pasteles? Me los prometieron para esta tarde. 5. ¿Las fotos? Se las mando a Uds. con la carta. 6. ¿La bicicleta? Se la devuelvo a Pablo mañana. 7. ¿El dinero? Se lo doy a Ud. el viernes. 8. ¿Los regalos? Se los muestro a Isabel esta noche. **Ejercicio C.** (*Possible answers*) 1. Se lo dejó a Cristina. 2. Se la dejó a Memo. 3. Se los dejó a la biblioteca. 4. Se los dejó a la Cruz Roja. 5. Se la dejó a Ernesto y Ana. 6. ¡Me los dejó a mí! **Un poco de todo** **Ejercicio A. Paso 1.** 1. hice 2. tuve 3. estuve 4. quise 5. supe 6. di 7. estuvimos 8. pedí **Paso 2.** 1. Fue porque tuvo una reunión con su agente de viajes. 2. No, no tuvo mucho tiempo libre. (No, estuvo ocupadísimo.) 3. Lo supo porque se lo dijo su amigo Luis Dávila. 4. Se las dio a Luis. **Ejercicio B.** (*Possible answers*) 1. Se la mandé a mi novio/a. 2. Se los di a mi familia y a mis amigos. 3. Nadie me las trajo. 4. Mi hermano me lo pidió. 5. Mis amigos me la hicieron. **Prueba corta** **Ejercicio A.** 1. nos reímos 2. se puso / durmió 3. conseguí 4. se despidió 5. se vistió / se divirtió 6. hicimos / trajeron **Ejercicio B.** 1. a 2. a 3. c 4. b 5. a 6. b

CAPÍTULO 9

Vocabulario: Preparación **Pasatiempos, diversiones y aficiones** **Ejercicio B.** 1. el golf 2. el basquetbol 3. el fútbol 4. la natación 5. el tenis 6. el béisbol 7. el hockey **Ejercicio D.** 1. a. hacer *camping*. b. juegan a las cartas c. toma el sol d. dan un paseo 2. a. juegan al ajedrez b. Teatro c. Museo 3. ELSA: divertido LISA: Cine / la película ELSA: pasarlo bien **Trabajando en casa** **Ejercicio A.** 1. La mujer está sacudiendo los muebles. 2. El chico está sacando la basura. 3. El hombre está lavando (limpiando) la ventana. 4. El hombre está barriendo el suelo. 5. El niño está haciendo la cama. 6. La mujer está poniendo la mesa. **Ejercicio B.** 1. Se usa la estufa para cocinar. 2. Se prepara el café en la cafetera. 3. Lavamos y secamos la ropa. 4. Usamos el lavaplatos. 5. Pasamos la aspiradora. 6. Tostamos el pan en la tostadora. 7. Usamos el microondas. **Minidiálogos y gramática** **Grammar Section 26.** **Ejercicio A.** 1. celebraba 2. se llenaba 3. debíamos 4. Corríamos 5. comíamos 6. cortábamos 7. era 8. me molestaba 9. era 10. era **Ejercicio B.** 1. tenía 2. vivíamos 3. Iba 4. volvía 5. prefería 6. venían 7. era 8. celebrábamos 9. hacía 10. cocinaba 11. visitaban 12. se quedaban 13. dormíamos 14. nos acostábamos 15. había 16. pasábamos 17. eran **Ejercicio C.** 1. éramos / veíamos / venían / íbamos 2. estábamos / daban / saludaban / despedían 3. almorzaba / Servían / veían / llevaban / traían / comía **Ejercicio D. Paso 1.** 1. Antes tenía menos independencia. Ahora se siente más libre. 2. Antes dependía de su esposo. Ahora tiene más independencia económica. 3. Antes se quedaba en casa. Ahora puede salir a trabajar. 4. Antes sólo pensaba en casarse. Ahora piensa en seguir su propia carrera. 5. Antes pasaba horas cocinando. Ahora sirve comidas más fáciles de preparar. 6. Antes su esposo se sentaba a leer el periódico. Ahora su esposo la ayuda con los quehaceres domésticos. **Grammar Section 27.** **Ejercicio A.** 1. (*Possible answers*) El béisbol es el más emocionante de todos los deportes. 2. Michael Jordan es el mejor jugador del equipo. 3. Los Dallas Cowboys es el peor equipo de todos. 4. El estadio de Rio de Janeiro es el más grande del mundo. **Ejercicio B.** 1. La ciudad más interesante de los Estados Unidos es _____. 2. La mejor (peor) película del año pasado fue _____. 3. El deporte más violento de todos es _____. 4. El programa de televisión más divertido es _____. **Grammar Section 28.** **Ejercicio A.** 1. ¿Cómo se llama Ud.? 2. ¿De dónde es Ud.? 3. ¿Dónde vive Ud.? 4. ¿Adónde va Ud. ahora? 5. ¿Qué va a hacer? 6. ¿Cuáles son sus pasatiempos favoritos? 7. ¿Cuándo empezó a jugar? 8. ¿Quiénes son sus jugadores preferidos? 9. ¿Por qué (son sus preferidos)? 10. ¿Cuánto gana Ud. al año? **Ejercicio B.** 1. Cómo 2. Qué 3. Quién 4. De dónde 5. Cuántos 6. Cómo 7. Cuándo 8. Por qué 9. cómo 10. Qué **Un poco de todo** **Ejercicio A.** 1. pasaba 2. esquiando 3. conoció 4. visitaba 5. vivían 6. esquiaba 7. estaba 8. vio 9. Dobló 10. perdió 11. se puso 12. Te hiciste 13. esperando 14. sacudiéndose 15. sonriendo 16. se hicieron **Prueba corta** **Ejercicio A.** 1. era 2. asistía 3. estaba 4. ayudaba 5. vivían 6. iban 7. jugaban 8. servía 9. se cansaban 10. volvían **Ejercicio B.** 1. Adónde 2. Quién 3. Cómo 4. Dónde 5. Cuál 6. Cuánto **El mundo hispánico de cerca 3** **Ejercicio A.** 1. F 2. F 3. C 4. C 5. C **Ejercicio B.** 1. b 2. e 3. d 4. a 5. c **Ejercicio C.** 1. Simón Bolívar 2. la europea 3. África 4. una ciudad imaginaria 5. el realismo mágico

REPASO 3

Ejercicio A. 1. Ahora Amada está jugando al basquetbol. Ayer jugó... De niña jugaba... 2. Ahora Joaquín está nadando. Ayer nadó. De niño nadaba. 3. Ahora Rosalía está bailando. Ayer bailó. De niña bailaba. 4. Ahora Rogelio está paseando en bicicleta. Ayer paseó... De niño paseaba... 5. Ahora

David está haciendo ejercicio. Ayer hizo... De niño hacía...   **Ejercicio B.** (*Possible answers*) 1. A mi madre le gustan los cruceros. A mí también. 2. A mi padre le gusta pescar. Pero a mí, no. 3. A mi hermano le gusta practicar deportes acuáticos. A mí también. 4. A mi hermana le gusta ir a la playa. A mí también.   **Ejercicio C.** 1. Ya los conseguí. 2. Ya lo saqué. 3. Ya las hice. 4. Ya se la puse. 5. Ya te la lavé.   **Ejercicio D.** 1. Sí, sacúdanlos ahora. 2. Sí, sáquenla ahora. 3. Sí, pónganla ahora. 4. No, no lo barran todavía. 5. No, no la empiecen todavía.   **Ejercicio E.** (*Possible answers*) 1. Mi madre es la persona más seria de mi familia. 2. Elena y Roberto son los mejores estudiantes de nuestra clase. 3. El Latín 1 es la clase más aburrida de la universidad. 4. El lunes es el peor día de la semana.

CAPÍTULO 10

Vocabulario: Preparación   La salud y el bienestar   Ejercicio A. 1. la boca / el cerebro 2. los ojos / los oídos 3. los pulmones y la nariz 4. el corazón 5. la garganta 6. el estómago 7. los dientes **Ejercicio B.** 1. a. Hace ejercicio. b. Lleva una vida sana. c. Sí (No, no) hago tanto ejercicio como ella. 2. a. No, no se cuida mucho. b. Debe dejar de tomar y fumar y comer carne. c. Es mejor que coma las verduras. d. Debe caminar más.   **En el consultorio   Ejercicio A.** 1. a. La paciente tose. b. Le ausculta los pulmones. 2. a. Está en el consultorio del doctor. b. Acaba de ponerle una inyección. c. Debe guardar cama. 3. a. Se resfrió. b. La tiene congestionada. c. Le duele la cabeza. d. Acaba de tomarse la temperatura.   **Ejercicio B.** 1. Tengo fiebre. 2. Tenemos que abrir la boca y sacar la lengua. 3. Debemos comer equilibradamente, cuidarnos, dormir lo suficiente y hacer ejercicio. 4. Cuando tenemos un resfriado, estamos congestionados, tenemos fiebre y tenemos tos (tosemos). 5. (El doctor) Receta un jarabe. 6. Es necesario llevar lentes. 7. Nos da antibióticos. 8. Prefiero tomar pastillas (jarabe).   **Ejercicio C.** (*Possible answers*) 1. Lo bueno es poder nadar. (Lo malo es que siempre hay mucha gente / mucho tráfico.) 2. Lo mejor de dejar de fumar es no toser (tener mejor salud). 3. Lo peor de resfriarse es no poder respirar bien (toser mucho). 4. Lo difícil de tratar de adelgazar es dejar de comer postre.   **Minidiálogos y gramática   ¡RECUERDE!   Ejercicio A.** 1. cuidábamos / cuidamos 2. comíamos / comimos 3. hacía / hice 4. eras / fuiste 5. decían / dijeron 6. sabía / supe 7. jugaba / jugué 8. iba / fue 9. ponía / puso 10. venías / viniste   **Ejercicio B.** 1. I 2. I 3. I 4. P   **Grammar Section 29.   Ejercicio A. Paso 1.** 1. imperfect 2. preterite 3. imperfect 4. preterite 5. imperfect 6. preterite, imperfect   **Paso 2.** 1. tenía 2. vivía 3. asistía 4. trabajaba 5. se quedaba 6. viajaron 7. nos quedamos 8. iba 9. se rompió 10. supieron 11. querían 12. aseguró 13. estaba   **Ejercicio B.** 1. supimos / tuvo 2. sentía / iba 3. podía (pudo) / fue 4. pude / tenía 5. estuve / estaba 6. iba   **Ejercicio C.** 1. se despertó 2. dijo 3. se sentía 4. pudo 5. dolía 6. hizo 7. Estaba 8. temía 9. examinó 10. dijo 11. era 12. estaba 13. debía 14. dio 15. llegó 16. se sentía   **Grammar Section 30.   Ejercicio A.** 1. que 2. que / que 3. quien 4. quienes 5. quienes 6. que / quien 7. lo que   **Ejercicio B.** 1. Ésa es la doctora que me cuidó cuando me resfrié gravemente. 2. Áquella es la paciente de quien te hablaba ayer. 3. Esa es Susana Preciado con quien compartí mi cuarto. 4. Éstas son las flores que me mandaron al hospital. 5. ¡Ésta es la cuenta que recibí hoy!   **Grammar Section 31.   Ejercicio B.** 1. Se miran mucho. 2. Los novios se besan y se abrazan mucho. 3. Ana y Pili se conocen bien, se escriben mucho y se hablan con frecuencia. 4. Nos damos la mano y nos saludamos.   **Un poco de todo   Ejercicio A.** 1. fue 2. tuve 3. estuve 4. me levanté 5. sentía 6. quería (quise) 7. se puso 8. dolía 9. dormí 10. empecé 11. llamaste 12. los 13. conocía 14. llamé 15. a 16. llamó 17. llevaron 18. lo 19. despertaba 20. lo 21. el 22. hablaba 23. el   **Ejercicio B.** enfermaba / cuidaba / comía / hacía / dormía / llevaba / / sentía / dolían / dolía / quería / decidí / Miré / vi / eran / Llamé / venía / dije / iba / Tomé / acosté   **Ejercicio C.** 1. Los ninos se estaban pegando cuando su made los vio. 2. Graciela estaba durmiendo cuando sonó el teléfono. 3. Estaba despidiéndome de Raúl cuando entraste.   **Prueba corta   Ejercicio A.** 1. era 2. tenía 3. pagaban 4. preguntó 5. quería 6. pude 7. me dieron 8. creían 9. era 10. cumplí 11. conseguí 12. empecé   **Ejercicio B.** 1. que 2. quien 3. lo que 4. quien 5. que   **Ejercicio C.** 1. se despiden / se dan 2. se hablan 3. se respetan 4. se ven 5. se ayudan

CAPÍTULO 11

Vocabulario: Preparación   ¡El Sr. Martínez se levantó con el pie izquierdo!   Ejercicio C. 1. torpe 2. me caí 3. la escalera 4. me hice daño 5. duele 6. no se equivoca 7. rompí 8. aspirinas 9. se siente

10. Qué mala suerte 11. me acuerdo **Ejercicio D.** 1. apagué / llaves / distraído/a / pegó 2. rompí / sin querer **Ejercicio E.** 1. el cuerpo 2. la cabeza 3. el brazo 4. la mano 5. la pierna 6. el pie 7. los dedos **Talking About How Things Are Done: Adverbs Ejercicio A.** 1. fácilmente 2. inmediatamente 3. impacientemente 4. lógicamente 5. totalmente 6. directamente 7. aproximadamente 8. furiosamente **Ejercicio B.** 1. tranquilamente 2. finalmente 3. Posiblemente 4. aproximadamente 5. sinceramente 6. solamente **Minidiálogos y gramática Grammar Section 32. Ejercicio B.** 1. Hace dos semanas que visito México. 2. Hace un semestre que estudio español. 3. Hace una semana que estoy aquí. **Ejercicio C.** 1. ¿Cuánto tiempo hace que estudias español? 2. ¿Cuánto tiempo hace que asistes a esta universidad? 3. ¿Cuánto tiempo hace que vives en el mismo lugar? 4. ¿Cuánto tiempo hace que no vas al cine? 5. ¿Cuánto tiempo hace que no recibes dinero de tu familia? **Ejercicio D.** (*Possible answers*) 1. —¿Cuándo fue la última vez que te enfermaste? —Fue hace dos meses. 2. —¿Cuándo fue la última vez que diste una fiesta? —Fue el año pasado (hace un año). 3. —¿Cuándo fue la última vez que estuviste en un restaurante elegante? —Fue hace tres años. 4. —¿Cuándo fue la última vez que hiciste un viaje? —Fue hace un mes. **Grammar Section 33. Ejercicio A.** 1. b 2. d 3. a 4. c 5. e **Ejercicio B.** 1. Juan perdió el dinero. 2. Mi hermano rompió una ventana. 3. Olvidé los libros. (Me olvidé de los libros.) 4. ¿Olvidaste traer dinero? (¿Te olvidaste de traer dinero?) 5. ¿Dejaste los boletos en casa? **Ejercicio C.** 1. olvidaron 2. cayó 3. acabó 4. rompieron **Grammar Section 34. Ejercicio A.** 1. Por Dios (Por favor) / por 2. por primera 3. por eso / por ejemplo 4. por si acaso 5. Por lo general 6. por 7. por lo menos 8. por / Por fin **Ejercicio B.** 1. Mi hermano y yo fuimos a Europa por primera vez en el verano de 1992. 2. Fuimos a España por las Olimpíadas. 3. Fuimos de Los Ángeles a Barcelona por avión. 4. Fuimos por Nueva York. 5. Pasamos por lo menos trece horas en el avión. **Ejercicio C.** 1. Lo necesita para ir a recoger a María Rosa. 2. Viene para esquiar. 3. No, son para ella. 4. Sí, es muy lista para su edad. 5. Estudia para (ser) sicóloga. 6. Sí, trabaja para la compañía de teléfonos. **Ejercicio D.** 1. por 2. por 3. por 4. para 5. para 6. por 7. para 8. para 9. por 10. para 11. para 12. para 13. por **Un poco de todo Ejercicio A.** 1. a 2. está 3. le 4. perdió 5. dimos 6. su 7. supo 8. se escapó 9. se despertó 10. se vistió 11. salió 12. encontró 13. hizo 14. pudo 15. se olvidó 16. por 17. se sintió 18. durmió 19. para **Ejercicio B.** 1. Mientras pelaba las patatas, me corté el dedo y me hice mucho daño. 2. Cuando sacaba mi coche del garaje, choqué contra el coche de papá. 3. Cuando el mesero traía el vino, se le cayeron los vasos. 4. Mientras Julia esquiaba, se cayó y se rompió el brazo. 5. Mientras Carlos caminaba, se dio contra una señora y le pidió disculpas. **Ejercicio C.** 1. ¿Cuánto tiempo hace que vives en tu apartamento? 2. ¿Cuánto tiempo hace que no compras ropa? 3. ¿Cuánto tiempo hace que no visitas al médico? 4. ¿Cuánto tiempo hace que no vas al cine? 5. ¿Cuánto tiempo hace que aprendiste a tocar la guitarra? 6. ¿Cuánto tiempo hace que hiciste un viaje a México? 7. ¿Cuánto tiempo hace que conociste a tu mejor amigo? 8. ¿Cuánto tiempo hace que supiste del accidente de Mario? **Ejercicio D.** 1. Ud. habla muy bien para principiante. 2. Necesitamos terminar esta lección para el viernes. 3. Debemos repasar los mandatos, por si acaso. 4. Vamos a pasar por la biblioteca. 5. Necesito sacar unos libros para mi hermano. **Prueba corta Ejercicio A.** 1. Fui a ver al doctor hace una semana. 2. Tomé mis píldoras hace una hora. 3. Hace tres semanas que estoy enfermo/a. 4. Hace dos días que me siento mejor. **Ejercicio B.** 1. b 2. b 3. a 4. a 5. a **Ejercicio C.** 1. por 2. para 3. para 4. por 5. para 6. para

CAPÍTULO 12

Vocabulario: Preparación Tengo... Necesito... Quiero... Ejercicio B. (*Possible answers*) 1. Le gusta (interesa) a ella. 2. Le gusta a él. 3. Les gusta a los dos. 4. Le gusta (interesa) a él. 5. Le gusta a ella. 6. Le gusta a él. 7. Le gusta a él. 8. Le gusta (interesa) a ella. **Ejercicio C.** 1. a. a todas partes b. cassette y gozar con el Compact c. de AM y de FM Stéreo 2. b 3. a **Ejercicio D.** 1. jefa / aumento / cambiar de trabajo / conseguir 2. gano / parcial 3. falló 4. manejar **¿Dónde vive Ud.? ¿Dónde quiere vivir?** 1. alquilar 2. dirección 3. vecindad 4. alquiler 5. piso 6. vista 7. centro 8. afueras 9. luz 10. dueños 11. portero 12. planta baja 13. vecinos **Minidiálogos y gramática ¡RECUERDE! Ejercicio A.** 2. ecríbanlo / lo escriban 3. juéguelo / lo juegue 4. dígamelo / me lo diga 5. dénselo / se lo den **Ejercicio B.** 1. No se equivoque. 2. No se hagan daño. 3. No se ría tanto. 4. Consiga otro puesto (trabajo).   **Grammar Section 35.**   **Ejercicio B.** 1. Prende 2. cambies 3. Pon / pongas 4. uses / usa 5. Apaga 6. Arregla 7. Préstame 8. le mandes / mándale 9. Dile / le digas   **Ejercicio C.** (*Possible answers*) 1. no juegues en la sala. 2. deja de hablar por teléfono. 3. llega a tiempo. 4. vístete bien (mejor). 5. lávate las manos antes de comer. 6. no seas pesado. 7. no pongas los pies en mi cama. 8. no toques el piano todo el tiempo.   **Ejercicio D.** 1. ponla / no la pongas 2. sírvesela / no se la sirvas 3. tráemela / no me la traigas 4. lávamelos / no me los laves   **Grammar Section 36.**   **Ejercicio A.** lleguemos / empiece / conozcamos / juegue / consigamos / divirtamos / duerma **Ejercicio B.** 1. a, c 2. b, c 3. a, b 4. a, b 5. a, c 6. b, c   **Ejercicio C.** 1. pueda / olvide / sepa 2. empiecen / manden /digan 3. llegues / seas / busques 4. vayamos / alquilemos / perdamos   **Grammar Section 37.** **Ejercicio B.** 1. digan la verdad / lleguen a tiempo / acepten responsabilidades / sepan usar... 2. resulte interesante /me guste / no esté lejos de casa /me dé oportunidad para avanzar   **Ejercicio C.** 1. veamos 2. compremos 3. paguemos 4. volvamos 5. traigamos   **Ejercicio D.** 1. ¿Qué quieres que compre? 2. ¿Qué quieres que traiga? 3. ¿Qué quieres que prepare? 4. ¿Qué quieres que busque? 5. ¿Qué quieres que cocine?   **Ejercicio E.** 1. trabajemos / trabajar 2. almorcemos / almorzar 3. traer / traigamos 4. pidamos / pedir 5. consigo / consiga   **Un poco de todo**   **Ejercicio A.** *Oye, mira. Abre* los ojos y *ve* todos los detalles del paisaje. *Viaja* a *tu* destino sin preocupar*te* por el tráfico. *Haz tu* viaje sentado cómodamente y *llega* descansado. *Goza* de la comida exquisita en el elegante coche-comedor. *Juega* a las cartas o *conversa* con otros viajeros como *tú.* Y *recuerda*: ¡Esto pasa solamente viajando en tren!   **Ejercicio B.** 1. se lo mandes 2. se lo pidas 3. ir 4. buscarlo 5. lo empiece 6. me lo traiga **Ejercicio C.** 1. Chicos, vengan aquí. Necesito enseñarles a manejar la nueva lavadora. 2. María, ayuda a tu hermano a barrer el patio. 3. Pepe, recomiendo que hagas tu tarea antes de salir a jugar. 4. María, no te olvides de llamar a Gabriela para darle nuestra nueva dirección. 5. Pepe, ve a tu cuarto y ponte una camisa limpia.   **Prueba corta**   **Ejercicio A.** 1. Ven 2. apagues 3. Llama / dile 4. pongas / ponlo 5. te preocupes / descansa   **Ejercicio B.** 1. busques 2. comprar 3. vayamos 4. hablar / hablemos 5. sepas / pierdas   **El mundo hispánico de cerca 4**   **Ejercicio A.** 1. C 2. C 3. C 4. F 5. F   **Ejercicio B.** 1. e 2. c 3. a 4. f 5. d 6. b   **Ejercicio C.** 1. La tumba de un personaje importante de la civilización moche. 2. En los símbolos y motivos de los pueblos precolombinos y en el arte colonial 3. Su padre era un conquistador del Perú y su madre pertenecía a la nobleza incaica. 4. Roban objetos arqueológicos.

REPASO 4

Ejercicio A. Repaso de verbos. *hablar: yo:* hablé hablaba hable *Uds.:* hablaron hablaban hablen *comer: yo:* comí comía coma come *Uds.:* comieron comían coman no comas *dar: yo:* di daba dé da *Uds.:* dieron daban den no des *decir: yo:* dije decía diga di *Uds.:* dijeron decían digan no digas *estar: yo:* estuve estaba esté está *Uds.:* estuvieron estaban estén no estés *hacer: yo:* hice hacía haga haz *Uds.:* hicieron hacían hagan no hagas *ir: yo:* fui iba vaya ve *Uds.:* fueron iban vayan no vayas *oír: yo:* oí oía, oiga oye *Uds.:* oyeron oían oigan no oigas *pedir: yo:* pedí pedía pida pide *Uds.:* pidieron pedían pidan no pidas *poner: yo:* puse ponía ponga pon *Uds.:* pusieron ponían pongan no pongas *querer: yo:* quise quería quiera quiere *Uds.:* quisieron querían quieran no quieras *saber: yo:* supe sabía sepa sabe *Uds.:* supieron sabían sepan no sepas *seguir: yo:* seguí seguía siga sigue *Uds.:* siguieron seguían sigan no sigas *ser: yo:* fui era sea sé *Uds.:* fueron eran sean no seas *tener: yo:* tuve tenía tenga ten *Uds.:* tuvieron tenían tengan no tengas *traer: yo:* traje traía traiga trae *Uds.:* trajeron traían traigan no traigas *venir: yo:* vine venía venga ven *Uds.:* vinieron venían vengan no vengas

Ejercicio B. 1. se vieron 2. se conocieron 3. se enamoraron 4. se llevaban 5. se veían 6. Se encontraban 7. (se) hablaban 8. se abrazaban 9. se besaban 10. sabían 11. casarse 12. vieron 13. se fueron 14. se escaparon   **Ejercicio C.** 1. corras / corre 2. pidas / pide 3. Ten / tengas 4. Siéntate / te sientes 5. Haz / hagas 6. seas / sé 7. te pongas / ponte 8. salgas / sal 9. digas / di   **Ejercicio D.** 1. vengan a verme en agosto 2. nos dé el examen otro día 3. termine su tarea primero 4. llegue más temprano

5. me traiga una cerveza 6. no tomemos mucho y que no volvamos tarde   **Ejercicio E.** 1. a. Ponga distancia entre usted y el tabaco. b. Tome la decisión. c. Actúe con determinación. d. Distráigase.

CAPÍTULO 13

Vocabulario: Preparación   Las artes   Ejercicio C. 1. Gabriel García Márquez escribió *Cien años de soledad*. 2. Diego Rivera pintó murales. 3. Plácido Domingo cantó óperas italianas. 4. Robert Rodríguez dirigió *Desperado*. 5. Andrés Segovia tocó la guitarra clásica. 6. Judy Garland hizo el papel de Dorothy... 7. Augusto Rodin esculpió *El pensador*. **Ranking Things: Ordinals   Ejercicio A.** 1. primera 2. cuarto 3. segundo 4. Primero / Quinto 5. Tercero / Cuarto 6. Octavo / segunda / quinta 7. Décimo 8. primer 9. noveno   **Ejercicio B.** (*Possible answers*) 1. primer 2. primera / nueve 3. séptimo / quinto 4. cuarto   **Minidiálogos y gramática   Grammar Section 38.   Ejercicio A.** 1. Me alegro mucho que el papa me mande más dinero. 2. A los artesanos no les gusta que yo siempre esté aquí. 3. Temo mucho que no podamos terminar... 4. Es mejor que nadie nos visite durante... 5. Espero que esta sea mi...   **Ejercicio B.** (*Possible answers*) 1. Siento que mis amigos no puedan salir conmigo esta noche. 2. Es lástima que los boletos para el «show» se hayan agotado. 3. Me sorprende que no vayas nunca al teatro. 4. Espero que sepas dónde está el cine. 5. ¡Es increíble que las entradas sean tan caras!   **Ejercicio C.** 1. Es lástima que Jon Secada no cante esta noche. 2. Es absurdo que las películas cuesten tanto dinero. 3. Es increíble que tú no conozcas las novelas de Stephen King. 4. Sentimos no poder ayudarlos a Uds. 5. Me molesta que haya tantas personas que hablan durante una función. 6. Me sorprende que Madonna haga el papel de Evita Perón.   **Ejercicio D.** 1. Ojalá que vea a mis amigos en Guadalajara. 2. Ojalá que vayamos juntos a Mérida. 3. Ojalá que lleguemos a Chichén Itzá para la celebración del solsticio de verano. 4. Ojalá que encuentre un objeto bonito de artesanía para mis padres. 5. Ojalá que tenga suficiente tiempo para ver el Museo de Antropología en el D.F. **Grammar Section 39.   Ejercicio A.** 1. Dudo que a mis amigos les encante el jazz. 2. Creo que el museo está abierto los domingos. 3. No estoy seguro/a de que todos los niños tengan talento artístico. 4. No es cierto que mi profesora vaya a museos todas las semanas. 5. No creo que mi profesor siempre exprese su opinión personal.   **Ejercicio B.** (*Possible answers*) 1. Creo que a mi profesor le gusta este autor. 2. Es verdad que ese libro tiene magníficas fotos... 3. Es probable que las novelas de García Márquez se vendan aquí. 4. Dudo que ésta sea la primera edición de esta novela. 5. No creo que acepten tarjetas de crédito en esta librería. 6. Estoy seguro/a que hay mejores precios en otra librería. **Ejercicio C.** 1. Creo que hoy vamos a visitar el Museo del Prado. 2. Es probable que lleguemos temprano. 3. Estoy seguro/a de que hay precios especiales para estudiantes 4. Es probable que tengamos que dejar nuestras mochilas en la entrada del museo. 5. Dudo que podamos ver todas las obras de Velázquez. 6. Creo que los vigilantes van a insistir (en) que no saquemos fotos. 7. ¿Es posible que volvamos a visitar el museo mañana?   **Grammar Section 40.   Ejercicio A.** 1. vayamos 2. sean 3. sepas 4. haya 5. permitan / paguemos 6. empaqueten   **Ejercicio B.** 1. apagues / pagar 2. es / sepa / es 3. estés / te sientas 4. hablemos / tratemos / hacerlo 5. estudies / guste / hagas 6. estaciones / caminar 7. empieza / recuerde   **Ejercicio C.** (*Possible answers*) 1. Dudo que todos saquemos «A» en el próximo examen. 2. No es probable que el profesor (la profesora) se olvide de venir a clase mañana. 3. Espero que no tengamos tarea para mañana. 4. Creo que vamos a saberlo todo en clase mañana. 5. ¡Ojalá que nos divirtamos mucho! 6. ¡Ojalá que el profesor (la profesora) nos dé una fiesta! **Un poco de todo   Ejercicio A.** 1. desee estudiar para ser doctora. 2. vuelvan tarde de sus fiestas. 3. juegue en la calle con sus amigos. 4. vaya de viaje con su novia y otros amigos. 5. busque apartamento con otra amiga. 6. quiera ser músico. 7. los amigos sean una influencia positiva.   **Ejercicio B.** (*Possible answers*) 1. Está esculpiendo un huevo de mármol. (Está haciendo una escultura de mármol.) 2. La escultura empieza a rajarse. 3. Al final (la escultura) se rompe y Cándido descubre que es un huevo de verdad. 4. Se siente contento (feliz). Al final, se siente asombrado (muy sorprendido). **Prueba corta   Ejercicio A.** 1. Me alegro que Uds. vayan con nosotros al concierto. 2. Es lástima que Juan no pueda acompañarnos. 3. Es probable que Julia no llegue a tiempo. Acaba de llamar para decir que tiene que trabajar. 4. Ojalá que consigas butacas cerca de la orquesta. 5. Es cierto que Ceci y Joaquín no van a sentarse con nosotros. 6. Me sorprende que los otros músicos no estén aquí todavía. 7. Es extraño que nadie sepa quién es el nuevo director.   **Ejercicio B.** 1. tercer 2. primera 3. segunda 4. séptimo 5. quinto

Vocabulario: Preparación El medio ambiente Ejercicio B. 1. Más de la tercera parte del papel fue reciclado. 2. Reciclar es la única forma. **Ejercicio C.** 1. C 2. F 3. C 4. C **Ejercicio E.** 1. puro / bella 2. fábricas / medio ambiente 3. ritmo 4. escasez / población 5. transportes 6. destruyen 7. proteja / desarrollar **En la gasolinera Gómez; Los coches Ejercicio B.** (*Possible answers*) 2. Revise la batería. 3. Cambie el aceite. 4. Revise los frenos. 5. Arregle (Cambie) la llanta. 6. Llene el tanque. 7. Limpie el parabrisas. **Ejercicio C.** 1. manejar (conducir) / funcionan / parar 2. doblar / seguir (sigue) 3. gasta 4. estacionar 5. licencia 6. arrancar 7. conduces (manejas) / carretera / chocar 8. circulación / semáforos 9. autopistas **Minidiálogos y gramática Grammar Section 41. Ejercicio A.** 1. C 2. F 3. C 4. C 5. F **Ejercicio B.** 1. preparado 2. salido 3. corrido 4. abierto 5. roto 6. dicho 7. puesto 8. muerto 9. visto 10. vuelto **Ejercicio C.** 1. Las invitaciones están escritas. 2. La comida está preparada. 3. Los muebles están sacudidos. 4. La mesa está puesta. 5. La limpieza está hecha. 6. La puerta está abierta. 7. ¡Yo estoy muerto/a de cansancio! **Grammar Section 42. Ejercicio B.** 1. Ha caminado 2. Ha jugado 3. Ha corrido 4. Ha dicho 5. Ha ganado 6. Se ha hecho **Ejercicio C.** 1. ¿Has tenido un accidente últimamente? 2. ¿Te has acostado tarde últimamente? 3. ¿Has hecho un viaje a México últimamente? 4. ¿Has visto una buena película últimamente? 5. ¿Has vuelto a ver al médico últimamente? 6. ¿Has roto un espejo últimamente? **Ejercicio D.** 1. TINA: Raúl quiere que vayas al centro. UD.: Ya he ido. 2. TINA: Raúl quiere que hagas las compras. UD.: Ya las he hecho. 3. TINA: Raúl quiere que abras las ventanas. UD.: Ya las he abierto. 4. TINA: Raúl quiere que le des la dirección de Bernardo. UD.: Ya se la he dado. 5. TINA: Raúl quiere que escribas el informe. UD.: Ya lo he escrito. **Ejercicio E.** 1. haya bajado 2. haya subido 3. haya cometido 4. hayan visto 5. se haya resuelto 6. te lo hayas roto **Ejercicio F.** 1. Dudo que la hayan arreglado. 2. Es increíble que lo hayan construido. 3. Es bueno que los hayan plantado. 4. Es terrible que lo hayan cerrado. 5. Es lástima que se hayan ido. 6. Siento que la haya perdido. 7. Me alegro que lo haya conseguido. **Ejercicio H** (*Possible answers*) 1. Antes de 1995 (nunca) había tenido una computadora. 2. ...(nunca) había aprendido a esquiar. 3. ...(nunca) había escrito nada en español. 4. ...(nunca) había hecho un viaje a España. 5. ...(nunca) había estado en un terremoto. **Un poco de todo Ejercicio A.** 1. preocupados 2. diversos 3. puertorriqueña 4. esta 5. hecha 6. dicho 7. pintado 8. incluido 9. construidos 10. inspirado 11. tratado 12. verdes 13. cubiertas **Ejercicio B.** (*Possible answers*) 1. a. Ella le ha escrito a su novio. b. Es posible que no lo haya visto en mucho tiempo. 2. a. Él ha vuelto de un viaje. b. Piensa que ha perdido su llave. 3. a. Se le han acabado los cigarrillos. b. Es lástima que haya fumado tanto. 4. a. Ha comido en un restaurante elegante. b. Es posible que no haya traído bastante dinero. 5. a. Ha llamado a la policía. b. Es terrible que le hayan robado la cartera. 6. a. Se ha roto la pierna. b. Es posible que se haya caído por la escalera. **Ejercicio C.** 1. llevar 2. taller 3. varios 4. descuidado 5. a 6. sorpresa 7. al 8. aceite 9. hace 10. cambia 11. deje 12. vuelva 13. de 14. estaban 15. que 16. del 17. mantiene 18. motor 19. cambie 20. peligroso **Prueba corta Ejercicio A.** 1. la capa del ozono destruida 2. las luces rotas 3. la energía conservada 4. las montañas cubiertas de nieve 5. las flores muertas **Ejercicio B.** 1. b 2. b 3. a 4. c 5. c

Vocabulario: Preparación Las relaciones sentimentales Ejercicio B. 1. cita 2. boda 3. novia 4. noviazgos / matrimonio 5. esposos 6. cariñosa 7. soltero 8. lleva / divorciarse 9. amistad 10. luna de miel **Ejercicio C.** 1. Rompió con ella hace poco. 2. Ya habían invitado a muchas personas y habían hecho contratos con el Country Club y la florista. 3. Le pide que devuelva el anillo. 4. Debe guardarlo. 5. a. ella (la novia) b. sus padres / gastos **Etapas de la vida Ejercicio A.** 1. juventud 2. adolescencia 3. nacimiento / muerte 4. infancia 5. madurez 6. vejez 7. niñez **Ejercicio B. Paso 2.** a. 2 b. 3 c. 4 d. 1 **Minidiálogos y gramática Grammar Section 43. Ejercicio A.** 1. C 2. C 3. C 4. F 5. F 6. C 7. F 8. F **Ejercicio B.** 1. 1. sea 2. esté 3. tenga 4. cueste 5. encuentren 2. 1. sepa 2. pueda 3. fume 4. pase 5. llegue 6. se ponga 7. se enferme 3. 1. practiquen 2. jueguen 3. escuchen 4. hagan 5. guste **Ejercicio C.** 1. viven en la playa / viva en las montañas 2. le enseñe a hablar / viene a visitar 3. son bonitos / le hacen / sean cómodos / estén de moda / vayan bien con su falda rosada / le guste 4. podamos alquilar / son razonables / están lejos del centro **Grammar Section 44.**

Ejercicio A. 1. salgamos 2. nos vayamos 3. nos equivoquemos 4. descanses **Ejercicio B.** 1. quiera / sepa / esté 2. volvamos / le preste / consiga 3. llueva / haya / empiece **Ejercicio C.** (*Possible answers*) 1. para 2. para que 3. antes de 4. antes de que 5. sin 6. en caso de que **Ejercicio D.** (*Possible answers*) 1. tengas un buen trabajo 2. te enfermes o haya una emergencia 3. se conozcan 4. se amen y se lleven bien 5. antes de casarte (antes de que se casen) **Un poco de todo** **Ejercicio A.** 1. se llevan 2. se odian 3. por 4. sepa 5. ha 6. por 7. hecho 8. se conozcan 9. se encuentran 10. se enamoran 11. los vean 12. se encuentran 13. Por 14. descubren 15. rompan 16. le obedezca 17. va 18. se termine 19. se escapan 20. lejos 21. han 22. vuelvan 23. acaben **Prueba corta** **Ejercicio A.** 1. quiera 2. vaya / viajan 3. nacen 4. acaba 5. sea **Ejercicio B.** 1. casarse 2. puedan 3. necesites 4. hayas 5. consigas 6. se vayan **El mundo hispánico de cerca 5** **Ejercicio A.** 1. C 2. C 3. C 4. F 5. C 6. C **Ejercicio B.** 1. e 2. c 3. a 4. b 5. d **Ejercicio C.** 1. los inmigrantes 2. surrealista (abstracta, realista, *pop art*) 3. el misterio del alumbramiento (las penas del amor trágico, el deseo por la justicia) 4. un golpe de estado 5. Carlos Gardel

REPASO 5

Ejercicio A. 1. está en el centro / puede llegar 2. le guste / me interese / prefiere / pueda llevar 3. ir / la esperemos / llegue / puede / encontrarnos 4. ir a nadar / le dan / hable / salir **Ejercicio B.** 1. —¿Ya le han mandado la carta (a ella)? —Sí, acabamos de mandársela. 2. —¿Ya has escrito el cheque? —Sí, acabo de escribirlo. 3. —¿Ya han vuelto los otros? —Sí, acaban de volver. **Ejercicio C.** (*Possible answers*) 1. Es verdad que se venden muchos coches japoneses en los Estados Unidos. 2. Dudo que siempre la digan. 3. Es probable que haya más accidentes... (Es verdad que hay más.) 4. Niego que sepan manejar mejor... 5. No creo que sea una tontería usarlo. 6. No es verdad que todos estén... **Ejercicio D.** 1. —No, no lo he comprado todavía. —Pues, cómpralo. Yo creí que ya lo habías comprado. 2. —No, no les he escrito todavía. —Pues, escríbeles. Yo creí que ya les habías escrito. 3. —No, no las he abierto todavía. —Pues, ábrelas. Yo creí que ya las habías abierto. **Ejercicio F.** 1. Díganle que me escriba. 2. Díganles que me busquen. 3. Díganles que me esperen. 4. Díganle que no se enoje. 5. Díganle que se porte bien. 6. Díganle que no se acueste tarde.

CAPÍTULO 16

Vocabulario: Preparación **Profesiones y oficios** **Ejercicio A.** 1. hombre / mujer de negocios 2. obrero 3. plomero/a 4. comerciante 5. enfermero/a 6. abogado/a 7. siquiatra 8. maestro/a 9. ingeniero/a 10. médico/a 11. periodista 12. bibliotecario/a **Ejercicio B.** 1. Viajan de Guayaquil a Quito (Ecuador) en autobús. 2. Los tres son intelectuales. Una es profesora, otro es abogado y el otro es arquitecto. 3. Él es comerciante. 4. No, parece que no ganan lo suficiente. 5. No ganan lo suficiente para mantener a su familia. **El mundo del trabajo; Una cuestión de dinero** **Ejercicio A.** 1. currículum 2. escríbelo a máquina 3. empleos 4. entrevista / director de personal 5. empresa / sucursales 6. caerle bien 7. Llena / solicitud 8. renunciar / dejes **Ejercicio B.** (*Possible answers*) 1. a. Busca empleo. b. No, no duda que puede colocarse en esa empresa. Parece que tiene enchufe. 2. a. Está despidiéndolo. b. Es necesario que se vista mejor. 3. a. Está llenando una solicitud porque quiere conseguir el trabajo. b. Espera caerle bien al director (a la directora). **Ejercicio D.** 1. gastado 2. ahorrar 3. presupuesto 4. alquiler 5. corriente 6. facturas 7. devolver 8. te quejas **Ejercicio E.** 1. al contado 2. a plazos 3. préstamo 4. tarjeta de crédito 5. cajera **Ejercicio F.** 1. Ha decidido abrir una cuenta de ahorros (Ha decidido dejar de despilfarrar su dinero.) 2. Les pide un cheque o dinero contado. 3. Quiere usar su tarjeta de crédito. 4. Se usa demasiado. **Minidiálogos y gramática** **Grammar Section 45.** **Ejercicio B.** 1. buscaré / compraré 2. harás / vivirás 3. vendrá / estará 4. iremos / nos divertiremos 5. tendrán / podrán 6. saldremos / volveremos **Ejercicio C.** 1. cobrará / lo pondrá 2. querrán / se sentarán 3. sabrá / se quedará 4. les dirá 5. tendremos / iremos / bailaremos **Ejercicio D.** (*Possible answers*) 1. ...podré comprar un coche. 2. ...habrá mucho tráfico. 3. ...se pondrá furiosa. 4. ...sabré cómo llegar a tu casa **Ejercicio E.** 1. Ahora estudiará ingeniería. 2. Ahora será programadora. 3. Ahora estará casada. 4. Ahora jugará con un equipo profesional. **Grammar Section 46.** **Ejercicio A.** 1. a, Habitual 2. b, Futuro 3. b, Futuro 4. a, Habitual 5. a, Futuro **Ejercicio B.** 1. a. Cuando me casé b. Cuando me case 2. a. Tan pronto como vuelvo b. Tan pronto como volví c. Tan pronto como vuelva 3. a. hasta que nos llaman b. hasta que nos llamaban c. hasta que nos llamen 4. a. Después (de) que nos vamos. b. Después (de) que nos fuimos c. Después (de) que nos vayamos **Ejercicio C.** 1. Cuando viaje a México, llevaré solamente dólares y tendré que cambiarlos a pesos. 2. Iré a la Casa de Cambio Génova, en el Paseo de la Reforma. 3. Firmaré los cheques de viajero en cuanto entre en el banco. 4. Haré cola hasta que sea mi turno. 5. Le daré mi pasaporte tan pronto como me lo pida. 6. Después de que le dé 40 dólares, él me dará un recibo. 7. Me devolverán el pasaporte cuando me den el dinero. 8. Iré al restaurante... en cuanto salga... **Ejercicio D.** 1. Elena hará su viaje en cuanto reciba su pasaporte. 2. Ellos no se casarán hasta que encuentren casa. 3. Roberto nos llamará tan pronto como sepa los resultados. 4. Mario vendrá a buscarnos después de que vuelva su hermano. 5. Mi hermana y yo iremos a México cuando salgamos de clases. **Un poco de todo** **Ejercicio A.** 1. En el año 2050 ya no habrá guerras. 2. En dos años sabré hablar español bastante bien. 3. Ojalá que Uds. vengan a verme el año que viene. 4. El próximo año podré comprar mi propia computadora. 5. Compraremos un coche rojo descapotable cuando ganemos la lotería. 6. Me jubilaré cuando tenga 65 años a menos que gane la lotería antes. **Ejercicio B.** 1. rapidez, facilidad, comodidad, tranquilidad 2. Le ahorra tiempo. 3. Tiene setecientos cincuenta telebancos. 4. Lo más maravilloso es que la tarjeta sea gratis. 5. Lo mejor es que la tarjeta les porporcione (dé) dinero a cualquier hora. 6. Si se pierde la tarjeta, nadie más que él la puede usar. **Prueba corta** **Ejercicio A.** 1. iré 2. hará 3. habrá 4. pondré 5. devolverá **Ejercicio B.** 1. recibamos 2. deposite 3. pueda 4. fui 5. terminen 6. tenía 7. pase

CAPÍTULO 17

Vocabulario: Preparación **Las noticias; el gobierno y la resonsabilidad cívica** **Ejercicio B.** 1. derecho / ciudadanos 2. prensa 3. guerra 4. huelga 5. dictador 6. asesinato 7. rey / reina 8. ejército 9. discriminación **Ejercicio E.** 1. noticiero 2. reporteros 3. acontecimiento 4. huelga 5. obreros 6. esperanza 7. prensa 8. desastre 9. se enteró 10. desigualdad 11. informa 12. testigos 13. los demás (otros) 14. choques 15. paz 16. noticias 17. asesinato 18. dictador 19. acontecimiento 20. guerra 21. dictador **Minidiálogos y gramática** **Grammar Section 47.** **Ejercicio A.** 1. aprendieron / aprendiera 2. decidieron / decidiera 3. sentaron / sentaras 4. jugaron / jugaras 5. quisieron / quisieras 6. hicieron / hiciera 7. tuvieron / tuviera 8. pusieron / pusiera 9. trajeron / trajéramos 10. vinieron / viniéramos 11. siguieron / siguiéramos 12. dieron / dieran 13. fueron / fueran 14. vieron / vieran **Ejercicio C.** 1. aprendiera / almorzara / empezara / hiciera 2. pudieras / recordaras / estuvieras / vinieras 3. despertáramos / pusiéramos / nos sentáramos / fuéramos 4. ofrecieran / dieran / dijeran / consiguieran **Ejercicio D.** 1. Pepe quería que Gloria le trajera las llaves. 2. Ana quería que Carla le dijera la verdad. 3. David quería que Miguel se acostara temprano. 4. Rita quería que Ernesto no se enojara tanto y que fuera más paciente. **Ejercicio E.** 1. Quisiera verla/lo (a Ud.) en su oficina. 2. ¿Pudiera ver todas mis notas? 3. ¿Pudiera tomar mi último examen otra vez, por favor? 4. Sí, Ud. tiene razón. Realmente debiera estudiar más. ¡RECUERDE! 1 nuestra esperanza / mis esperanzas 2. sus huelgas / su huelga 3. nuestros derechos / tu derecho 4. nuestras leyes / sus leyes **Grammar Section 48.** **Ejercicio A.** 1. No, no son míos. Los míos son más viejos. 2. No, no es suya. La suya es negra. 3. No, no sonnuestras. Las nuestras son más grandes. 4. No, no es suya. La suya es más nueva. 5. No, no son mías. Las mías son más altas. **Ejercicio B.** 1. Vinieron unos amigos tuyos. 2. Se quejaron unos estudiantes suyos. 3. Nos la trajo una vecina nuestra. 4. Te llamó un amigo tuyo. **Ejercicio C.** 1. Protestan que la Cámara de Comercio de Hollywood no le haya dado a Carlos Gardel una estrella en el Paseo de la Fama. 2. Se conmemora el aniversario de la muerte de Gardel. 3. Se lo ha pedido once veces. 4. Son Rita Moreno, Andy García y Ricardo Montalbán. 5. Se presentaron en las instalaciones de la Piscina Olímpica de la capital de México. 6. Es obligatorio. 7. No hay suficientes escuelas preparatorias. 8. No, no es obligatorio (pero casi todos toman el S.A.T. o el College Board.) **Un poco de todo** **Ejercicio A.** 1. Ofrece un noticiero a las ocho. 2. Trata de una huelga de trabajadores. 3. Temen no poder llegar a su destino. 4. Significa un desastre económico. 5. Dice que espera que la huelga no dure más de tres o cuatro días. 6. Comenta que la huelga va a durar hasta que se resuelva la falta de igualdad de salarios. 7. Unos trabajadores atacaron a tres camiones de la Compañía Francesa de Petróleo. 8. Los detuvieron y los incendiaron.

9. Ocurrieron varios choques de automóviles. 10. Acaban de asesinar a su último dictador. 11. Dice que teme que ese acontecimiento precipite una guerra civil. **Ejercicio B.** 1. llegáramos / llegamos / lleguemos 2. iba / fuera / vayan 3. conocí / hayas / conocieras **Ejercicio C.** 1. llamó 2. ayudara 3. pidió 4. hiciera 5. trajera 6. supiera 7. quería 8. recomendó 9. vinieran 10. pudieran 11. volviera **Prueba corta Ejercicio A.** 1. obedecieran 2. pudiera 3. dieran 4. dijera 5. tratara 6. quisieras **Ejercicio B.** 1. los tuyos 2. las suyas 3. La mía 4. las nuestras

CAPÍTULO 18

Vocabulario: Preparación Lugares y cosas en el extranjero 1. estanco / correo 2. champú / farmacia 3. estanco 4. copa / bar / café 5. paquete 6. quiosco 7. pastelería 8. estación / parada **En un viaje al extranjero; El alojamiento Ejercicio A.** 1. C 2. F 3. C 4. C 5. C **Ejercicio B.** 1. crucé 2. aduanas 3. pasaporte 4. derechos 5. viajera 6. nacionalidad 7. pedir 8. registrar 9. planilla 10. multa **Ejercicio D.** 1. pensión 2. de lujo 3. completa 4. desocupada 5. confirmar 6. recepción 7. con anticipación 8. botones 9. propina 10. ducha 11. huéspedes 12. alojarme **Minidiálogos y gramática Grammar Section 49. Ejercicio A.** 1. 2. 6. 8. **Ejercicio B.** 1. bajaría 2. sabrías 3. querría 4. podría 5. haríamos 6. seríamos 7. dirían 8. pondrían **Ejercicio C.** 1. Saldría en crucero desde Ft. Lauderdale. 2. Primero, iría a Puerto Rico y visitaría el parque nacional El Yunque. 3. (No) Gastaría mi dinero en los casinos de San Juan. 4. Podría practicar el francés en Martinique. 5. Les mandaría tarjetas postales a mis amigos. 6. Haría muchas compras en St. Thomas porque no tendría que pagar derechos de aduana. **Ejercicio D.** 1. Dijo que saldría del trabajo a las siete. 2. Dijo que tendría que volver a casa antes de buscarnos. 3. Dijo que pasaría por nosotros a las ocho. 4. Dijo que llegaríamos al cine a las ocho y media. 5. Dijo que no habría ningún problema en buscarnos. ¡RECUERDE! b, c **Grammar Section 50. Ejercicio B.** 1. una farmacia 2. una pastelería 3. una farmacia 4. un quiosco 5. una parada 6. el correo / un estanco **Ejercicio C.** 1. aceptaría 2. querría 3. jugaría 4. dejaría 5. manejaría 6. me ducharía **Ejercicio D.** 1. fuera / trataría / diría / llamaría 2. hubiera / sentaría / sabría / movería 3. fuera / cortaría / ayudaría / trataría / me haría **Ejercicio E.** 1. Saldría esta noche si me sintiera bien (si no me sintiera mal). 2. Terminaría este trabajo si no me dolieran los ojos. 3. Guardaría cama mañana si el profesor no nos diera un examen. 4. Haría ejercicio si tuviera tiempo. 5. Me pondría este traje si no estuviera sucio. **Un poco de todo Ejercicio A.** 1. entregó 2. contenía 3. tenía 4. nada 5. pidió 6. abriera 7. salir 8. preguntó 9. pensaba 10. dio **Ejercicio C.** 1. Si tengo tiempo, leeré el periódico. 2. Si tuviera tiempo, leería el periódico. 3. Si tenía tiempo, leía el periódico. 4. Si puedo, iré por la noche. 5. Si pudiera, iría por la noche. 6. Si podía, iba por la noche. **Ejercicio D.** (*Possible answers*) Soy norteamericano/a. / Aquí lo tiene. / No, no tengo nada que declarar. / Sólo traigo objetos de uso personal. / Sí, cómo no. **Prueba corta** 1. iba 2. viajaré 3. hiciera 4. tendría 5. escribiría 6. conseguirían 7. hago 8. saldrían **El mundo hispánico de cerca 6 Ejercicio A.** 1. C 2. C 3. F 4. F 5. F **Ejercicio B.** 1. d 2. e 3. a 4. f 5. b 6. c **Ejercicio C.** 1. Juan Carlos de Borbón 2. las actitudes tradicionales 3. irónica 4. respeto 5. la música religiosa bizantina y hebrea y melodías árabes

REPASO 6

Ejercicio A. 1. llegaste 2. revise 3. supiéramos 4. prefieras 5. esperáramos 6. haya 7. viajo **Ejercicio B** 1. Dije que iría. / Te dije que fueras. 2. Dije que lo haríamos. / Les dije que lo hicieran. 3. Le dije que votaría. / Le dije que votara. 4. Les dije que volvería pronto. / Les dije que volvieran pronto. **Ejercicio C.** 1. terminar 2. Piensa 3. consiga 4. va 5. ha 6. esperan 7. esté 8. tengan 9. decidido 10. mudará 11. ahorre 12. pagar 13. es 14. ha **Ejercicio D.** ...vivía...tenía...se llamaban...salió...tenía que comprar...estaba...entró...oyó...volvía...tuvo...se metió... / / entró...vio...se dio cuenta...estaba...empezó a gritar...siguió repitiendo...oyeron y vinieron...indicó...estaba...se echaron...hicieron